行政訴訟と権利論

行政訴訟と権利論

神橋一彦著

〔学術選書〕

信　山　社

はしがき

一　本書は、著者が東北大学大学院法学研究科在学中以来、約一〇年の間取り組んできた公権論（権利論）と行政訴訟に関する研究をまとめたものである。

法律学だけに限ったことではないとおもわれるが、およそどのような研究であれ、そのテーマの選択にあたっては、その時点での時代の要請なり克服すべき課題に影響を受けるというのが通常であろう。著者の場合も同様である。すなわち、行政作用をめぐる行政主体と私人との法関係は、とりわけ昭和三〇年代以降、従来から問題とされてきた、行政庁と行政活動の相手方（名宛人）との間の所謂「二極的関係」に加えて、行政庁及び名宛人以外の「第三者」が問題となる所謂「多極的関係」がさまざまな形で問題となるに至った。そしてそれ以降現在に至るまで、我国のみならず本書が比較法的な研究の対象とするドイツにおいても、社会構造の複雑化、行政課題の多様化に伴って、この「多極的関係」をめぐる憲法・行政法上の法律問題は、公法学の中心的テーマの一つに数えられている。そのような状況に触発される形で著者は、博士論文のテーマとして、さしあたり行政法上の法関係における「第三者」の法的地位、とりわけ取消訴訟における原告適格の問題を選ぶに至ったのである。

具体的に研究を進める中で、著者の問題意識として一貫していたのは、次の三点である。

第一は、戦後我国公法学において憲法学と行政法学の分化が著しく進んだが、それは一方において両分野における研究の深化をもたらしたけれども、他方において取消訴訟の原告適格をはじめとする行政法上の問題について、憲法解釈論との整合性という問題を未解明のまま残す結果をもたらしたのではないか、ということである。この点は、ドイツにおける同様の議論と比較したとき、非常に対照的というべきである。しかしこの課題は、いわば言うに易く解決するに困難な問題であって、ドイツにおいても例えば、行政法上の法関係において憲法の基本権を如何に位置づけるかについて、さまざまな議論が展開されたところである。従ってその分、ドイツにおける諸学説の展開を検討することは、著者の強い興味を引くところであった。

第二は、行政活動をめぐって行政主体と私人との間にさまざまな紛争が生じ、また私人の側でさまざまな不利益なり損害が生じたということが主張されるが、それを訴訟の場で展開するには、具体的な当事者間における権利義務関係を精緻に構成することが必要ではないか、ということである。このこと自体は論を俟たないことであるが、問題は、我国における抗告訴訟をはじめとする行政訴訟の場合、この問題が原告適格(一部は処分性)という本案審理以前の訴訟要件の場で重点的に論じられた、ということである。本来こうした訴訟要件の問題は、如何に無用の訴えを本案前に整理し、以て訴訟制度を効率的に運用していくかをめぐる、多分に政策的な問題であって、必ずしも実体法上の法関係や権利義務関係と論理必然的に関連するものではない。しかしながら実際に現在の判例法理、とりわけ「法律上保護された利益説」においては、それがいわばリンクされて論じられてきたわけであって、訴訟要件の段階で例えば、原告が侵害されたと主張する利益が、「権利」なり「法律上保護された利益」にあたるか否かを余り詳細に問うことは却って本案審理への途を狭めかねない、との批判がとりわけ反対説である「法的保護に値する利益説」の側から主張されたことはよく知られている。が、仮にそうだとしても、憲法規範(基本権)なども視野に入れながら当事者の法的地位を構成することは、結局は本案審理の段階で問題になりうることであるし、本書第三部で論ずるように、当事者に法的「義務」が課されているか否かという問題が、処分性（抗告訴訟の対象）という次元で問題とされることもあるのである。

そして第三は、行政主体と私人との間の法関係＝権利義務関係を考察する際に、「権利」「自由」「義務」といった構成要素が問題となるが、一体「権利」と「自由」は違うのか否か、違うとしてどのように違うのか、或いは「義務」といってもその本質は何か、といった点を避けて通ることは難しい。そうなると、こういった法関係の基本概念についての法理学的な分析も問題となる。この問題は独り公法学だけに属する問題ではないが、著者としてはその点についての究明も必要であると考えた次第である。

二　このような問題関心の下に研究を進めてきたわけであるが、本書は、次に挙げる公刊論文を基礎にして成立した。

第一部本編＝「公権論に於ける基本権の位置づけ——行政行為に於ける憲法と法律の交錯」（一）〜（三・完）法学五八巻三、四、六号（平成六年〜七年）〔平成六年一月、東北大学に提出した学位請求論文に加筆修正したもの〕

補論＝「行政権の濫用による処分に対する取消訴訟について」金沢法学四四巻二号・鴨野幸雄教授退官記念論文集（平成一四年）

第二部＝「純粋法学に於ける『権利』概念について——一般的法理論（Allgemeine Rechtslehre）の可能性と限界」（一）金沢法学四〇巻一号（平成一〇年）

第三部＝「行政法に於ける『義務』の概念——その序論的考察」新　正幸・早坂禧子・赤坂正浩編『公法の思想と制度——菅野喜八郎先生古稀記念論文集』（平成一一年・信山社）

第一部「公権論における基本権の位置づけ」においては、行政事件訴訟法九条の原告適格をめぐる議論を直接の機縁として、行政法上の法関係における権利論を検討したものである。行政法上の法関係における権利論といっても、そこには憲法レヴェルの権利（基本権）と法律レヴェルの権利（主として、所謂保護規範説Schutznormtheorie）がありうるわけであり、その関係をどのように捉えるかが問題となる。換言すると、そこでは行政法上の法関係における憲法レヴェルの規範と法律レヴェルの規範両者の関係が問われるのである。そのような観点にたって、主としてドイツ公権論の諸学説が検討される。すなわち、憲法レヴェルでの権利である「自由権」の特質、そして法律レヴェルでの権利である「保護規範説」を中心とした権利論の検討に主眼が置かれる。さらに補論において初出論文で展開した見解の若干の修正を行っている（補論第三節**四**（一八六頁以下）参照）。

第二部「純粋法学における『権利』概念」は、行政訴訟と直接の関係を有するものではないが、いわば第一部本編の副産物として「権利」概念の理論的検討を行ったものである。その中心に据えたのはハンス・ケルゼン（Hans Kelsen）の純粋法学における「権利」論であって、法体系全体の中において「権利」概念が如何に位置づけられうるかについての一つのモデルを提供しているものである。本書ではケルゼンの所説を読み解くことを主眼とし、その上で若干の問題点を指摘している。その意味で著者にとって研究ノートとしての意味を有する。

第三部「行政法における『義務』の概念」は、「権利」概念とある意味で対応関係にある「義務」の概念と行政法上の法関係について若干の考察を行ったものである。具体的には、最高裁の一判例を検討の対象として法的「義務」の概念を検討し、抗告訴訟の「処分」性の問題にも触れている。このように「義務」の概念に注目することになったのは、第二部で検討したケルゼンの法理論、とりわけ客観法や法的義務の概念を中心にする法秩序観に――直ちに直結するものかどうかはともかく――影響を受けたことは否めない。

尚、本書収録にあたって初出論文に種々の必要な加筆修正を加えたほか、第一部補論、第二部及び第三部については、近時公表されたいくつかの論稿を引用につけ加えた。

このように、本書は行政法上の法関係を、権利・自由と義務、憲法と法律、主観法と客観法といった観点から論じたものである。従っていずれも本書で行った研究は、専ら基礎的な理論研究の域を出るものではない。しかしながら具体的に解釈論を展開するにしても、或いは現行行政訴訟制度の改革を議論するにしても、その出発点は当然のことながら、行政訴訟の現状を理論的に精確に分析しその問題点を析出することであろう。その課題に十分応えうるものであるかはともかく、本書がめざしたのはまさにその方向である。（近時の行政訴訟制度改革論議の中で、著者の立場と、その基本的な考え方につき共鳴するところが大きいとおもわれる論稿として、人見　剛教授の「特集・行政事件訴訟法改正の主要論点――行政法研究フォーラムでの検討結果　原告適格の考え方と条文」ジュリスト一二三四号（平成一四年一一月）三三頁以下を挙げておきたい。）また、本書の志向する憲法と行政法の整合的な解釈という方向が、近く発足する法科大学院において要請されている公法（憲法・行政法）の一体的教育にもなにがしかの寄与するところがあれば幸いである。

ところで、右に掲げた初出論文を発表した期間は平成六年以後の約八年間に及ぶが、この間も本書が取り扱ったテーマに関係する研究業績が続々と刊行されている。とりわけ本書第一部に関係する公権論全般については山本隆司助教授の大著『行政上の主観法と法関係』（平成一二年・有斐閣）が、また第二部に関係する純粋法学における権利論については新　正幸教授の「ケルゼンの権利論・基本権論」（一）～（四）関東学園大学法学紀要一六、一七、二一、二二号、「ケルゼンの基本権論」(一)金沢法学四五巻二号が、内容的にも密接に関連する重要業績である。こうした先行諸業績から学ぶ点は大変多く、著者の今までの研究に反省を迫る点も少なくない。また、第二部で取り扱った純粋法学における「権利」概念については、当初の研究計画からすればなお論ずべき問題(すなわち、純粋法学の「権利」概念と私法学との関係)が残されているが、こういった点については今後の課題としたい。さらに、第一部で論じた取消訴訟の原告適格については、笹田栄司・亘理格・菅原郁夫編『司法制度の現在と未来』(平成一二年・信山社)一一一頁以下において、著者の見解の概略を論じている。

三　このように本書は、著者の博士論文をはじめとしてその後の幾つかの論稿を基に成立したものであるが、拙いながらも今日まで研究生活を続けてくることができたのは、数多くの方々から賜った学恩によるものである。ここに衷心よりお礼申し上げる次第である。

とりわけ東北大学大学院法学研究科において指導教官としてご指導いただいた藤田宙靖先生には、学部時代以来、法解釈の根本的な考え方から具体的な問題設定に至るまで、さまざま形でご教示いただいてきた。中でも先生が平成二年に発表された「行政活動の公権力性と第三者の立場――『法律による行政の原理』の視点からする一試論」からは、折から苦悩のまっただ中にあった博士論文のテーマ設定につき決定的ともいえるご示唆をいただいた。森田寛二先生には、妥協を許さない研究者としての姿勢、さらには学問の深遠さと厳しさを学ばせていただいた。また菅野喜八郎先生からは、本書でも採り上げた純粋法学をはじめとして、研究にあたっての基礎的な態度から懇切にご指導いただいた。さらに大学院ではご指導を仰ぐことができなかったが、学部時代、故・小嶋和司教授の講筵に列したことは、貴重な経験としてその後の著者の公法学研究の重要な基礎となっているし、稲葉 馨教授からも折に触れて温かい激励をいただいた。そして学問の基礎を形成すべき二〇代の数年間、法学部棟三階の研究室で大貫裕之、井坂正宏両氏をはじめとする諸先輩、友人からさまざまな刺激を受けたことが、現在に至るかけがえのない財産になっていることはいうまでもない。

さらに大学院修了後、平成六年から勤務している金沢大学法学部の同僚教官諸氏及び院生、学生諸君にも感謝しなければならない。特に亘理 格教授（現・北海道大学）からは、赴任後駆け出しの四年間、同じ行政法担当の同僚として学問のみならず大学人としてのあり方も含む数多くのことを教えていただいたし、憲法担当の笹田栄司教授（現・北海道大学）との日々の対話から受けた示唆ははかりしれない。また比較憲法担当の畑 安次教授からは、赴任後公刊したいくつかの論文について、その文体表現等にわたり種々懇切なコメントをいただいた。しかしながらこの間、大学をとりまく状況はめまぐるしく変わり、同僚教官の異動も極めて激しいものであった。その中で、公法専攻の鴨野幸雄（現・名誉教授）、新 正幸、細川俊彦、占部裕典（現・近畿大学）の諸教授、そして佐藤正滋（現・名誉教授）、徳本伸一両教授をはじめとする多くの他分野の同僚諸教官にも、さまざまな形でお世話をいただいた。また著者が重視している憲法との関係では、赤坂正浩教授（神戸大学）、小山 剛助教授（慶應義塾大学）、大石和彦助教授（白鷗大学）の他、本来行政法専攻者であった著者を温かく仲間に加えて下さったドイツ憲法判例研究会の会員諸氏にも謝意を表したい。

最後に、著者の研究をこのような形で一冊の書物にまとめ、さらなる研究のステップとするよう強く勧めてくださった信山社出版社長・袖山 貴氏、刊行にあたってご尽力いただいた同社編集部の戸ヶ崎由美子氏に深甚の謝意を表する。袖山氏から刊行のお誘いをいただくまで、未熟な博士論文を中心に研究成果を書物にまとめることなど、全くおもいもよらないことであった。拙い本書ではあるが、これが出版事業を通じて学問の発展に寄与せんとする氏の高い見識と真摯な情熱に些かなりとも応えるものであれば幸いである。著者自身、氏から本書刊行のお話をいただいた直後の平成一三年九月から一年七ヶ月間、アレクサンダー・フォン・フンボルト財団奨学研究員として、ベルリン・フンボルト大学（Humboldt-Universität zu Berlin）法学部において在外研究に従事する機会を得た。時代の流れは立ち止まることを許さないほどに激しく、かつ地道な基礎的研究をとりまく環境も厳しさを増している昨今ではあるが、今回の在外研究と本書の出版を機に、非才ながらも次のステップに向けてさらなる精進を続けていきたいと心に深く念じている次第である。

平成一五年四月

金沢大学法学部研究室にて

神　橋　一　彦

付記　本書の刊行にあたっては、日本学術振興会より平成一五年度科学研究費補助金（研究成果公開促進費）の交付を受けた。また、校正の最終段階において同僚の福本知行助教授及び棚橋　健氏（金沢大学大学院法学研究科修士課程）から多大のご助力をいただいた。ここに記してお礼を申し上げる次第である。

目　次

第二部　純粋法学における「権利」概念 ――一般的法理論（Allgemeine Rechtslehre）の可能性と限界――

行政訴訟と権利論

第一部　公権論における基本権の位置づけ

——行政行為における憲法と法律の交錯——

はじめに

行政法学がその研究対象とする法関係は通常、行政主体内部の関係（行政の内部関係）と、行政主体と私人との間の関係（行政の外部関係）という二つの関係に分類される。

我国における伝統的公法理論の確立者とされる美濃部達吉教授は、行政法の「基礎観念及基礎規律」についての説明の中で、右にいう行政の外部関係にあたる関係を、「行政権ノ主体トシテノ国家ト人民トノ間ノ法律関係」と表現し、「法律関係」を以て、——さしあたり公法関係・私法関係を区別せずに——「相対立スル双方ノ権利主体ノ間ニ其ノ一方ガ相手方ニ対シ或ル権利ヲ有シ相手方ハ之ニ対応スベキ義務ヲ負フノ関係」をいう、としている。そして教授によれば、「法律関係」は、「公法関係」と「私法関係」とに分けられ、公法関係における権利は「公権」と称せられる。さらに「公権」は、「国家的公権」と「個人的公権」とに分かたれ、後者の「個人的公権」は「参政権」「受益権」「自由権」の三つに分類されることになるのである。[1]

もっとも、右のような「公法関係」を中心とした説明は、現在の行政法の概説書等においては殆ど行われていない。[2]その理由は幾つか考えられるであろう。すなわちまず第一に、特に現行憲法下において、公法と私法の区別につき、その理論的可能性や実益などについて、さまざまな疑問が投げかけられ、[3]行政法の説明において「公法」なる概念がキー概念でなくなった、或いは「公法」概念をひとまず避けて行政法を説明する傾向が支配的になった、ということがいえるであろう。それとともに、「公法」概念を前提とする「公法関係」概念ないし「公権」概念も、次第に行政法学において中心的たる地位を失うに至ったのである。次に理由の第二として、行政法学の興味関心の中心が、とりわけ昭和三〇年代以降、行政訴訟に移り、それとともに行政法の説明も実体法より寧ろ訴訟法に重きを置いて行われる傾向が強まった、ということが挙げられよう。そして行政行為の場面における実体法上の「公権」についての議論の大部分は、後にもみるように、訴訟法上の「訴えの利益」をめぐる議論等に吸収された、といってよいであろう。

勿論本稿（第一部）は、かつての伝統的な「公権」論の復活を企てるものではない。しかしながら、行政法上の諸問題を論ずるにあたって、――特に行政行為の場面において――実体法上の「法律関係」ないし、「権利」のもつ意味は、今以上に重視されてよいと考える。すなわち原田尚彦教授が指摘するように、「公権」概念は、一方で――特に我国において問題となったように――「公権」と「私権」の対立の中で捉えられてきたが、他方で「公権」は「反射的利益」に対する対立概念でもある。[4] 確かに、「私権」と対比された意味での「公権」概念は、公法・私法論議において明らかになったような種々の問題を抱えている。しかし、「反射的利益」との対比における「公権」概念をめぐる問題はとりわけ、取消訴訟における訴えの利益論において形を替えて問題となっているのである。そして、「反射的利益」に対比される「公権」には憲法レヴェルの権利と法律レヴェル（すなわち憲法を含まない「形式的意味の法律」レヴェル）の権利がありうる。すなわち前者に属するものとして挙げられるのが、自由権という形で保護される一定の利益であり、後者に属するものとして挙げられるのが、行政行為（処分）の根拠法規（保護規範）[5] が保護している一定の利益である。しかし、この両者は、かねてより共に行政行為の場面で問題になるとされてきたものの、両者の関係如何の問題となると、著者のみるところ、それは必ずしも明らかになっているとはいい難い。さらにいうならば、この憲法レヴェルの権利と法律レヴェルの権利との間の関係の基礎には、かかる権利の基礎にある憲法レヴェルの客観法と法律レヴェルの客観法との間の関係が存在する。従って、憲法レヴェルの権利と法律レヴェルの権利との間の関係を検討することは、すなわち行政法における法源論にも直結することにもなる。

本稿は以上のような問題意識の上に立って、行政行為における憲法と法律の関係、すなわち憲法レヴェルの権利（なかんずく自由権）と法律レヴェルの権利（処分の根拠規範が保護する利益）との間の関係を考察するものである。そしてかかる考察を通じて、自由権の特質が明らかにされる他、現在の通説・判例である「法律上保護された利益説」の憲法上の存立条件ないし正当化根拠の問題にも、一定の解答が与えられる。

それでは、まず考察の出発点として、以下第一章において、我国行政法学において喧しく議論されてきた処分取消訴訟の原告適格をめぐる議論を検討し、以て問題の所在をより明らかにしていくことにしよう。

（1）美濃部達吉『行政法撮要上巻』（第五版・昭和一一年）九七頁以下。
（2）もっとも、例外として市原昌三郎『行政法講義［改訂版］』（平成六年）が挙げられる。
（3）この点については、藤田宙靖『第三版　行政法Ⅰ（総論）』（平成五年）三一頁。
（4）原田尚彦「行政法における公権論の再検討——公権を論ずる意義に関連して」（昭和四三年）同『訴えの利益』（昭和四八年）二七頁以下。
（5）「保護規範」（Schutznorm）については、後に第一章第一節第一款**三**（一一頁以下）で触れる。

第一章　我国行政法理論における自由権の位置づけ

まず第一章では、我国の行政法理論が憲法上の自由権を、特に処分の根拠規範が保護する利益との関係でどのように位置づけてきたか、という問題を検討し、併せて本稿全体における比較法研究上の観点を提示する。

第一節　通説・判例＝「法律上保護された利益説」とその問題点

第一款　「法律上保護された利益説」と「法的保護に値する利益説」の対立と行政行為における基本権保護の観点

一　我国行政事件訴訟法九条本文は、取消訴訟の原告適格（ないし主観的訴えの利益）についての規定であるが、周知のように、そこにいう「法律上の利益」をめぐっては、通説・判例である「法律上保護された利益説」と「法的保護に値する利益説」との間の対立が存在した。(1)(2)まず、我国における取消訴訟の原告適格をめぐる議論を、このような両説の対立で捉えることの意味と限界を、本稿の問題意識に即して考えてみることにしよう。

二　まず通説・判例とされている「法律上保護された利益説」についてであるが、議論の出発点において、取消訴訟の原告適格に関する最高裁判例の内在的論理を定式化した、森田寛二教授の次のような論述は参照に値する。

「いま処分の根拠法条によって保護されている利益を保護利益と言いあらわすとすれば、最高裁の考え方は、〝処分により侵害される特殊的な保護利益の帰属者〟が当該処分の取消訴訟の原告としての適格性をもつ――行訴法九条にいう処分の『取消しを求めるにつき法律上の利益を有する者』である――というふうに、一応定式化可能であろう。」

「最高裁流の考え方に従えば、例えば、既存の質屋Aが、隣に新しくできた質屋Bに対する質屋営業の許可処分は違法であり、この違法な処分により客が減り営業上の不利益を被ったとしてBに対する許可処分の取消訴訟をおこしても、Aには原告適格がないということになるが、この判断の基礎には、当該処分の根拠法条は営業上の保護利益としていないとの理解がある。

それでは質屋の利用者Cが、右のBに対する許可処分の取消訴訟を起こした場合、どうなるか。当該処分の根拠法条は健全な庶民金融を保護目的としており利用者の利益の保護に仕えるものであるものの、この保護利益、利用者の利益は特殊的な利益ではなくて利用者一般に関わる一般的な利益であるという判断の下に、原告適格を否定するのが、最高裁流の考え方である。」

そして教授は、右の説明に続けて、処分の名宛人の原告適格につき次のように説明する（この部分は、次の第二款における考察との関連で重要である）。

「質屋営業の不許可処分の相手方Dが、この自己における不許可処分を争う原告適格を有することについては完全に異論をみないが、この結論は、最高裁流の考え方においては、当該処分の根拠法条は『営業の自由』を保護利益としていること、この保護利益は特殊的な利益であること、Dは当該処分により侵害される利益の帰属者であることの三点に徴して正当化されることになる。[3]」（傍点、著者）

周知のように、最高裁判例における原告適格の認定は、そのリーディング・ケースとなった昭和三七年の「公衆浴場営業許可処分無効確認事件」最高裁判決（最判昭和三七年一月一九日民集一六巻一号五七頁）以来、事件によってその認定方法に様々な特徴のあることがかねてより指摘されてきたが、最高裁の採っている考え方に一貫しているのは、「法律上保護された利益」といっても、右の森田教授による定式化も明らかにしているように、《当該処分の根拠法条によって保護されている（特殊的な）利益》に限定している趣旨である、と解されうる点にある。[4] そして通常、憲法にのみ根拠をもつ処分というのは考えられていないから、「法律上保護された利益説」によれば、行訴法九条本文の「法律上の利益」に「憲法上保護される利益」は含まれないものと理解される。従って、処分の根拠法条が保護しているか否かを問わず、唯単に基本権侵害のみを理由に原告適格を承認した最高裁判例は未だ存在しないのである。更に、憲法に限らず「当該処分の根拠法以外の保護する利益、例えば他の実定法によって保護される利益とか、あるいは法律秩序全体等を含めて解釈できるのではないかといった学説」は最高裁の立場ではない、とされている。[5] また学説において「法律上保護された利益説」というときも、同様の理解を念頭に置いているのが普通である。[6]

三　もっともこのような「法律上保護された利益説」については、周知のようにかねてより学説上相当の批判がなされてきた。すなわち「法律上保護された利益説」によれば、「法律上保護された利益」にあたるか、或いは単なる「反射的利益」にとどまるかは、偏に立法者の決定如何によることになる。そうだとすると、取消訴訟の出訴事項につき所謂概括主義を採ったとしても、その趣旨は大きく没却されることになる。従って、「法律上保護された利益説」は「隠された列挙主義」に他ならない[7]——。以上のような批判は、結局、「法律上保護された利益説」においては、処分の根拠法規を制定する立法者に対する憲法上の制約が考えられていない、という点に帰するものであるが、我国における「法律上保護された利益説」と略々同様の内容である、ドイツにおける「保護規範説」(Schutznormlehre)についても、夙に同様の批判がなされてきたところである[8]。

もっとも、かかる批判は、現在においてはさほど重要視されていないのかもしれない。というのも現在、一定の処分の根拠法条が、《一定私人の特殊的利益を保護する規範》(これをドイツ流にいえば、「保護規範」(Schutznorm)という。以下本稿においても、この用語を用いることにする。)にあたるか否かの認定に当たっては、立法者の意思のみを考慮するのではなく、「実体法の解釈を柔軟に行うことによって原告適格の範囲の拡大がなされる[9]」という傾向が強まってきているからである。確かに、被侵害利益に対する評価が保護規範性の判断に影響を及ぼす、ということを認め、「たとえば、生命、健康に対する被害であれば、保護規範の存在の認定を容易にするが、単なる経済的被害の場合には、厳密に解釈する[10]」といった手法を採るとすれば、「立法者の専制」への危惧は弱まるといえるだろう。しかし塩野　宏教授も指摘するように、そのことは同時に、保護規範の認定に際して裁判官が行使する判断の余地が拡大したことを意味するわけであって、然らばそのような場面において裁判官が行使する判断の余地につき、何らかの法的準則がなければ、それこそ今度は「裁判官の専制」への危惧が強まるということが、注意されねばなるまい[11]。

四　本稿の関心からして、今日の学説・判例の状況について遺憾とすべき点は、以上の論述からも明らかなように、取消訴訟に基本権保護の役割を抑々想定していないか、或いは想定していても、保護規範の認定の問題の背後に退いて、余り重視されていないのではないか、という点である。そして同じことは、「法的保護に値する利益説」についてもあてはまる。ここでは、その主唱者である原田尚彦教授の見解を採り上げることにするが、教授によれば、この説の基礎には「取消訴訟の機能目的をいかにみるかについての、原理的変化」がある。そこでは、「現代の福祉（社会）国家型の取消訴訟」が志向され、以て原告適格の問題のみならず、客観的訴えの利益や処分性の問題をも含めた、抗告訴訟制度全体のトータルな再検討が主張され、更に「行政によって事前予防的に守られるべき公衆の利益の擁護を志向したいわゆるパブリック・アクション」等の解釈論上の提言がなされる[12]。そしてかかる議論においては、終始一貫、原告適格を承認する際のメルクマールとして、「実体法の予定する実体権」侵害ということに必ずしもこだわるものではない、という姿勢が採られている[13]。教授曰く、

「……わが国では、たとえば、ある論者は、『法解釈者は、絶えず現れる新たな紛争類型に対応して、保護に値すると考えられる利益を請求権の解釈論的構成によって実体法の言語に翻訳していかなければならない』と述べている（小早川光郎「取消訴訟における実体法の観念（二）」国家学会雑誌八六巻七・八号四九八頁）。しかし、少なくとも訴えの利益を認定する段階においては、何が保護に値する利益と考えるにつき、その判定基準を科学的に考究することが第一に重要なことであって、これを『実体法の言語に翻訳』する法律構成の作業は、要件審理の段階での議論としては、無用ないし二の次の問題としてよいのではなかろうか[14]。」

このような態度においては、さしあたり実体法上の基本権解釈への関心は前面に出てくることはないであろ

う。本稿の立場は、第二節でより明らかにすることになるが、やはり「保護に値すると考えられる利益を請求権の解釈論的構成によって実体法の言語に翻訳」する作業は必要であるという立場[15]であって、かかる立場の上に立って、解釈論的作業において基本権が果たすべき役割を探究するものである。

もっとも原田教授の主張に関しては、本稿の論題からして興味深い事実が一つ指摘できる。それは教授が昭和三八年に「法的保護に値する利益説」を提唱した際、その根拠づけとして「自由権」を援用していた、ということである。教授曰く、

「……現在、国民には憲法上違法な行政活動によって不利益を受けないといういわゆる『包括的な自由権』が承認されているとすれば、国家が、違法な＝つまり行政権の発動要件に反する＝処分により直接又は間接に人民に蒙らせた不利益を、立法権の意思一つで反射的利益と規定し、司法救済の彼岸のものとなりうるかについては、憲法解釈上も、多大の疑義があるといわざるをえないであろう。[16]」（傍点、著者）

そして原田教授の昭和五〇年論文では、主張は更に先鋭化する。

「……法治行政の進展に伴い行政権に対する国民の権利は拡大強化されていく。そしてその究極形態においては、国民には違法な国家権力によって直接的にも、間接的にもおよそ侵害を受けることのない包括的な自由が保障されることになる。かくして、このような包括的自由が法的権利として承認されるべきものとすれば、主観訴訟的制度のもとにおいても、国家権力によって直接裁判上の保護に値する実質的不利益を受けた者には、いちいち実体法上の法益違反を個別法規に即して主張しなくとも、包括的自由の侵害を根拠に取消訴訟による保護が与えられてよい、とする法律構成をとることも、あながち不可能ではないと考えられるからである。ここにおいては、主観的権利概

念は客観的適法性観念のなかにほぼ吸収され、その結果、主観訴訟と客観訴訟は相互に接近してその差異はほとんど相対化してしまうようにも解しうるのである。[17]」(傍点、著者)

右に引いた原田教授の立論の中で或る種の「包括的自由権」が常に念頭に置かれていることはたしかであろう。

五　このような考え方に関連してドイツにおける議論に目を転じると、ドイツでも従来の「保護規範説」の限界を打破するために一九六〇年以降、さまざまな形で憲法上の基本権侵害を理由に取消訴訟の原告適格を承認しようとする動きがあり、それは現在まで続いている。そしてそのような動きの中で最初に提唱されたのが、「包括的自由権」(主に基本法二条一項)に根拠を求める考え方であり、原田教授の昭和三八年当時の考え方も、ドイツにおけるかかる動きに触発されたものであることが窺われる。[18] しかし、日独の議論動向の違いはその先にある。すなわちドイツでは、一方においてそのような憲法上の「包括的自由権」から「行政によって違法にもたらされる全ての不利益からの自由」といった自由を導きだし、かかる自由の侵害を以て取消訴訟の原告適格を基礎づけようとする考え方が提唱されたのに対し、他方においてかかる考え方が、果たして基本権の解釈として妥当なのか否かが問われ、《基本権の保障内容と処分の根拠法規が保護する利益(すなわち法律レヴェルの利益)との関係は如何にあるべきか》、或いは《公権論における基本権の位置づけはどうあるべきか》といった問題がかなり突っ込んで議論されてきたのである。しかし我国では、原田教授の「法的保護に値する利益説」が憲法上の「包括的自由権」を根拠にするものであることは、以上のように一応窺われるけれども、それは少なくとも教授の立論にあっては、原告適格論を「実定法の予定する実体権の保護」

という従来の枠組から解放するための理由づけとなるにとどまっている。もっとも近時、我国においても、取消訴訟による基本権保護の問題は注目を集めるに至っているが[19]、そのような議論を更に発展させるためにも、後に本章第二節においてみるように、憲法・行政法両領域を見渡した基本権解釈論を、成熟した形で提示することが必要であるとおもわれる。

(1) 原告適格をめぐる所謂四つの学説については、原田尚彦「訴えの利益」(昭和三八年)同『訴えの利益』(昭和四八年)四頁以下。

(2) 教科書等でこの両説の対立に触れたものとして、兼子 仁『行政法総論』(昭和五八年)二七〇頁以下、広岡 隆『行政法総論〈四訂版〉』(昭和六三年)二〇八頁以下、遠藤博也『実定行政法』(平成元年)三六〇頁以下、南 博方『行政法』(平成二年)二一三頁以下、藤田宙靖『第三版 行政法I(総論)』(平成五年)三八七頁以下、原田尚彦『〈全訂第三版〉行政法要論』(平成六年)三三一頁以下、塩野 宏『行政法II〈第二版〉』(平成六年)九六頁以下等を参照。

(3) 森田寛二「水源かん養保安林の指定解除と原告適格」街づくり・国づくり判例百選(平成元年)二二一頁。

(4) 最高裁判例の動向については、塩野・前掲書注(2)一〇〇頁以下参照。

(5) この趣旨を明確に主張するものとして、時岡 泰裁判官の発言(「総特集・行政事件訴訟法判例展望」ジュリスト九二五号(昭和六四年)五頁)。

(6) 例えば、塩野・前掲書注(2)九九頁。

(7) 原田・前掲書注(1)七頁、同「行政事件訴訟における訴えの利益」(昭和五〇年)『環境権と裁判』(昭和五二年)五八七頁以下。

(8) Rudolf Bernhardt, Zur Anfechtung von Verwaltungsakten durch Dritte, JZ 1963, 306.

(9)　塩野・前掲書注(2)一〇五頁。
(10)　塩野・前掲書注(2)一〇五頁。
(11)　塩野・前掲書注(2)一〇五頁以下参照。
(12)　原田・前掲書注(7)二八三頁以下。
(13)　原田尚彦『〈全訂第二版〉行政法要論』(平成元年)三三六頁、同・前掲書注(7)二九一頁。
(14)　原田・前掲書注(7)二九二頁・注二。
(15)　民事訴訟法学の側から同旨の指摘をするものとして、谷口安平「権利概念の生成と訴えの利益」『講座民事訴訟②　訴えの提起』(昭和五九年)一七八頁。
(16)　原田・前掲書注(1)七頁。
(17)　原田・前掲書注(7)二七七頁。
(18)　原田・前掲書注(1)一〇頁・注六。その他、原田尚彦「行政行為の取消訴訟制度と原告適格(訴えの利益)」(昭和三八年)同・前掲書注(1)三四二頁参照。
(19)　行政法学の側では、ドイツにおける公法上の建築隣人訴訟を検討し、行政法における権利論一般にも論及しようとする大西有二教授の一連の業績が注目され、憲法学の側では、棟居快行教授、藤井俊夫教授、松井茂記教授、笹田栄司教授などの議論が注目される。これらについては本章第二節(二九頁以下)で論及する。

第二款　「権利」と「法律上保護された利益」との関係

一　以上述べた如く、「法律上保護された利益説」においては一般に、《当該処分の根拠法条によって保護される(特殊的な)利益》を侵害された者に原告適格を認めると捉えられている。しかし、このような一般的に行われている捉え方に対しては、少数ではあるが黙して通り過ぎることのできない異論ないし論評が存在する。

そのような異論の一つとして挙げられるのが、山村恒年弁護士の年来力説する以下のような主張である。すなわち山村弁護士は、最高裁判例の原告適格に関する一般的説示は、従来から平成元年の「新潟空港訴訟事件」上告審判決に至るまで一貫して、「自己の『権利』もしくは『法律上保護された利益』」を侵害された者に原告適格を認める、としているのであって、「法律上保護された自己の権利」としてはいない、と指摘し、この「権利」には何らの限定も付されていないから、当該処分の根拠法とは関係ない実定法によるもののみならず、慣習法上の権利も含むものと考えられる、と主張する。すなわち山村弁護士によれば、一般的な最高裁判例の理解は、最高裁自身が、「自己の権利若しくは……」と述べているのを見落としている、というのである。[20]

また遠藤博也教授は、「現在、公害環境訴訟などについては原告適格の範囲が、明治憲法下と比較しても狭い場合が認められる」と指摘する。[21] 教授が、具体的に如何なる事例を根拠にそのようにいうのかは必ずしも明らかではない。しかしそのいわんとするところは、――後に説明する――帝国憲法下における「権利毀損」要件的な考え方（すなわち原田教授のいう「権利享受回復説」）に拠りつつ、例えば現在問題となっている環境上の諸利益等を「環境権」といった形で「権利」として承認するならば、原告適格が承認される筈なのに、「法律上保護された利益説」によって殊更に《処分の根拠法条が保護しているか否か》を問うならば、かえってかつての「権利享受回復説」による方が原告適格を広く認めることになる場合があり得るのではないか、ということであろう。[22]

二　確かに、以下にみるように、帝国憲法下において原告適格の要件として「権利毀損」が要求され、戦後現行憲法の下でも、昭和三〇年代頃まで原告適格を認める基準として、「権利毀損」ないし「権利侵害」ということが専ら問題にされていたのであって、そこでは何が「権利」にあたるか、ということが問題の中心になっていたのである。しかし、現在では「権利」ということよりも、「法律上保護された利益」ということが専ら問題となっている。確かに、環境上の諸利益などを或る種の自由権や「環境権」といった形で「権利」として構成し、以て「権利」侵害ありとして原告適格を認めれば、原告適格は容易に拡大されるであろうし、また「権利」概念を極限まで拡大していけば、原田教授の主張する「法的保護に値する利益説」における「包括的自由権」論の如く、「権利」概念すら不要である、ということにもなろう。しかしそのような考え方が現在の、特に最高裁流の「法律上保護された利益説」との関係で全く容認され得ないことも亦自明である。従ってこの問題を考える上で、それでは一体「法律上保護された利益説」というのは、かつての「権利毀損」ないし「権利侵害」を要求する説と如何なる関係に立っているのかについて検討してみる必要があろう。そして以下にみるように、「法律上保護された利益説」に関しても、その内容的理解につき、論者によって実は一致していない点があることが明らかになるのである。

三　まず帝国憲法下においては、憲法六一条の規定を受けて制定された明治二十三年法律百六号「行政庁ノ違法処分ニ関スル行政裁判ノ件」が、訴訟要件として「権利毀損」を要求し、所謂「概括的列挙主義」の下、五つの出訴事項を規定していた。(23)　そして原告適格に関しては、原告が被った不利益が「権利」侵害に当たるか否か（すなわち「行政庁ノ違法処分ニ由リ権利ヲ毀損」されたか否か）が重要な問題となっていたのである。(24)

右明治二十三年法律における列挙事項のうち、所謂「第三者」の原告適格を中心に判例で特に問題となったのは、「四　水利及ヒ土木ニ関スル件」である。判例は、例えば「流水飲用権」（行政裁判所大正三年一〇月二三日判決行録二五輯一四一三頁）等、周辺住民の生活にとって重要な利益を「権利」と認定するなど、「権利」概念を或る程度柔軟に解釈していたことが指摘されている。また判例の中には、時代の状況を反映して行政慣習法上の権利の毀損が問題になった事例もみられ、興味深い。例えば、行政裁判所昭和五年四月二四日判決行録四一輯五八八頁においては、田畑等に水を引く樋管の移転工事許可につき、当該許可は近隣地区の慣習法上の利益に重大な損害を及ぼす、として違法としているが、この事件では、江戸時代以来の慣行が問題になっているのである。しかし、この時期の判例をみると原告適格につき、専ら「権利」か否かが問われ、現在「法律上保護された利益説」において専ら問題になっているような《処分の根拠法条が保護しているか否か》という点は、この時代、特に問題とされていない。

また当時の学説に目を転ずると、この問題につき例えば美濃部教授は、次のように述べていた。

「行政訴訟の理由として自己の権利を毀損されたりとする場合の権利は、必ずしも公権のみならず、私権をも包含する。普通には、民事訴訟が私権の保護を目的とするに対し、行政訴訟は公権の保護を目的とするものと謂はれて居るけれども、行政訴訟が全然私権の保護を目的としないものとすることは、正当の見解ではない。総て私権は一般私人に対して不可侵を主張し得べきものであると同時に、行政庁の権力に対しても不可侵を主張し得べきもので、此の点において総て私権は同時に公権の要素を包含して居るものと謂ふことが出来る。若し行政庁の処分に依って違法に私権を侵害するならば、行政訴訟を以つて其の救済を求むることを得せしむることは当然でなければならぬ。

行政行為に依って私権を毀損せらるることのあるのは、主としては所有権その他の物権である。……

行政訴訟の通常の理由となるものは、公権の毀損である。其の公権には或は積極的内容を有する権利であることもあり、或は単に消極的の禁止的効力を有する自由権であることも有る……」[25]

四　そして戦後日本国憲法の下、行政事件訴訟特例法が昭和二三年に制定されたのであるが、特例法時代の学説も、「権利毀損」要件を以て原告適格の基準と解していた。雄川一郎教授曰く、

「この権利侵害という語は、旧行政裁判制度(旧憲法六一条、明治二三年法律一〇六号)に由来するものであるが、その意義は、現在においては、厳格な意味での権利の侵害を必要とせず、法律上保護されるに足る正当な利益を以て足りると解すべきであろうと考えられる(……割注略……)。しかし、単なる法規の反射的利益では足りない(公衆浴場の許可と既設業者につき山口地判昭和二七年三月二〇日……以下割注略……)。ただ如何なる場合が単なる反射的利益で、いかなる場合に保護せられるべき法律上の利益が存するかは、具体的には困難な問題である。[26]」

特例法時代の説明は大体この程度であって、「権利(公権)」に当たるか、それとも「反射的利益」か、という問題が意識されたにとどまり、それ以上の学説における議論は概して低調であったといってよい。そうした中、《処分の根拠法条が保護しているか否か》という観点にたち、「権利」の範囲を従来の解釈より拡張して注目されたのが、前出の昭和三七年一月一九日の「公衆浴場営業許可処分無効確認事件」最高裁判決(民集一六巻一号五七頁)である。この判例は「法律上保護された利益説」のリーディング・ケースとされるわけであるが、そうすると「法律上保護された利益説」というのは、帝国憲法時代以来の「権利毀損」の系譜に属するものといえ、「権利毀損」に代わる新たなネーミングであったといってもよかろう。そして、かかる「権利毀損」なる枠にとどまることを批判したのが、右の昭和三七年判決における池田　克裁判官の意見であり、それは後の「法的保護に値する利益説」の先駆をなすものである。

五　しかしその後、「権利毀損」にいうところの「権利」の一類型の筈であった「法律上保護された利益」(=処分の根拠法条が保護しているか否か)が、原告適格論全体を支配するかの如き観を呈するようになったことは否めない。すなわち既にみたように、一般にいわれている「法律上保護された利益説」によれば、行政処分によって侵害を被る――とりわけ「第三者」の――利益全般につき、専らそれが《処分の根拠法条が保護しているか否か》という基準(すなわち、後に引用する山村弁護士の表現によれば「法律上保護された自己の権利」という基準)に基づき原告適格を判定するかの如くであり、論者によっては、憲法或いは当該処分の根拠法規以外の実定法によって保護された利益は、「法律上保護された利益」に当たらない、と断言するに至ったのである。(27) 確かにこのような理解は、かつての美濃部教授の考えと明らかに異なる。また他方、繰り返し述べるように、最高裁判例は、行訴法九条の「法律上の利益」につき現在でも、「当該処分により自己の権利若しくは法律上保護された利益を侵害され又は必然的に侵害されるおそれのある者」としていて、「権利毀損」的要素を残しているものの、行政裁判所時代の判例のように、「権利」であるということのみを以て、すなわち処分の根拠法規との関連を離れて原告適格を認定した判例はないようである。そして最高裁が右のような判示でいっている「権利」なる概念に如何なる意味をもたせているのか、このように必ずしも明らかでないこともあり、先に述べたような山村弁護士や遠藤教授の議論をみるに至っているのである。

このように「法律上保護された利益説」は、かつての「権利毀損」説の延長上にある筈なのであるが、遠藤教授は以下のように、「権利毀損」説(「権利享受回復説」)と「法律上保護された利益説」とを連続的に捉えていないことが注目される。

「……この四分類［＝原田教授の四分類］は、原告適格を基礎づける法根拠の差異を明らかにしている……。……権利享受回復説にあっては、憲法典上の権利自由の保障規定ならびに慣習法その他法秩序全体の趣旨から権利の存在が承認されるから、これらのものがその法根拠となる。権利はもちろん、その生成の過程において、不法行為法上の保護しか与えられないなど、一面的な救済にかぎられ、かならずしもつねに全面的な権利救済の保障がみとめられるわけではないが、伝統的な権利のカタログに名をつらねているものともなれば、ほぼ全面的な権利救済がおよぶものと想定して大過ないであろう。……法律上保護されている利益説においては、観点が移動して、いわば加害行為である処分の根拠規定が直接にその射程の中にとらえている保護法益を問題とするものであるため、処分根拠規定ないし処分根拠法令がその根拠である。処分が直接目的としている権利利益にかぎって救済をみとめようとする点で、公権力行使が直接に意図した結果である損失にかぎって補償をみとめようとする伝統的な損失補償の考え方と似かよっているところがある。……法の保護に値する利益説にいたると、ふたたび観点は……権利享受回復説と同様に私人の権利利益のところに復帰する。したがって、ここでも憲法をはじめ法秩序の全体が原告適格をみとめる法根拠となる。ところが、最後に……処分の適法性保障説となると、観点はまたもや私人の権利利益をはなれて、……法律上保護されている利益説同様に、いったんは処分根拠規定ないし処分根拠法令に焦点があわせられるものの、しかし、これが目的とする保護法益には関心をいだかず、抽象的な法治主義の要請ないし適法性の回復をかかげることによって、主観的な制約の枠を一気にとりはらっている。」このようにみてくると「権利享受回復説」と「法的保護に値する利益説」、「法律上保護された利益説」と「適法性保障説」との間に、「ある種の共通性があって、主観的権利利益と客観的法秩序の間を観点が行きつ戻りつしつつ動いていることがわかって興味深い。」(28)

教授の右のような捉え方において、「権利享受回復説」と「法律上保護された利益説」は、「観点」が異なるものであって、連続的には捉えられていない。「法律上保護された利益説」は、伝統的な「権利毀損」要件の連続線上にあるのではなく、原告適格のレヴェルで《処分の根拠法条が保護しているか否か》という観点を被侵害利益全体に及ぼすことによって、権利利益の救済を、或る種の処分の根拠法規適合性という観点から絞りをかけている、という理解が教授にはあるようである。(29)　そうすると、「権利」というものは、日々生成されるべきものであるのに（その一例が「環境権」等の新しい諸権利であろう。）、一定の利益が折角「権利」として法的に成熟しつつあっても、《処分の根拠法条が保護しているか否か》という基準のフィルターにかかってふるい落とされてしまい、取消訴訟において原告適格を基礎づける「法律上の利益」にならないのではないか、というのが教授の危惧するところであるようである。

六　以上、原告適格論における「法律上保護された利益説」の位置づけについて検討したが、これに関連して以下の二点を指摘しておきたい。

第一点。美濃部教授は、先に引用した「権利毀損」要件の説明の中で、「権利毀損」にいう「権利」には、公権のみならず私権をも含む、としている。しかし美濃部教授においては、「総て私権は一般私人に対して不可侵を主張し得べきものであると同時に、行政庁の権力に対しても不可侵を主張し得べきもので、此の点において総て私権は同時に公権の要素を包含して居るものと謂ふことが出来る」、としているのである。すなわちこのような考え方に従うと、既にある処分の根拠法規と並んで、「当該私権を侵害すべからず」という不文の行政規律規範がありうるというのと同じことになる。現在の「法律上保護された利益説」において、このような考え方が承認されているかどうかが一つのポイントになる。(30)　そして後に本章第二節（三一頁）で注(38)の番号を付して引用する宍戸裁判官の発言はこの点を否定に解するのである。

右第一点を踏まえて、第二点。確かに現在の「法律上保護された利益説」に立てば、新たな「権利」の生成が主張されても、それが処分の根拠法規に関連づけられない限り、原告適格を基礎づけることはできないということになる。その点で、私法における如く、「権利」の生成ないし拡大を主張することによって、私人の利益保護を十全ならしめようとする動きに対してこの説は否定的であるようにみえる。しかし、かつて「権利毀損」要件で対応していた時代と異なり、現在生じている行政活動をめぐる紛争においては、いうまでもなく、本来の公益に加えて多数の当事者の私的利害関係が複雑に錯綜している。そうした中にあって、仮に処分の根拠法規とは全く別個に、一方で或る私人に新たな「権利」を認め、以て他方で行政庁に「権利」の内容たる利益の保護を義務づけるとすれば、法定の処分要件に更に不文の処分要件が不意に付加されるに等しい事態も有り得ることになり、結果的には行政に対する期待可能性を害するのではないか、という危惧が生ずる。最高裁判例が、《処分の根拠法条が保護しているか否か》に言及せず、専ら「権利」侵害のみを以て原告適格を認めるということをしない背景の一つにはかかる危惧があるのではないか、と著者は想像する。また原田教授も指摘するように、従来「権利」毀損とか「権利享受回復説」という際にいわれてきた「権利」というのは、「所有権その他の物権やこれに類する権利（鉱業権・水利権・漁業権）」が中心に考えられてきたのであり[31]、これらはどちらかといえば既得権的な性格の強い絶対権であって、こうした権利の基礎には、処分の根拠法規とはさしあたり別の規範が基礎に捉えられている。その意味で、遠藤教授も指摘しているように、「法律上保護された利益説」というのは処分の根拠法規中心の行政コントロールである。そうだとすると、「法律上保護された利益説」も、現代行政の複雑性を踏まえたそれなりの正当性を得る可能性が出てくることになるが、その点について現在のところ立ち入った検討はなされていないのである。

(20) 山村恒年「『法律上の利益』と要件法規」民商法雑誌八三巻五号（昭和五六年）八一頁、同「判批」民商法雑誌一〇一巻三号（平成元年）一一五頁、一一七頁・注(5)。さらに山村弁護士は、「『法律上保護された利益』についても、何らの限定も付していないところから、当該処分の根拠法に限定していないと考えられる。ただ、現実の紛争では処分の根拠法上の利益しか問題にならないことが多いので、それについて判断しているケースが殆どである。だからといって他の法律によって保護された利益は除外するということにはならないであろう。」とする（民商法雑誌八三巻五号八二頁）。

(21) 遠藤・前掲書注(2)三六三頁。なお、同旨の指摘は、宮田教授によってもなされている（宮田三郎「環境基準について（三・完）」千葉大学法学論集五巻二号（平成三年）一八一頁）。

(22) 遠藤博也『行政法スケッチ』（昭和六二年）二九九頁参照。

(23) 出訴事項についてはこの他「個別的列記主義」に基づき、河川法・公有水面埋立法等、特別法に依り規定が設けられていた。

(24) 「権利毀損」要件をめぐる判例・学説については、安念潤司「取消訴訟における原告適格の構造（一）」国家学会雑誌九八巻五・六号（昭和五六年）六〇頁以下、亘理格「行政訴訟における『裁判を受ける権利』論序説」菅野喜八郎教授還暦記念『憲法制定と変動の法理』（平成三年）一二七頁参照。

(25) 美濃部達吉『日本行政法上巻』（昭和一一年）九四五―九四六頁。

(26) 雄川一郎『行政争訟法』（昭和三二年）一七〇頁。なお、最高裁判所事務総局『行政事件訴訟十年史』（昭和三二年）一一一頁以下参照。

(27) 前掲注(5)で引用した時岡裁判官の発言、さらに本章第二節本文（三一頁）で注番号(38)を付して引用する宍戸裁判官の発言参照。

(28) 遠藤・前掲書注(22)二九八―二九九頁。

(29) それはとりもなおさず、山村弁護士のいう「法律によって保護された自己の権利」的理解となろう。

(30) もっとも、行政裁判所時代の学説、さらには判例が、「権利毀損」と「処分の違法性」との間の関係を、本文で著者が述べたように厳格に考えていたかについては、必ずしも明らかではない。この《権利毀損》と《処分の違法性》との関係については、当時の文献では余り論及されていないようであるが、市村教授は、「違法ノ処分アリテ利益ヲ害セラレタルナラハ既ニ行政訴訟ノ要件ヲ具備スルモノトシテ訴訟ヲ提起シ得ルモノト解スルヲ穏当トス」とした上で、「違法ノ処分ト権利ノ毀損トノ間ニハ因果ノ関係アルコトヲ必要トス」と題した項目において、次のように述べる。

「憲法六十一條及ヒ明治二十三年法律第百六号ノ法文ヲ按スルニ行政庁ノ違法処分ニ由リ権利ヲ侵害セラレ云々ト規定セリ『由リ』ノ文字ハ因果関係ヲ言ヒ表ハシタルモノナリ故ニ違法ノ処分ト権利（利益）ノ侵害トノ間ニハ必ス因果ノ関係ナカルヘカラス因果ノ関係トハ或原因ヨリシテ必ス其結果ヲ生シ得可キ場合ヲ謂フ従テ或事実ニ伴フ偶然ノ結果ハ其事実ト因果ノ関係ヲ有スルモノニアラス此理論ニ依リ行政庁ノ違法処分カ必然権利ヲ侵害スル時ノミ訴訟ヲ提起シ得ヘシ処分ノ結果偶然権利ヲ侵害スルコトアルモ行政訴訟ヲ許サス」（市村光恵『増訂改版行政法原理（第六版）』（大正五年）二三八―二三九頁）

右の市村教授の論述からすると、むしろ民法の不法行為における相当因果関係説的な考えが窺える。

(31) 原田・前掲書注(1)五頁。

第三款　行政行為の名宛人の原告適格の根拠づけ

一

「法律上保護された利益説」について、憲法、なかんずく基本権保護との関連から、理論上検討すべき今一つの問題は、結論においては殆ど争いのない、行政行為の名宛人の原告適格は如何にして根拠づけられるか、という問題である。結論において争いなきこの問題につき敢えてここで検討するのは、この問題を考察することによって、「法律上保護された利益説」と自由権理論との関連が明らかになり、とりもなおさず、それは「第三者」の基本権保護の問題を理論上考察する上でも重要だからである。

二　最高裁流の「法律上保護された利益説」によれば、如何なる構成が採られているか。結論において自明の問題であるせいか、この問題について説明を与えたものは殆どない。学説においてこの点がどのように考えられているかも明らかでない。本節第一款冒頭で引用した森田教授の定式化はこの問題に説明を与えているわけであるが、それによれば、不利益処分の相手方が原告適格を有するのは、処分の根拠法条が保護しているからだ、ということになる。すなわち、最高裁は処分の名宛人と「第三者」とを区別せず、統一的に《根拠法条が保護しているか否か》という基準で原告適格を認定しているのだ、というわけである。そしてこの論理によれば、処分の名宛人が原告適格を有するのは、あくまで《処分の根拠法条》という法律によって保護された利益（この場合「営業の自由」という利益）を侵害されたからであって、この場合、憲法上の自由権（この場合「営業に関わる自由権」）侵害は、さしあたって直接的には問題にならないということになろう。

しかしそうなってくると、古くからいわれてきた、「行政権に依り違法に個人又は団体の自然の自由を侵されないことを要求する権利」としての自由権[32]、という理解との関係はどう捉えたらよいのであろうか。また最高裁判所が「自己の権利もしくは法律上保護された利益」という定式を用いているからといって、「自己の権利」の中には当然憲法上の自由権も入る筈だ、と断ずる前に、自由権の《権利性》という、更に原理的な問題が問題となってくるとおもわれる。すなわち、自由権は、行政行為の場面では《権利性》は問題とならない、という考え方もありうるし、また翻って、名宛人につき自由権侵害を認めるとすれば、「第三者」についても自由権侵害は論じられないのか、若し名宛人に限るとすれば如何なる根拠＝自由権解釈に基づくか、という問題が生じてくるのである。この点を含め、自由権の特質については第二章で検討する。

（32）　美濃部・前掲書注（25）一三〇頁。

第二節　「主観訴訟」としての取消訴訟の意義と原告適格論

一　以上述べてきたように、我国における取消訴訟の原告適格をめぐる従来の議論は、基本権の基礎理論や基本権保護という観点からみて、必ずしも十分なものではない。然らば取消訴訟と基本権保護との関係につき、如何なる考察態度で臨むべきであろうか。

二　我国行政法学は通常、原告適格の在り方に着目して、取消訴訟は、行政訴訟の中の「主観訴訟」の一種である、と捉えてきた[33]。そして、「主観訴訟」としての取消訴訟は、さしあたり通説的な説明（藤田宙靖教授）によれば、「違法な行政活動によって法的利益に侵害を受けた者に対しその権利救済を与えることを目的とするものであって、個人の権利が救済される結果行政活動の適法性も回復される」結果をもたらすものとされている[34]。そして「法律上保護された利益説」もかかる考え方を当然の前提としているのである。ここで前節で検討したことも踏まえて、「法律上保護された利益説」と「主観訴訟」としての取消訴訟という枠組との関係につきヨリ詳細にみていくと、次のようにいえるだろう。

すなわち、（さしあたり公法・私法を問わず）実定法によって保護された利益を、広く「権利」と呼ぶとすれば、取消訴訟で救済されるべき「権利」は、その裏返しとして行政機関を何らかの形で義務づける内容を含んでいなければならない。換言すれば、「権利」であっても、その裏返しとして行政機関を義務づけないものは、取消訴訟による救済が予定された「権利」にはあたらない、ということになるのである。そしてその当然の帰結として、取消訴訟によって権利侵害を救済する、ということは、権利侵害の裏返しとして生じている行政機関に対する強行法規違反（＝主観的権利に対応する客観法に対する違反、これがとりもなおさず根拠法条違反ということになる。）を排除する、ということに他ならない。そうだとすると、「権利」にしても「法律上保護された利益」にしても、訴訟要件たる原告適格の段階に止まらず、本案勝訴要件の段階においても何らかの形で視野に入れるべきもの、ということになろう。そして右に引いた藤田教授の説明にもある、「個人の権利が救済される結果行政活動の適法性も回復される」ということも、少なくとも含意の一つとして、そういうことを意味していると解してよいであろう。そしてさらに、そのような権利を――国家と私人との間に成立した権利利益関係という点に着目して、美濃部教授に倣い――「公権」と呼ぶならば、取消訴訟の目的である「権利救済」は「公権」の救済ということになる。従って「法律上保護された利益説」は、原告適格の学説であると同時に結局は権利論であって、[35]このことは先にも述べたように、原告適格論としての「法律上保護された利益説」が「権利毀損」説の系譜に属する、ということの帰結でもある。そしてこのような考え方はいうまでもなく、ドイツ流の公権論に由来するものであるが、このような前提を採らない「法的保護に値する利益説」は、具体的解釈論において、様々な法制度上の障壁にぶつかることになる訳である。[36]

そうだとすると「法律上保護された利益説」において、「法律上保護された利益」には憲法によって保護された利益は含まれない、という主張の基礎には、やはり、憲法規範は保護規範たりえない、換言すると、憲法規範から直接行政決定にあたっての考慮事項を導き出すことはできない、或いは憲法規範から直接処分要件を導き出すことはできない、といった考慮があるとみる他ない。[37] そして次に引く宍戸達徳裁判官の発言も、この理を言明したに他ならない。

「憲法あるいは他の実定法（＝当該処分の根拠法規以外の実定法のこと――著者注）などによって保護された利益を法律上保護された利益のなかに含める考え方は、おそらく、処分の違法事由と関係のない権利利益の侵害であっても、その侵害を受けた者は原告適格を有するとする考え方、つまり、原告の主張する権利利益の侵害は、処分が処分要件に違反してなされたという違法によって生じたものであることを要しないとする考え方であろうと思われますが、しかし、行政事件訴訟法九条が、処分の取消を求めるにつき法律上の利益を有する者に限り、原告適格を有すると規定している以上、侵害された権利利益の回復と処分の取消との間に法律上の関連性が必要であって、処分が処分要件に違反してなされた違法によって侵害された権利利益であってはじめてその処分の取消を求めることとの法律上の関連性があるということができると考えております。したがって、このような違法によって侵害された権利利益を有する者だけが処分の取消を求める原告適格をもつというべきであると考えております。

最高裁の判例が、『行政法規が個人の権利利益を保護することを目的として行政権に制約を課していることにより保障されている権利利益』も法律上保護された利益であって、『右の制約に違反して処分が行われ行政法規による権利利益の保護を無視されたとする者も、当該処分の取消しを訴求することができると解すべきである。』と判示している（前掲伊達火力事件判決）のも、右の趣旨を判示したものであると考えられます。[38]」

要するに、右に引いた宍戸裁判官の発言に即していえば、処分の違法事由に関係する権利利益と「処分の処分要件」とは表裏一体の関係にあり、それは前に述べた、「権利」とそれに対応する「行政機関に対する義務づけ」との関係に対応するものである。

三　以上述べてきたところから判るように、「法律上保護された利益説」が、「処分の根拠法条」という（形式的意味の）「法律」によって保護された利益のみ想定し、それ以外の、憲法によって保護された利益が含まれない、としているのは、第一次的には訴訟法上の理由からではなく、実体法上の基本権解釈、すなわち憲法規範から直接、行政決定にあたっての処分要件や考慮事項を導き出すことはできない、という理解によるものである。しかし逆に、侵害された基本権に対応する憲法上の行政機関の義務違反が特定されるならば、少なくとも《自己の法律上の利益に関係する違法》が特定できないということはない筈である。そして行政行為による市民の利益侵害を基本権侵害と関連づけて論ずるとすれば、後に第三章でみるように、基本権を直接援用する場合と、保護規範の認定の際に基本権的な利益を考慮する場合がありうるのである。

四　ここで以上の論述に関連して、私人の実体法上の権利利益の侵害に対する救済の要請と、それに対する訴訟法上の限界の問題について若干論及しておくことにしよう。

本稿の基本的態度は、権利概念を前提とする主観訴訟としての取消訴訟というものを基礎に捉える。[39]それは、現在の通説・判例たる「法律上保護された利益説」と連続性をもたせた形で基本権の役割を検討・発展させて行くということでもある。[40]また私人の救済についての訴訟法上の限界は、原則としてこのような実体法上の解釈が尽きた上で論ぜられるべきである。[41]従って本稿のような立場に立つならば、行政処分によって「実体的基本権に加えられた侵害に対して実体的基本権を防御・回復するために当事者が提起する訴訟」として「基本権訴訟」（棟居快行教授[42]）というものを構想するとしても、（社会権や参政権は別論するとしても）自由権や、環境権などの新しい権利等の専ら私人の利益に関わる基本権に関しては、原則として「訴訟法の留保」という事態[43]を懸念するよりは寧ろ、実は実体的基本権の解釈そのものに我々は力を傾注しなければならないのだ、ということになる。そして、取消訴訟と基本権（或いは公権全般）の保護との関連につき右のような考え方を採れば、（そして本稿で取り上げる問題に限っていえば）実体法上、基本権ないし公権が成立するか否かという問題が第一次的に重要な問題になるのであり、訴訟法上の原告適格の問題は、第二次的な問題に退くことになろう。

また、ドイツの取消訴訟において、原告適格（行政裁判所法四二条一項）の認定は、本案勝訴要件（同一一三条一項一文）との関係で若干我国と異なることは、既に大西有二教授によって指摘されるところである。[44] すなわち、ドイツにおいて、権利毀損が現実に存在するか否かは、取消訴訟の本案審理の問題である。我国法の解釈論としても、さしあたりそう解してよいであろう。しかし大西教授は、若干の異論はあるものの、原告適格についてドイツでは、所謂《可能性説》（Möglichkeitstheorie）、すなわち「訴えが許されないのは、ただ、明らかにかつ一義的に、どう考えても原告によって主張されている権利が存在しないか、もしくは原告に帰属し得ないときだけである。」という判断枠組みが一般的に採用されており、保護規範が現実に存在しているかの判断は本案の問題とされている、ということを多数の連邦行政裁判所の判例を検討したうえで指摘する。[45] これに対して我国の「法律上保護された利益説」においては、保護規範の存否は本案前の正に大問題であることはいうまでもない。しかしかかる我国とドイツとの間の原告適格認定の在り方の差は、いわば、原告適格の段階でどれほどのフィルターをかけるか、[46] という訴訟政策上の差に過ぎないようにおもわれるので、以下本稿におけるドイツ法との比較検討作業においては、この点はさしあたり通過し、直ちに実体法レヴェルの基本権解釈論に入って差し支えないとおもわれる。

(33) フランスにおける越権訴訟が主観訴訟か客観訴訟かという議論の詳細な検討に基づき、取消訴訟の特質に論及したものとして、村上裕章「越権訴訟の特質に関する理論的考察（一）（二・完）」九大法学五七号（昭和六三年）一頁、五八号（平成元年）一八七頁がある。さらに、フランスにおける主観訴訟・客観訴訟をめぐる議論を検討したものとして、伊藤洋一『フランス行政訴訟の研究　取消争訟の対世効』（平成五年）がある。

(34) 藤田・前掲書注(2)三七七頁。

(35) ドイツにおける「保護規範説」が権利論そのものであることは、夙に大西教授の指摘するところである（大西有二「取消違法事由の制限に関する一考察――西ドイツ計画法と保護規範説の適用をめぐって」北大法学論集四〇巻五・六号Ⅰ（平成元年）六四五頁）。

(36) その最も重要なものとして行訴法九条と一〇条一項との関係等が挙げられよう。藤田・前掲書注(2)三九一頁参照。

(37) このことは、「『法律上保護された利益』とは、行政決定のレベルでは『考慮事項』を意味することになる」という芝池教授の指摘による（芝池義一「行政決定における考慮事項」法学論叢一一六巻一―六号（昭和六〇年）五七七頁）。

(38) ジュリスト・前掲書注(5)一三頁。

(39) 本文で述べたように、「法律上保護された利益説」は権利（公権）概念を以て、取消訴訟の原告適格の前提としている。また「法律上保護された利益説」において「法律上保護された利益」とは、処分の根拠法条から導き出された権利のことであり、これを行訴法一〇条一項をそれと連続的・一体的に捉えるとすれば、（主体の瑕疵等にかかわる組織規範や手続規範等をどう位置づけるか、など微妙な問題はあるが、）我国法においても実質的に「権利侵害」が本案勝訴要件として要求されていると解する余地もあるのではないか、とおもわれる。立ち入った検討は今後の課題としたい。因みに、行訴法九条と同一〇条一項との関係につき、時岡　泰裁判官は、

「法律上保護された利益説に立ち、原告適格を基礎づける法律上保護された利益の内容を……、行政法規が個人の権利利益を保護することを目的として行政権の行使に制約を課したことにより保障された権利利益といたしますと、右の法律上の利益と一〇条一項の『法律上の利益』は論理的に結びつき、一〇条一項の解釈においてもそのような意味での『法律上の利益』に関係ある事由に限り違法事由になるのではないかとおもいます。」と述べ、原告適格の問題と取消事由の主張制限の範囲の問題との間の関連性を示唆している（ジュリスト・前掲書注(5)二一頁）。

(40)　藤田宙靖教授は、「法解釈の変遷の連続性・漸次性」ということにつき、国家賠償法一条に基づく国家責任の本質論をめぐる所謂「代位責任説」と「自己責任説」の対立に関連して次のように述べる。本稿も基本的に同様の立場に立つものであるので、多少長文にわたるが、ここに引用する。

「国家賠償法が制定された当時、現実に立法に携わった人々の念頭にあったのが、恐らく過失責任主義を前提とした代位責任のシステムであったこと（このことは、日本法のモデルとなったドイツ法の下で、当時客観的過失観が学説・判例上確立していたということとは、一応別問題である）は容易に推測され、その意味において、伝統的な通説が、今村博士流の自己責任説を、立法政策論に止まると批判するのも、理由が無いことではない。しかし他面で、法の解釈という作業が、常に実践的な判断・主張を伴うものであって、現実の立法者の真意がどうであったかを認識するに止まるのではない、ということも、今日広く認められているところである。要するに、あるべき法の解釈は、時の推移そして社会の実状の変動に応じて変遷し得るのであって、問題は、実践的な判断の変化の、どこまでを法解釈論として許容されるものと考え、どこから先を立法政策論と性格付けるべきか、というところにある。この問題は実は、論者の基本的な考え方の違いに応じて幾通りもの回答が生じ得べき問題であり、また、本書自体の最終的結論も未だ下し得る段階にはないが、ただ本書は基本的には、法解釈の変遷には『連続性』及び『漸次の変化』という要素が不可欠である、と考えている。すなわち、連続性を持った漸次の発展・変化を法解釈論に許すところに、社会的現実からの要請への適合と、法律の安定性との妥協点が見出されなければならないものと考えるのである。このような見地からここでの問題を考えるならば、今村博士流の、過失概念の客観化を前提とする自己責任説は、先にも見たように、フランスのコンセイユ・デタの判例法上行われた理論的発展を、わが国現行法の解釈論として一気に実現しようとするものであって、現段階ではなお、『連続性』『漸次性』の要素において、いささか欠けるところがあるのではないかと思われる。むしろわが国法の解釈論のあり方としては、立法の経緯及び法文の文言に忠実に、過失責任主義を前提とする国の代位責任のシステムから出発し、被害者救済の可能性の拡大については、後にも見るように、過失概念・職務行為の概念等をめぐる個別的解釈問題を通じて、漸次その実を挙げて行くようまず試みるのが、あるべき方法ではないか、と考える（例えば先の安保教授団デモ傷害事件についても、機動隊の指揮者の判断に過失があったことを認定することによって、都の代位責任を問う途もあることは、当初から学説上指摘されていたところであった）。」（藤田・前掲書注（2）四五八―四五九頁）

（41）　亘理 格教授は、「法的保護に値する利益説」は、基本権としての「裁判を受ける権利」保障規定のもつ人権規範性を曖昧にしかねない要素を含むものであった、と指摘する（亘理・前掲論文注（24）一四三頁）。近時、行政訴訟における「裁判を受ける権利」ないし「訴権」の意義について議論が行われているところである。藤井俊夫『事件性と司法権の限界』（平成四年）、笹田栄司「『訴権』の憲法的理解」手島孝先生還暦祝賀『公法学の開拓線』（平成五年）五七頁、同『実効的基本権保障論』（平成五年）、松井茂記『裁判を受ける権利』（平成五年）参照。

（42）　棟居快行「『基本権訴訟』の可否をめぐって」（昭和六一年）同『人権論の新構成』（平成四年）二八五頁。

（43）　棟居教授は、実体的基本権が侵害を蒙っても、訴訟法のレヴェルで既存の訴訟要件・訴訟類型の壁のため、基本権侵害の救済が阻まれることを「訴訟法の留保」と呼んでいる（棟居・前掲書注（42）二八八頁他）。

(44)　ドイツ行政裁判所法四二条一項「法律に別段の定めなき限り、訴えは、原告が行政行為もしくはその拒否もしくは不作為によりその権利を毀損されていると主張するときにのみ許される。」

同一一三条一項「行政行為が違法であり、原告がそのことにより権利を毀損されている限り、裁判所は行政行為、あるいは異議審査請求裁決を取消す。」

(45)　大西有二「公法上の建築隣人訴訟」(三) 北大法学論集四一巻三号六四頁以下。尚、ドイツにおける原告適格の認定の在り方には、「推論可能性説」(die Schlüssigkeitstheorie)、「(積極的) 可能性説」(die (positive) Möglichkeitstheorie)、「(消極的)可能性説」(die (negative) Möglichkeitstheorie)、「主張説」(die Behauptungstheorie) の四つの説があることにつき、Franz Geist-Schell, Verfahrensfehler und Schutznormtheorie -Die verwaltungsprozessuale Handhabung verfahrensfehlerhaften Verwaltungshandelns, 1987, S. 44ff. 参照。大西教授のいう「可能性説」は、この四分類でいうと「消極的可能性説」である。

(46)　ドイツにおいて権利毀損の存在が本案で問題とされるべき理由 (Begründetheit) の有無に属する、という現行法の解釈に至るまでの論議については、小早川光郎『行政訴訟の構造分析』(昭和五八年) 二二頁以下参照。教授も、ドイツの多数説は要するに、行政裁判所法四二条一項に「無制限な民衆訴訟や濫訴健訟について本案審理を不要ならしめるために設けられた、訴権行使の制限たる性質を認めている」とし、そう解釈すれば、「行政裁判所法は……権利毀損要件が本来的には本案の問題であることを前提としつつ、立法的に、そのかなりの部分を訴えの訴訟要件たる出訴資格要件のなかに取り込んだものと言うことができる」、と指摘する。因みに小早川教授によれば、一九六〇年代—七〇年代初頭においては、原告適格については「推論可能性説」が多数説であったが (同書三一頁・注(69))、大西教授の指摘からすると、「可能性説」を採ることによって、少なくとも判例は原告適格の審査を緩和したといえるであろう。

第三節　検討すべき課題

一　以上少々長きにわたったが、《公権論における基本権の位置づけ》という本稿のテーマにつき、我国における取消訴訟の原告適格をめぐる議論を中心にして、その問題の所在を詳論した。第一章の考察を踏まえ、以下の章では次のような考察を行う。

二　第二章「自由権の《権利性》論争と『自由権』理論の形成」では、自由権の「権利」としての性格が検討される。すなわち、自由権は抑々「権利」か否か、また「権利」であるとして――行政行為の局面において――如何なる「権利」なのか。この問題に答えるため、直接検討の素材とされるのは、一九世紀後半から二〇世紀初頭にかけてドイツで行われた自由権の《権利性》についての論争である。この論争はドイツにおける「自由権」理論の形成過程でもあるが、その検討を踏まえて、我国の自由権理論の形成過程も検討する。そして最終的には、自由権の単なる拡張という主張のみでは、私人との権利保護拡張の論拠たり得ないことを指摘する。

第三章「保護規範説の憲法的存立条件」では、公権論の中心は保護規範説に置かざるを得ない、という立場に立ち、憲法の要請を踏まえた保護規範説の再構成への視座を探求することにする。

第二章　自由権の《権利性》論争と「自由権」理論の形成

本章では、前章の問題設定を受けて、自由権の《権利性》の問題を取り上げる。考察の対象とするのは、一九世紀後半から二〇世紀前半のドイツにおける議論である。そして併せて我国における自由権理論の形成についても検討する。

第一節　序説

一　ドイツにおける右の時期に、基本権ないし自由権の《権利性》が、後期立憲主義国法学とその基礎となった法実証主義を背景に争われたことについては、広く知られているところである。(1) そしてこの論争は、《自由権は権利か》という簡潔な定式化で以て語られてきたが、ここで今一度そこで問われた争点を整理しておくことにしよう。

二　ここではまずゲオルグ・イエリネックに倣って、(2) 基本権ないし自由権が《臣民と立法権との関係についてどのような意味をもつものであったか》という問題と、《臣民と行政権との関係についてどのような意味をもつものであったか》という問題とを分けて検討するのが妥当であろう。

第一に前者の、基本権が《臣民と立法権との関係において如何なる意味を持っていたか》という問題についてであるが、この時期、当時のドイツのライヒ及び諸邦の憲法体制を前提にして、臣民が立法権に対して

「権利」としての基本権を主張し得る、と主張する学説はなかったといってよい。その根拠として挙げられるのは、基本権規定は、立法者に対する「指示」(„Direktiv“)ではあっても、立法者を法的に拘束するものではない、という考え方である。それは《権利性》肯定論者とされる論者においても同様であって、後に(本章第三節)その所説を扱うシュテンゲルは、次のようにいう。

「国家は、法律という形で自らが定立する法によって法秩序を創設することができる。そして国家によって制定された法律が存在する限りは、国家はこれを承認し、国家によって作られた法律に自ら服することになる。……立法権としての国家は法秩序に服することはない。何となれば、国家は法秩序を改変することができるからである。しかし、行政権及び裁判権としての国家は、……法に服する立場にある。[3]」

シュテンゲルは、このように所謂「国家の自己拘束説」に立つわけであるが、それでは立法権の行使に憲法上の制約はないのであろうか。

「所謂基本権は、通常、憲法典によって与えられた立法者に対する、一定の指示という形で表されるが、立法者に対する法的制限をなすものでないことは自明である。[4]」

立法者が憲法典によって何らの法的制限も受けない[5]以上、臣民に立法権に対する憲法上の権利が生じないことも、亦自明のことである。要するに立法権に対する基本権規定の意義は、法的拘束力のないDirektivにとどまる。そしてそのようなDirektivwirkungから生ずる期待に応え、旧来の前近代的な自由制約立法を廃止し、新たな行政法、刑事法、さらに手続法等を整備することは、「立憲君主制の正当化の条件」として捉えられたのである。[6] また帝国憲法下における我国憲法学説においても同様に、立法権に対する《権利性》は否定されていた。[7]

三　従って自由権の《権利性》という問題は、臣民と行政権との関係について論ぜられることになる。もっとも《権利性》論争は、時期的にいえば一八五〇年代から一九二〇年頃まで見られるのであり、論点も若干移動している。[8] 以下にみるように、《権利性》論議において当初、一つの論点とされたのは、「自然の自由」を現実に行うことが、権利の行使といえるかどうか、という問題であった。すなわち、例えば現実に表現行為を行うこと、或いは集会を行うことなどについて、《自由に行為を行う権利》が法的に存在するか否か、これらを「自由権」といえるか否か、という問題である。そしてこの問題を拡張すれば、憲法典に列挙されている行為のみならず、そうではない、例えば食べること、寝ること、或いは散歩することについても《権利》が成立するのか、換言すれば、それらの行為を行うことが《権利》の行使といえるのか、ということにもなるが、ゲルバーやラーバントは、かかる《権利》を否定している。しかし、かかる《権利》は早い時期から大方の論者によって——本稿で《権利性》肯定論者とされている論者によっても——否定されていたので、この論点は本稿において、《権利性》否定論・肯定論の区別の基準とはなっていない。本稿において《権利性》否定論・肯定論の区別の基準とするのは、《国家の支配権の及ばない自由の状態ないし領域》というものを「権利」(subjektives Recht) として構成するか否か、という論点である。このような意味での《権利性》を明確に否定したのはオットー・マイヤーである。そしてかかる意味での《権利性》を肯定したのはギールケやシュテンゲルであり、「権利」という表現は用いていないが、「消極的地位」という形で、これを肯定的に論じたのがゲオルグ・イエリネックである。そしてこれに関連して、違法な行政行為に対して、当該行為の不作為・排除を求める請求権、或いは訴権を如何に構成するか、という問題が――特に行政訴訟との関係で――でてくる。すなわち、国家の支配権の及ばない自由の領域に対して違法な行政行為による侵害が行われた場合、かかる自由の領域を「権利」と構成しない場合（《権利性》否定論）と、「権利」として構成した場合（《権利性》肯定論）でその構成にどのような違いが出てくるかが問題となる。

因みにここで一点注意すべきことは、この《権利性》論争において「基本権」とか「自由権」という場合、憲法レヴェルの規定のみならず、或る種の法律レヴェルの規定も対象になっている、ということである。具体的には、ライヒ営業法（Reichsgewerbeordnung）一条「営業活動は、この法律によって例外ないし制限が規定されたり、許容されていない限り、何人に対しても許される。」がその一例である。周知のように一八七一年のライヒ憲法典は、基本権規定をもたなかったから、これを補充する意味をもったのである。

（1）　Friedrich Giese, Die Grundrechte, 1905. 我国において、基本権の《権利性》論争を分析した文献として、海老原明夫「自由権は権利か」（その一）～（その三）ジュリスト九四五号、九四七号、九四八号（平成二年）参照。

（2）　イエリネックは、憲法典における基本権規定の列挙の目的につき、次のように述べる。

「……立法者が基本権を［憲法典に］列挙する目的は、二つある。すなわち、個人の自由は基本権によって、その規定された方向において、保護されるのであるが、まず第一に、国家行政、すなわち裁判上の強制と警察的強制に対して保護される。そして第二に、立法に対して保護される。従って、基本権による保護は、国家の官庁に対してのみならず、法を定立する国家意思自体についても論ぜられる。」（Georg Jellinek, System der subjektiven öffentlichen Rechte, 2. Aufl., S. 96.）

（3）Karl Freiherrn von Stengel, Die Verwaltungsgerichtsbarkeit und die Öffentlichen Rechte, VerwArch. III, 1895, S. 193f.
（4）Karl Freiherrn von Stengel, Lehrbuch des Deutschen Verwaltungsrechts, 1886, S. 36.
（5）もっとも、全ての基本権規定について立法者に対する法的拘束力を認めない、というのではなく、一定の立法行為が憲法改正としてなされることを必要とするような場合は、立法権に対する制約と看做される。例えば、プロイセン憲法典一〇条（「准死（bürgerlicher Tod）及び財産没収の刑は廃止される。」）は、法律留保を置かない規定であるが、かかる規定は、准死及び財産没収刑を行うには憲法改正法律による他ない、という意味で「強められた自由権」と呼ばれている（Otto Mayer, Deutsches Verwaltungsrecht, 3. Aufl., Bd. 1, 1923, S. 71f.）。
（6）Rainer Wahl, Rechtliche Wirkungen und Funktionen der Grundrechte im Deutschen Konstitutionalismus des 19. Jahrhunderts, Der Staat 1979, S. 342.
（7）美濃部達吉『憲法撮要〈改訂第五版〉』（昭和七年）一八一―一八二頁。
（8）《権利性》論争を取り扱った従来の文献において、《権利性》肯定論者と否定論者の分類につき若干の異同がみられるのは、一つにはこの理由による。

第二節　《権利性》否定論の検討

一　先ず《権利性》否定論を検討する。《権利性》否定論者としては、古くはゲルバー、ツァハリエなどに始まり、憲法ではラーバントやザイデル、行政法ではオットー・マイヤー等が挙げられる。ここでは、憲法学におけるゲルバー、ラーバント、アンシュッツ、そして行政法学におけるオットー・マイヤーの所説を中心に《権利性》否定論を検討する[9]。

まず最初に検討の俎上に載せるのは、《権利性》否定論を語った、次のようなラーバントの有名な叙述である。すなわち、ラーバントはその大著『ドイツライヒ国法』（第一版・一八七六年）において、

「自由権ないし基本権（Freiheitrechte und Grundrechte）は、国家権力が自ら与えた規範であって、官庁の権力行使の権限に対する制約をなすものである。これらは確かに一定の範囲で個人に対して自然の自由を保障するものであるが、国民の如何なる権利も創設しない。何となれば、それは対象（Objekt）を欠くからである[10]。」

ラーバントの右の叙述において「自由権ないし基本権」といっているのは、さしあたり憲法典等に列挙された基本権規定、自由権規定をさしているとみられる。そしてラーバントによれば、これらの規定の第一次的な意味は立法権に対するDirektivwirkungだということになる。ところが彼は、第一版刊行後一二年を経て刊行された第二版（一八八八年）以降、次のような記述をつけ加え、このような基本権規定の意義を現実には殆ど否定するに至る。ラーバント曰く、

「自然の自由の一定の活動を『自由権ないし基本権』として強調するのは、現実としては、かつての国家権力による侵害の名残であって、そのようなものは、最早今日の法状態・文化状態とは合致しないし、そうでないとしても少なくとも以前程ではない。自由権の承認は、それ以前に存在した制限の否認に過ぎない[11]。」

さらに、ラーバントが高く評価するザイデルの説明は、次のようなものである。

「［自由権の対象として］挙げられた諸概念は、論理的にではなく、歴史的に説明されるべきものである。これら

はただ単に、現在許されていることが、かつては禁止されていたという事実、並びにそのような禁止をもはや将来行うことができない、という支配者の意図を指し示しているに過ぎない。そのような宣言を立憲主義国家の憲法典において宣明することの法的意味はある。……すなわち、そのような宣言は国民の公権を創設するものではなく、その意味するところは、立法が個人の自由を一定領域において制限しようとするならば、その際憲法改正の方法を採らなければならない、というものである。従って、そのような法規範は（狭義の）公権ではなく、（立法にあたっての）手続に関する法である。[12]」

またラーバントは、基本権規定は「官庁の権限行使」に関する規範である、と述べているが、その内容は必ずしも明らかではなく、行政行為に関してオットー・マイヤーのいう「法律の留保の原則」にあたる内容については、別の場所で専ら「法治国原理」との関係で根拠づけられている。[13] このように、ラーバントは基本権規定の意義を精々立法に対するDirektivとみるにとどまっている。

これに対してオットー・マイヤーによれば、憲法典における基本権規定の列挙は「法律の留保の原則」の古典的規定形式であり、基本権規定は、執行権に対し拘束力をもつ規範である。彼は「基本権規定は直接適用するに適さず、その実現の為には特別の執行法律（Ausführungsgesetz）を必要とするのであって、かかる執行法律なき場合、それ自体として無価値である」とするゲオルグ・マイヤーやボルンハクの把握を次のように批判する。

「基本権規定の価値はまさに、或ることを定めようとする場合には、法律を必要とする、という点にある。すなわち、人身の自由はこれを保障する、という憲法上の規定に対抗するには、拘束を許す法律が必要である。かかる法律があってはじめてひとはそのような行為をなすことができるのであって、そうでない場合はなしえないのである。このような法律を以て、基本権の実現であるとか、そのための執行法律であると称することはできないのである。[14]」

以上のようにラーバントやオットー・マイヤーは、基本権に対する意義づけに若干の違いがみられるものの、基本権規定が立法の内容そのものに対して法的制約を加えるものとは捉えていない、という点では一致している。そしてかかる基本権規定の位置づけは、ケルゼンにも受け継がれている。[15]しかしこの点は、既にみたように、《権利性》肯定論者においても争いはない。

二　ラーバントの《権利性》否定論の内容は、基本権規定は「国民の如何なる権利も創設しない」という主張の理由、すなわち「それは対象を欠くからである」という部分に求められる。要するに彼のいわんとするところは、基本権規定において挙げられている種々の「自然の自由」を行使することそれ自体は、国家公権力に対して何も要求しない（要求する「対象」がない）のであるから、いくら「人身の自由」の権利とか、「信教の自由」の権利とかという形で憲法典に列挙しようとも、それは憲法典に列挙のない食事をしたり、寝たり、散歩をしたりする自由と同様であって、抑々「自然の自由」を行使する権利というものは存在しないのだ、ということである。[16]ラーバント曰く、

「……テューディフム、G・マイヤー、リーデルその他の論者にあっては、通行の自由、営業の自由、或いは自由な婚姻、信書の秘密等々に対するライヒ国民の権利について論述されている。そうなると、パスなしに旅行する権利、特許なしに営業する権利、警察的同意なしに婚姻する権利が必要だということになろう！テューディフム……はその上更に、『基本権』の下に失業者に対する差押や債務拘束の制限を列挙するのであるが、そうであるならば何

故、商法典や手形法のあらゆる内容も自由権から引き出せないのか、或いは何故手形を振り出すドイツ人の『自由権』が、憲法の体系から無遠慮に追放されているのか明らかでない。[17]」

オットー・マイヤーも、ラーバントの見解を支持して曰く、

「執行権は、かかる一般的な国家の支配権を行使するにあたり、法律の留保によって憲法上制限される。このような法律の留保による制限によって臣民にもたらされる利益は、直ちに権利と看做され、人権、自由権、基本権という名が生まれたのである。[18]」

「そしてそれ［＝権利という表現］が、我国の諸憲法典の用語法である。これに対して……とりわけラーバントが『それらは権利ではない、何となればそれらは対象を欠くからである。』というのは正しい。[19]」

右に引いたマイヤーの所説について注意すべきは、マイヤーにおいては、注(18)の番号を付して引いた叙述をみれば分かるように、「自然の自由」を行使する権利にとどまらず、国家の適法な支配権の及ばない「自然の自由」という状態そのもの（マイヤーの表現によれば「法律の留保による制限によって臣民にもたらされる利益」、別の表現を用いれば「国家からの自由」）を「権利」と看做すことも否定されている点である。この点は、「自然の自由」を行使する権利は否定しつつも、国家の支配権の及ばない「自然の自由」という一つの状態を「権利」なり「地位」という形で法的に意味あるものとして構成するイエリネック等の《権利性》肯定論との対比において重要な意味をもつので、特に注意が必要である（因みにいえば、ここにいう「国家の支配権」は、法律により直接行使される場合もあれば、法律に基づく行政行為によって行使される場合もある。但し、この議論の文

脈では、先にも述べたように、立法論＝法律の内容そのものに関する憲法上の制約が問題とならないのであるから、専ら問題となるのは行政行為についてのみである)。

ともあれ、このようにラーバントやオットー・マイヤーが否定するのは「自然の自由」を行使する権利、さらには国家の支配権が及ばない「自然の自由」という状態そのものを「権利」と看做す考え方であるから、結局、「自然の自由」という状態を違法に侵害する行政行為に対して、臣民が何らかの防禦権的な「権利」を有することは当然両者とも否定するところではない。すなわちラーバントは、後にとりあげるアンシュッツの見解に倣い、「違法な強制の不作為を求める」「一つの基本権」を承認しているし[20]、オットー・マイヤーも次のようにいう。

「[自由権が権利ではないということは、]『自由権』の毀損が、毀損された者の現実の権利、すなわち訴願権、訴権(Klagerecht)、損害賠償請求権、原状回復請求権と結び付けられることを排除するものではない。しかしそれは別の物である[21]。」

三　結局、国家の支配権の及ばない「自然の自由」という状態に対する違法な侵害に関する臣民の救済を如何に法的に構成するか、ということに問題は帰着する。この問題は既に、抽象的な形ではあるが、《権利性》否定論の嚆矢をなすゲルバーの『公権論』（一八五二年）において論及されてはいた。すなわちゲルバーによれば、基本権（彼のいうVolksrechte）は、「国家権力について、その権限の限界を超えた分を否定し、その限界まで押し戻すものであるにとどまり、それは君主の権利の制限を、臣民の側からみたものに過ぎない」のであって、それ自体は「権利」ではなく、客観的法規である。しかし、「このような国家権力の否定は、個人にとっては単に、一定の要件を前提として、或る種の権利（主観的意味の権利）を創設する、という効果をもつ」ことを認めているのである。そしてゲルバーは、その例として「処分の取消を求める権利」を挙げている。[22]しかし、このような「処分の取消を求める権利」の性格、根拠についてゲルバーの考え方は必ずしも明らかではなく、また行政裁判制度も存在しない時期の所説であることに注意する必要がある。[23]

もっとも《権利性》肯定論に属するイエリネックは、このようなゲルバーの《権利性》否定論は、ゲルバーがこの議論を最初に展開した当時は、行政裁判制度の導入以前であり、[24]救済制度が欠けていたという点で、正当なものであった、と述べている。[25]しかしイエリネックは他方で、ドイツ諸邦における行政裁判所の創設によって、憲法制定者が基本権規定によって保障しようとした個人の利益は、明確に承認され、保障されることになった、とも述べているのである。[26]然らば、行政裁判制度導入後もなお、《権利性》否定論が主張され続けたのは何故であろうか。この問題に答えるためにはまず、《権利性》否定論においては、国家の支配の及ばない「自然の自由」を「権利」として位置づけることなく、臣民の自由の保障が如何なる法的構成に基づいて論ぜられたのか、という問題を検討する必要がある。以下ではかような観点から、行政裁判制度の導入後の、行政法におけるオットー・マイヤー、憲法におけるアンシュッツの見解を中心に検討する。

四　まず、オットー・マイヤーは、違法な警察処分に対する行政訴訟を認めたプロイセン一般ラント行政法一二七条について、当該規定は「妨害に対して行政裁判所の介入を求める請求権」を創設するものであるが、このような「請求権」を導くために「自然の自由」を「権利」である、という必要はない、とする。

「……このような法的手段によって遂行されるべき請求権は、単なる反射権ではない、というイエリネック……の説には賛成する。しかし、だからといって妨害の対象となった彼のいうところの『消極的地位』、すなわちその毀損の故にそのような請求権が発生するところの所謂自由権は、『根本的に単なる反射的効果から区別される』のであって、『法的地位へと高められる』、という帰結は不当である。民法典八二三条に基づく損害賠償請求権もやはり毀損された者の権利である。しかし、毀損（verletzt）の対象となるのは権利であることもあれば（八二三条一項）、権利でないこともあるのである（八二三条二項）。[27]」（傍点、著者）

右に引いた文章、最後に民法における損害賠償請求権の話が出て来るのは、一見して些か唐突の感を免れないが、いうところの「妨害に対して行政裁判所の介入を求める請求権」を民法典八二三条二項との間のパラレルで捉えているのであるとすれば、行政訴訟によって違法処分の取消を求める権利は、寧ろ、同項の「他人の保護を目的とする規範」違反に対応する、根拠規範の違反から生ずる請求権ということになろう。そしてそのような形で、民法典八二三条二項にいう「他人の保護を目的とする規範」と処分の根拠法規とをパラレルな形で捉えるとすれば、それでは一体、そこで根拠規範というものは、如何なる「保護」作用を営むと考えられているか、ということが問題になる。その点については、後に本節**五**で詳しく述べるように、根拠規範それ自体が、「法律の留保の原則」に基づいて、行政機関に対して或る行為を授権する作用を営むと同時に、「授権」のいわば消極的側面として、自由に対して行われる違法、ないし法的根拠のない行政行為を排除する機能をもつことによって、さしあたっては行政機関と臣民との「二面的関係」において当該臣民を保護する作用を営む、という答えが可能である。もっともマイヤーは、公法においては「権利」なる概念を、「法秩序が権利者に対して、彼の利益のために与える、公権力の一部に対する力」[28]であるとし、私法においては、右に引用した如く「権利」を絶対権的な権利（すなわち、民法典八二三条一項列挙の「生命、身体、健康、自由、所有権」など）に限っており、「権利」概念を概して狭く捉えている可能性があるが、要するにマイヤーの構成において、「請求権」（Anspruch）は「権利」（Recht）から導かれる必要性はないのである。しかし後に触れるように、イエリネックの採用する請求権概念はこれと異なる。すなわち、

「主観的な権利から発生した、特定の人に向けられた、具体的で現実の要求を請求権という。[29]」

そしてイエリネックによれば、私法上の請求権は権利から生じ、公法上の請求権は地位（Zustand）から生じるのである。[30]そうするとマイヤーとイエリネックとの間に存する違いの一つは、さしあたり、臣民と国家との間の法関係（公権の成立）を私法学の概念を応用して構成するにあたって、如何なる構成の仕方を採るかの違いのようにおもわれる。すなわち、マイヤーは、債権に類似する公権、すなわち「国家、すなわち執行権が臣民に対して或る特定の給付をなすべき羈束を受ける公法上の法律関係」に基づく権利[31]として、行政訴訟を求める請求権[32]や、「法律上羈束された行政行為に対する請求権」として、建築営業等の警察許可を求める請求権等と並んで「違法処分の取消」を求める請求権[33]を挙げている。すなわちこの考え方は、民事訴訟における権利保護請求権[34]に範を採るものである。

「この請求権［＝裁判請求権］は、裁判所を設置して、裁判所をして臣民に対して裁判をなさしめることを定めた法律によって生じ、その法律関係は法律に定められた条件が満たされた時、すなわち完全な訴訟が提起された時に発生する。国家すなわち執行権は、各個人に対して羈束を受けるものであって、その義務は裁判所により法律に準拠した司法行為をなすことによって満たされるものである。それ故に、その羈束は関係裁判官に対しては同時に職務上の義務の一部たる効果をもつ。しかしこの裁判請求権は、公権力の主体としての国家自体に対するものである

が故に、公法上の権利である。換言すれば、出訴者に自己の利益のために国家に対する力を与えるものである。[35]」

そして、次のように述べているのである。

「自由は権利ではないが、これに対する違法な侵害は『処分の取消に対する権利』（Gerber……）を生ぜしめるのを妨げるものでない。かかる権利は処分の取消によって満たされ、これと同時にその権利は消滅して、その後には再び憲法上保護された利益が存するだけである。この利益は権利ではない。警察上の営業許可は、或る場合には拒否することが許されない場合がある。この場合に該当する者は、その許可に対して一つの権利を得る。この権利が許可によって満たされたときは、その権利は同時に消滅する。その場合に得た自由の拡張若しくは回復は、最早権利ではない。[36]」

マイヤーにおいては、「違法処分の取消請求権」は処分の根拠規範に基づく臣民の公権として構成されているのである。確かにかかる構成においては、国家と臣民との間に存する実体法上の権利関係（請求権）と訴訟法上の権利との間の区別が明らかでないにしても、処分の根拠規範に「取消請求権」の根拠を求めることができる、という点にマイヤーの立論の一つの特徴を求めることができるようにおもわれる。[37]

五　以上、オットー・マイヤーにおける自由権の《権利性》否定論と彼のいう「訴権」との関係について検討したわけであるが、ここでマイヤーの「法律の支配」論、なかんずく「法律の留保の原則」について、本稿の見解を明らかにしておく必要があろう。

よく知られているように、マイヤーは、「法律の留保の原則」について次のように述べている。

「法律は司法に対して、その作用に必要欠くべからざる根拠を与える。すなわち法規の根拠に基づかない判決はない。法律なければ刑罰なし。これに対して行政作用はそのような形で法律に依存することはない。憲法に基づく法律は、それ故に一定のとりわけ重要な事項に関してのみ、全ての国家活動に必要な条件を定める。従って、それ以外の全ての事項については、執行権は全く自由であって、法律に基づかず、自己の力に基づいて活動する。我々は、このような特定の事項に関して存する、執行権の独立の活動の排除を、法律の留保という。(38)」

マイヤーのいう「法律の留保の原則」の理解をめぐっては争いがあるが、ここで問題となるのは「法律の留保の原則」(Vorbehalt des Gesetzes) と「法律の優位の原則」(Vorrang des Gesetzes) との関係である。我国において通常、「法律の優位の原則」といえば、「行政活動は、存在する法律の定めに違反して行われてはいない」という原則であり、「法律の留保の原則」といえば、一定の行政活動の領域について「行政活動は、それが行われるためには、必ず法律の根拠(すなわち法律の授権)を要する」という原則である、とされている。(39)

ところが以上述べたように、マイヤーの構成においては、行政権は、その支配権を行使するに当たり、憲法上「法律の留保の原則」によって制限されるのであるが、その制限によって臣民にもたらされる利益は、憲法典や講学上、権利(基本権、自由権)の名を以ていいあらわされる。そしてマイヤーによれば、それは権利ではないが、かかる利益の毀損については訴願や取消訴訟が認められることになるのである。そうだとすると、――マイヤーの「法律の優位の原則」を如何に解するかはさておくとしても(40)――マイヤーの構成において、「法律の留保の原則」が行政権に対して課している制約は、侵害的行政行為は「それが行われるためには、必ず法律の根拠(すなわち法律の授権)を要する」というだけではなく、抑々「存在する法律に違反して行われてはならない」ということも含む、というふうにならざるを得ない。

結局、マイヤーのいう法律の「授権」（Ermächtigung）から、抑々法律の根拠がない場合が排除されるのみならず、根拠法規に違反する行政行為はこれを排除する、一種の「排除機能」（Ausschließlichkeitsfunktion）[41]が処分の根拠法規に認められると解するのが妥当である。前に述べたようにそれで、行政機関と名宛人たる臣民との間の「二面的関係」においては、十分法律の保護機能を持っていたといえるのである。そしてかかる「排除機能」は、後にみる《権利性》肯定論においても前提とされているところである。

六　以上述べてきた本稿におけるマイヤーの学説理解は、以下三点に纏められる。

①　マイヤーの「法律の留保の原則」にいう法律（行政行為の場合であれば処分の根拠規範たる法律の規定）には、法律の授権事項以外の行為は許さない、という一種の「排除機能」が認められ、その点において、そのような法律は臣民を保護する規範として捉えられている。マイヤーの叙述において専ら、行政庁と処分の名宛人との間の所謂「二面関係」が念頭に置かれているとすれば、根拠規範たる法律が営む保護は、さしあたり、かかる「排除機能」だけで十分であった、といってよいであろう。

②　マイヤーは、自由権の《権利性》を認めない訳であるが、自由に対する違法な侵害に対しては「違法処分の取消を求める請求権」を認めている。そしてかかる請求権は、民法典八二三条二項とパラレルな形で、臣民を保護する規範としての処分の根拠法規を根拠として導かれる。

③　マイヤーの「違法処分の取消を求める請求権」は、右に述べたように、処分の根拠規範という実体法に根拠もつ請求権であるが、行政裁判における訴訟法上の権利と未分離である。その理由としては、当時行政裁判において列挙主義が妥当していたこと、及びマイヤーが行政裁判を「行政行為プラス当事者参加」（塩野教授）として捉えていたので、特に訴訟法上の権利と分化して考えなかったのではないか、といったことが

考えられる（六一頁・注(37)参照）。

七　以上、マイヤーの《権利性》否定論と違法処分の取消請求権との関係を検討したのであるが、ラーバントは前述したように、アンシュッツに倣って「違法な強制の不作為を求める一つの基本権」を認める。そこでアンシュッツの議論をここで検討しておく必要がある。

アンシュッツはまずラーバント等に倣って、「食事をする自由」とか「散歩をする自由」とかいった、「自然の自由」を行う権利を否定した上で、「主観的公権は、これらの自由が、それを違法に侵害する(beeinträchtigen)国家行為と衝突するときに始めて成立する。成立する請求権は、当該侵害（Beeinträchtigung）の不作為や廃止を求めるもの」であるとする。(42) そして次のようにいう。

「複数の基本権というものは存在せず、違法な強制の不作為に対する権利という一つの基本権が存在するのみである。そしてこの権利は、憲法の基本権規定に特に銘記されたもののみならず、人の自由の全ての領域と活動可能性を保護するものである。そしてその実際上の意味は、近年、公法の特別裁判所、すなわち行政裁判所が創設され、その保護に任じるようになって重要なものとなっている。(43)」

アンシュッツによれば、そのような「一つの基本権」＝「違法な強制の不作為を求める請求権」がカズイスティックに表現、列挙されたのが憲法典の基本権規定(44)である。そして彼は、憲法典の基本権規定に、かかる権利としての側面の他に、それに対応する客観法的側面＝「法律による行政の原理（Gesetzmäßigkeit der Verwaltung）」を見いだす。（彼のいう「法律による行政の原理」は、オットー・マイヤーの「法律の留保」と同義である。）また基本権規定がカズイスティックな列挙であって完全なものでないことは、この客観法的側面に

おいても同様である。(45)

このようにアンシュッツは、「違法な行政行為の不作為を求める請求権」を、「法律による行政の原理」＝「法律の留保の原則」（ひいては憲法典の基本権規定）という行政規律規範を客観法的基礎として導き出している。すなわち、後にみる《権利性》肯定論のように、国家の支配権の及ばない自由の領域を「権利」（ないし「地位」）として構成するのではなく、普通の行政規律規範と同様、憲法上の行政規律規範としての「法律による行政の原理」（＝「基本権」の客観法的側面）を基礎に構成しているのである。そして右に引いた叙述から明らかなように、アンシュッツの場合、かかる請求権はオットー・マイヤーの場合とは違って、一応訴訟法レヴェルの権利とは区別された、実体法上の権利として構成されており、かかる請求権は別途、行政裁判所による保護が予定されることになる。

このような結論は、次の節で検討する《権利性》肯定論と結果的に余り異なるところがないようにみえる。しかもアンシュッツが、ラーバントらに倣って否定した、一定の「自然の自由」を行う「権利」を「自由権」と呼ぶ考え方は、次節でみるように、《権利性》肯定論に属するギールケによっても既に（一八八四年）否定されたところであった。従って《権利性》論争自体、既に述べたように、実は噛み合った議論がなされて来たとはいい難いものがある。しかし、アンシュッツがなお、ラーバントとオットー・マイヤーの流れを汲む《権利性》否定論に属するものと位置づけられるとすれば、彼において「基本権」は、「法律による行政の原理」（ないし「法律の留保の原則」）を内容とする「客観的法規」を基礎とし、かかる「客観的法規」の違反に対して「違法な行政行為の不作為を求める請求権」が成立する、という構成が採られるのであって、《権利性》肯定論が採るような、行政権の適法な侵害の及ばない自由の領域を何らかの形で「権利」（ないし「地位」）として構成する方法は、アンシュッツにおいては採られていない、という点に求められるというべきであろう。ただいえることは、ゲルバー、ラーバントなどが一八七〇年代以前において主張したような、いわば純然たる《権利性》否定論は、最早維持できなくなった、ということである。すなわち憲法典の規定は何らの権利も創設しない、という主張が《権利性》否定論だとすれば、アンシュッツにおいて、更にはラーバントにおいて、かかる主張は最早維持し得なくなった、というほかあるまい。そしてそのことは、アンシュッツが自由権の《権利性》論争を次のように整理していることにも反映している。

「基本権及び自由権の理論の主要な問題は、——ある場合には諸邦の憲法典において、また或る場合には（ライヒ及び諸邦の）非憲法法律（einfache Gesetze）において定められている——人身の自由の一定の活動についての規定（例えば、プロイセン憲法典四条ないし四二条所定の『プロイセン国民の諸権利』の諸規定、及び自由を与えるライヒ法律の基本的諸規定、すなわち出版に関する法律、結社に関する法律、移転の自由に関する法律）が現実に個人の権利を創設するものなのか、或いは単に客観的法、すなわち国家権力の制限を表すのみであって、その『反射効』(„Reflexwirkung")として、個人の自由の領域の特別の保障が現れるものなのか、という問題である。」（傍点、著者）

そしてアンシュッツは、右のような問いに対して、憲法上の基本権規定から「違法な行政行為の不作為を求める請求権」が導かれることを以て、権利を創設すると結論づけるわけである。(46) もっとも事ここに至って《権利性》論争の争点はぼけてしまった。(47)

八　ここで自由権の《権利性》否定論について、以上行った検討の総括を行うことにしよう。《権利性》否定論の要旨は次の三点に要約できよう。

①　従来、自由権の《権利性》否定論（ラーバント、オットー・マイヤー、アンシュッツ）とされてきたものが否定するのは「自然の自由」を行使する権利、更には「自然の自由」という状態を何らかの形で「権利」（ないし「地位」）として構成する考え方である。そして自由権規定には、行政権との関係で「法律の留保の原則」という客観法としての意味が認められる（オットー・マイヤー、アンシュッツ）。

②　従って、自由を違法に侵害する行政行為に対し、臣民に何らかの権利（請求権）が成立することを否定するものではない（ゲルバー以来）。問題はその構成の仕方にある。

③　違法な行政行為に対する臣民の権利を如何に構成するかについては、考え方に若干の違いがみられる。すなわち、

A　マイヤーにおいては、「法律の留保の原則」を受けて、処分の根拠法規を客観法的基礎とし、「違法な行政行為の取消」を求める請求権が構成されるが、そこでは実体法上の権利と訴訟法上の訴権が未分離のままである。

B　アンシュッツにおいては、端的に「法律による行政の原理」（基本権規定・「法律の留保の原則」）を客観法的基礎として、「違法な行政行為の不作為」を求める実体法上の請求権として構成され、行政裁判所における保護が期待されている。

（9）《権利性》否定論には、ボルンハク（Conrad Bornhak）の如く、抑々公権そのものが概念上観念し得ない、とする、公権否定論の立場もあるが、本稿は、公権の成立を前提とした議論を中心に検討する。

(10) Paul Laband, Das Staatsrecht des Deutschen Reiches, 1. Aufl., 1. Bd., 1876, S. 149; 5. Aufl., 1. Bd., S. 151.

(11) Laband, a.a.O.（Fn.（10））, 2. Aufl., 1. Bd., 1888, S. 142, Fn. 1; 5. Aufl., 1. Bd., S. 151. Fn. 2. この記述は、一八七八年の第一版にはみられない。

(12) Max Seydel, Grundzüge einer allgemeinen Staatslehre, 1873, S. 49.

(13) ラーバント曰く、

「国家は法規（Rechtssatz）の根拠なくして国家に所属する者に給付を要求したり、或いは何かを命じたり、或いは禁止したりすることはできない。それは専制政治に対する法治国のメルクマールである。……このような行政を規律づける法規則は、慣習法において基礎づけられることもあるが、近代における国家及び法の状況に鑑みれば、そういった法規則は、通常法律によって制定される。」（Laband, a.a.O.（Fn.（10））1. Aufl., Bd. 2, 1878, S. 202.）

(14) Otto Mayer, a.a.O.（Fn.（5））, 3. Aufl., Bd. I. S. 72, Fn. 17.

(15) Hans Kelsen, Allgemeine Staatslehre, 1925, S. 155f. この点については第二部第三章第二節（二七一頁以下）参照。

(16) ギールケもラーバントの見解をそう解している（第三節II（六四頁以下）参照）。なおこれに関連してラーバントの「営業の自由」論についてはLaband, a.a.O.（Fn.（10））, 5. Aufl., Bd. 3, 1913, S. 205ff. 参照。

(17) Laband, a.a.O.（Fn.（10））, 1. Aufl., Bd 1, S. 149. Fn 2; 5. Aufl., Bd. 1, S. 151, Fn. 2. ここでラーバントの論述の視野の中にあるのは、立法者に対する指令としての基本権規定と、それを受けて制定された法律だけである。例えば、テューディフムの挙げる「債務拘束」は、プロイセンでは一八六八年五月二九日の法律で廃止されており、これは「人身の自由」（同国憲法典五条）の趣旨を受けて制定されたものと解されている（Ludwig von Rönne, Das Staatsrecht der Preußischen Monarchie, 4. Aufl., 2. Bd., 1882, S. 39 f.）。

(18) Mayer, a.a.O.（Fn.（5））, 1. Bd., 1895, S. 106.

(19) Mayer, a.a.O.（Fn.（5））, 1. Bd., S. 106, Fn. 7.

(20) Laband, a.a.O.（Fn.（10））, 5. Aufl., 1. Bd., S. 151f., Fn. 2.

(21) Mayer, a.a.O.（Fn.（5））, 3. Aufl., 1. Bd., S. 1086.

(22) Carl Freidrich Gerber, Über Öffentliche Rechte, 1852（Sonderausgabe）, S. 65f.

(23) ゲルバー自身は、「処分の取り消しを求める権利」について低い地位しか与えておらず、「臣民の権利」（„Unterthanenrecht"）に入れてはいない（Gerber, a.a.O.（Fn.（22））S. 66.）。

(24) ドイツ行政裁判制度史については、南　博方『行政裁判制度』（昭和三五年）参照。

(25) Jellinek, a.a.O.（Fn.（2））, 2. Aufl., S. 101f.

(26) Jellinek, a.a.O.（Fn.（2））, 2. Aufl., S. 102.

(27) Mayer, a.a.O.（Fn.（5））, 3. Aufl., 1. Bd., S. 108, Fn. 10. ドイツ民法典八二三条「①故意又は過失により他人の生命、身体、健康、自由、所有権又はその他の権利を違法に侵害した者は、その他人に対し、これによって生じた損害を賠償する義務を負う。②他人の保護を目的とする法律に違反した者も同様である。法律の内容によれば、過失がなくとも違反を生ずる場合には、賠償義務は、過失があるときに限り生ずる。」（椿・右近編『注釈ドイツ不当利得・不法行為法』（平成二年）による。）

(28) Mayer, a.a.O.（Fn.（5））, 3. Aufl., S. 104.

(29) Jellinek, a.a.O.（Fn.（2））, 2. Aufl., S. 54.

(30) Jellinek, a.a.O.（Fn.（2））, 2. Aufl., S. 58.

(31) Mayer, a.a.O. (Fn. (5)), 1. Aufl., 1. Bd., S. 112.
(32) Mayer, a.a.O. (Fn. (5)), 3. Aufl., 1. Bd., S. 109.
(33) Mayer, a.a.O. (Fn. (5)), 1. Aufl., 1. Bd., S. 113.
(34) 権利保護請求権につき、海老原明夫「公権としての権利保護請求権」法学協会雑誌一〇八巻一号（平成三年）一頁参照。
(35) Mayer, a.a.O. (Fn. (5)), 1. Aufl., 1. Bd., S. 112f.
(36) Mayer, a.a.O. (Fn. (5)), 1. Aufl., 1. Bd., S. 113. Fn. 19.
(37) 従って、「自由権の権利性の否定は、当事者的構造をもつ実体法の観念を取消訴訟について否定することと対応関係にある」、とする小早川教授の見解（小早川光郎『行政訴訟の構造分析』八〇頁）には疑問が生ずる。教授によれば、「O・マイヤーは、警察上の処分に対する取消訴訟において主張されるものを、『妨害に対して行政裁判所の介入を求める請求権』としてのみ理解しており、それは――『国家の利益、公の福祉のために賦与』されるが同時に『私人に対する顧慮が強度に結合されている』ものとしての『協働権』(Mitwirkungsrechte)の範疇に属せしめられた――『訴権』の一種であるという。［ここで教授が引用するのは、本文（四九頁以下）で注(27)を付して引用した文章である。――著者注］なお、右のことはマイヤーが自由権の権利性を否定したことに対応するものであ［る］」（五七頁・注一四〇）。これを教授は「マイヤーにおける取消訴訟の純訴訟法的把握」という（八〇頁・注二〇三）。そして教授は次のようにいう。
「……一方で、裁判所によって行政行為が取消されることと、行政に対する実体法上の地位としての私人の自由（権）とのあいだに直接の法的関連を見出すことを拒否する。その意味において右の命題［＝右に挙げたマイヤーの見解］は、取消訴訟当事者間の実体的法律関係の観念を否認した実質的当事者否定論のひとつの適用にほかならない。他方で、それにもかかわらずマイヤーは取消訴訟について右のごとく『権利』の範疇を維持しているが、その結果は、実体法に基礎をもたない訴訟法上の権利のみが残ることになるのである。」（七九頁）しかしマイヤーにおいては確かに、「訴権」（Klagerecht）という表現が用いられているが、本文で説明したように、そこでは実体法上の権利関係と訴訟法上の権利が未分離であるとはいえ、債権に類似した公権として構成されており、その基礎には、処分の根拠法規に基づく、執行権と臣民との間の実体法上の関係が基礎にあるのであるから、「実体法に基礎をもたない訴訟法上の権利のみが残る」という評価は当を欠くのではないか。もっとも小早川教授は、「実体法」概念を定義して、「（一）私人の行政に対する権利義務関係を構成要素とし、（二）訴訟法から区別されかつ訴訟を通じて実現されるべきもの」としているので、本稿が前提とするような「実体法」は、右の（二）の条件を満たしていないから、小早川教授のいう「実体法」ではない、ということになるのかもしれない（この点に関連して安念教授は、マイヤーの立場においても、「行政裁判は、客観法秩序維持機能を担うとともに、他面では――あるいは、むしろ制度本来のあり方として――、真正な権利の救済手段をも併有しているのであり、一切の主観的範疇と完全に遊離して存在しているのではない」、と指摘する一方で、「マイアーにおける『訴権』が『実体法に基礎を持たない訴訟法上の権利』にすぎないという、小早川教授の指摘……は、言葉の一般的な意味あいにおいて理解されるべきではなく、教授のいわゆる『実体法』が厳密な定義に基づいて用いられている……こととの関連に注意する必要がある」とする（安念潤司「取消訴訟における原告適格の構造」（一）国家学会雑誌九七巻一一・一二号（昭和五六年）二一頁、二三頁・注一五））。周知のように私法学においては、実体法（私法）上の権利（ないし請求権）と訴訟法（公法）上の訴権（権利保護請求権）とが早い時期から区別されている。確かにこれとパラレルな関係での実体法上の権利と訴訟法上の権利の区別は、マイヤーにおいては明確になされていない。その理由を推測するに、まず第一は、容易に想像のつくところであるが、当時行政訴訟において列挙主義が行われており、実体法上の権利を独立して観念しても、その実益に乏しかったこと、そして第二にマイヤーが、行政訴訟（Verwaltungsrechtspflege）を以て「当事者手続によって行政行為を行う官庁の活動」（Mayer, a.a.O.（Fn.（5））, 3. Aufl., 1. Bd., S. 138.）と位置づけることによって、基本的には「行政訴訟＝行政行為プラス当事者参加」として捉えていたということ（塩野 宏『オットー・マイヤー行政法学の構造』（昭和三七年）一四六頁）、以上二点が挙げられる。更にいえば、実体法上の権利と訴訟法上の権利を截然と区別し、その上で、専ら実体法上の取消請求権を、自由権に基づくのではなく、処分の根拠法規に基づいて（かつ行政機関・名宛人・「第三者」という「三面的関係」を視野に入れて）構成する試みは、後に第三章で取り上げる戦後の――特にヘンケ以降の――議論を俟たねばならなかったのである。

さらに付言すれば、次の第三節でとりあげるようなイエリネックのような形での自由権理論を援用することなく、「違法な行政行為の不作為」を求める実体法上の請求権を導き出す論者として、アンシュッツが挙げられるが、それについては本文（五五頁以下）で分析する。それによって、自由権の《権利性》否定論と「実質的当事者否定論」との間の直接論理必然的な対応関係や如何という疑問がヨリ明らかになるとおもう。

（38）Mayer, a.a.O.（Fn.（5））, 1. Aufl., 1. Bd., S. 74.; 3. Aufl., 1. Bd., S. 69f.

（39）藤田宙靖『第三版 行政法Ⅰ（総論）』五四、五六頁。

（40）「法律の優位の原則」を含め、マイヤーの「法律の支配」論につき独自にして示唆に富む解釈を提示するものとして森田寛二「法規と法律の支配」（一）法学四〇巻一号（昭和五一年）、とりわけ七三頁、八四頁参照。

（41）Ulrich Ramsauer, Die Rolle der Grundrechte im System der subjektiven öffentlichen Rechte, AöR 111, S. 512.

（42）Gerhard Anschütz, Deutsches Staatsrecht, in: Josef Kohler（herg.）, Enzyklopädie der Rechtswissenschaft, 2. Aufl., S. 90.

（43）Anschütz, a.a.O.（Fn.（42））, S. 90.

(44)　アンシュッツによれば、プロイセン憲法典第二章の諸規定の中の自由権規定がそれに当たる(Anschütz, Die Verfassungsurkunde für den Preußischen Staat vom 31. Januar 1850, 1912, S. 96.)。
(45)　Anschütz, a.a.O. (Fn. (44)), S. 97.
(46)　Georg Meyer＝Gerhard Anschütz, Lehrbuch des Deutschen Staatsrechts, 7. Aufl., 1919, S. 953. Fn. 2. この叙述は増補者・アンシュッツによる加筆部分である。
(47)　すなわち既に述べたように、ラーバントはアンシュッツの見解に賛意を示す反面、アンシュッツ自身はイエリネックと自らを《権利性》肯定論者に数えている(Meyer＝Anschütz, a.a.O. (Fn. (46)), S. 953. Fn. 2.)ことがその証左として挙げられよう。アンシュッツがイエリネックの地位論をどう評価していたかについては、今一つ明らかでない。

第三節　《権利性》肯定論の検討

一　以下において検討する《権利性》肯定論は、国家の支配権が及ばない「自然の自由」の状態ないし領域を、何らかの形で「権利」として構成しようとする考え方である。

まず《権利性》肯定論の背景であるが、当時《権利性》肯定論が語られた一つの理由として、当時の実定法制上の要請が挙げられる。すなわち当時の各邦における行政裁判法制は、抗告訴訟にあたって、当該処分の「違法性」とともに、「権利」侵害を要求していたということである。[48] 従ってかかる条文の文理に即して論ずるならば、当該行政処分が違法であることと同時に、何らかの「権利」侵害が要求されることになり、警察処分についていえば、侵害される自由を「権利」として構成する必要もあったわけである。

二　《権利性》肯定論者が主に批判の矛先を向けたのは、ラーバントであった。すなわち、「自由権は対象を欠く」という議論が批判の対象とされたのである。このような批判を展開した論者として、ギールケとシュテンゲルが挙げられる。

まずギールケは、一八七六年以来逐次刊行されたラーバントの『ドイツライヒ国法』（Das Staatsrecht des Deutschen Reiches）に対する書評を兼ねて批判を加えた、一八八三年の『ラーバントの国法学とドイツ法学』と題する著名な論文において、ラーバントの基本権に関する議論を論難している。まずギールケは「基本権」は「権利」である、という考えを次のように述べている。

「真正の基本権は、国法上の内容をもつ現実の権利である。何となれば、基本権は、客観法的観点において、常に国家の領域と個人の領域……を境界づける規範だからである。そこから、主観法的観点において、国家については義務が、個人……については、この制限を守ることを求める権利が生ずる。個々の国民は基本権によって、国家が一定の関係において国民を自由な個人として扱い、国家の分肢としては扱わないことを求める請求権を獲得するのである。すなわち基本権は、人間は公民（Bürger）に吸収され尽くすのではなく、国家団体は人格の一部のみを吸収するのであって、個人の自由の領域には、最高の公共的利益を以てしても侵し得ない領域というものが存在する、という偉大な思想が、具体的に実定法上の形態を採って顕れたものなのである。……このような権利は国家に対して消極的な内容をもつ。[49]」

以上の叙述から、ギールケのいう「基本権」の基礎には、国家団体に吸収され尽くされない個人の自由の領域、換言すれば、国家支配の及ばない「前国家的自由」があることが判る。そしてギールケは、かかる《権利性》肯定論の思想的、イデオロギー的背景を語った後で、ラーバントの所説を次のように批判する。

「ラーバントは、ひとが信仰・良心の自由の権利、出版の自由の権利、集会の自由の権利というふうに手短な表現で語るとき、それによって含意されているのは決して一定の行為を行う権利を『基本権』として指称しているわけではないのだ、ということを見落としている。『基本権』は寧ろ、国家の構成員になると同時に得られる権利であって、問題となっている領域の行動を、個人的活動という非国家的領域として承認し、このような共同体的関連から外れた自由の領域に対する妨害的侵害（störender Eingriff）を行わないことを要求する権利である。[50]」

ギールケのいう「基本権」というのは、一定の「自由の領域に対する妨害的侵害を行わないことを要求する権利」である。そしてその主張の眼目は、法的規制の及ばない個人の自由の領域を法的に「承認」し、かかる「承認」――そして「承認」された領域は、後に検討するイエリネックの「消極的地位」に相当するものであろう――に基づいて、彼のいう「基本権」を根拠づけている点であるとおもわれる。[51]従って、実定憲法典の基本権規定はかかる「権利」を確認、表現したものに他ならない。そしてギールケによれば、このような「基本権」は、国家という「共同体を以てしても触れることのできない特別の法的領域の享受[52]」を保障するものである。そうだとすると、ギールケ自身は明言していないけれども、彼において、国法の規制の及ばない自由の領域は、「特別の法的領域」として、法的に意味のある或る種の《権利性》をもつ領域と考えられていたといえよう。

このようにギールケは、自らのいう「自由権」は、自然の自由を行使する権利のことではない、と主張したのであるが、このような彼の主張は、ラーバントやオットー・マイヤー、或いは後のアンシュッツにおいて論及の対象とされることはなく、相変わらず《権利性》否定論者は、本章第二節においてみたように、《権利性》肯定論は、自然の自由を行使する権利を「自由権」と呼んでいる、としてこれを論難しているのである。

三　次にシュテンゲルは、自由権を最も明確な形で、民法における物権（所有権）に類似させて捉えた論者の一人である（ここで検討するのは一八八六年及び一八九五年の叙述である）。彼は、「国家法秩序は個人に対して、物理的、物質的、及び精神的関係において、一定の領域を承認し、執行権の機関にこの個人に認められた活動の自由（Bewegungsfreiheit）を侵害することを禁止する」性質をもつ公権として、自由権ないし基本権を挙げる。すなわち、自由権とは、「自己の人身（Person）及び財産を、他者に妨げられることなく、自由に処分（verfügen）しうる権利」である。[53] そして興味深いことであるが、シュテンゲルのいう「自由権」は、公法上のものにとどまらず、私法上のものでもある。

「この際強調しておくべきことは、人身及び財産の自由及び不可侵を求める請求権は、まず私法上の性格をもつ、ということである。何となれば、あらゆる法主体は、国民であると否とを問わず、全ての他の法主体について、その全ての他の法主体が、自らの人身及び財産の自由と不可侵性を侵害（Eingriff）しないように要求し得るからである。そして、この人身及び財産の不可侵と自由の権利が公法上の性格をもつに至るのは、公行政機関がこの不可侵性と自由を侵害し、これを制限することが抑々できるのか否か、できるとしてどの程度、そしてどのような条件の下でできるのか、ということが問題となるときである。[54]」

その上でシュテンゲルは、ラーバントの《権利性》否定論を批判して、次のようにいう。

「［ラーバントの］かかる批判は、権利の内容と対象を完全に誤解している。権利の対象は、……権利者が自らの権利に基づいて処分し得る物そのものではなく、法主体の意思、とりわけ権利者に認められた権利によって拘束される法主体の意思である。このような拘束には、拘束された法主体が権利者に対して給付をしなければならない、という内容の場合もあるし、或いは、義務者が権利者に対して、物や自分自身の人身の自由な処分について妨害をしてはならない、或いは物理的、経済的、精神的関係において、その自由な活動を妨げてはならない、ということを内容とする場合もある。この後者を内容とするものが自由権ないし基本権である。[55]」

このようにシュテンゲルにあっては、自由権は物権（所有権）類似の権利として捉えられているのである。[56] 但し、ここでシュテンゲルのいう「自由権」の内容に一応注意する必要がある。すなわちシュテンゲルにおいて、「自由権」の内容とされる「自由」や「財産」は、既に法律によって予め境界づけがなされた――すなわち法律によって許された範囲での――ものである。換言すれば、臣民が有する自然の自由の全ての領域を法的に「権利」として承認し、その上でかかる「権利」の「適法な」侵害と「違法な」侵害を論ずる、という論法が採られているわけではない。シュテンゲル曰く、

「所謂基本権は、通常、憲法典によって与えられた立法者に対する、一定の指示という形で表されるが、立法者に対する法的制限をなすものでもないことは自明である。同様に、このような立法者に対する指示から、個々の場合における基本権の内容と範囲とが確定されるものでもなく、寧ろ、当該人身の自由の方向が、その都度関係する特別の法によってどの程度限定されるかが常に問題となる。従って、或る特定の邦の出版の自由の内容と範囲は、出版に関連する法律によって確定されるにとどまる。[57]」

同様のことはギールケについてもいえるし、また次に挙げるグルートの叙述にもみられる。

四　グルート（一八八八年）は、以上のような「自由権」理解の流れを整理し――もっともグルート自身は「自由権」につき、独自の見解を展開するのであるが――、次のように叙述する。

「自由権は、行政機関に対する授権についての法律上の限界の向こう側にある。行政機関の権限を規定する法規は、国家の権利と国民の権利との間に限界を作るものである。権利の領域に対する侵害は、全く許されないものと解される。行政機関が個人の意思、利益領域に対して制限的に侵害することが許されるとすれば、個人の権利はその限りで存在せず、同様に逆に、官庁が侵害してはならないというところから、権利の存在が結論される。従って、権利に対する適法な侵害（Eingriff）というものは存在しない。」（傍点著者）[58]

「[自由権は、]個人的な利益ないし意思の領域は、法律に基づいてのみ侵害され得る、という権利の前提となる基礎的法規（Fundamentalrechtssatz）に遡ることになる。しかし、自由権にとってこの法規自体は権利の源ではないのであって、権利の源は寧ろ次のことによる。すなわち、自由権は、行政の権限を規律する法規によって初めて確定され、そこからこの権利の絶対的不可侵性（Unantastbarkeit）が出てくるのである。そしてかかる不可侵性は、勿論、権利の範囲が行政の権限を規律する規範に完全に依存していることの結果に他なら［ない］。」（傍点著者）[59]

さらにグルートは、行政に対する授権規範との関係で次のようにいう。

「行政に対する授権を定める法規は、同時に、この授権の限界を含み、このような法規は全て、このような限界を超えた個人の意思領域への侵害は許されない、という法規によって補われる、ということが論じられる。行政の授権と個人の権利は、相互に限界づけあい、行政がその授権を越えるあらゆる行為は、既に個人の権利に対する侵害であるというふうに、同時に対応する個人の権利を根拠づけるのは、このような権能を規定する法規範である。」（傍点著者）[60]

ここでも、《権利性》否定論で述べた授権規範の「排除機能」が語られている。そうすると、以上グルートが整理した《権利性》肯定論と、前節で検討した《権利性》否定論との差異は、授権規範によって限界づけられた個人の利益領域（マイヤーのことばを使えば、「法律の留保による制限によって臣民にもたらされた利益」）を「権利」というかどうかの差であって、違法な警察処分の取消についていえば、グルートのいう《権利性》肯定論に立てば、法文に忠実に、「権利侵害」に基づいて取消が認められるということになり、マイヤーのような《権利性》否定論に立った場合、「取消請求権」が根拠規範に基づいて導き出される、ということになる。そうだとするとさらに問題は、ここで《権利性》肯定論がいう「自由権」が、たとえラーバントの理解する「自由権」（すなわち、一定の「自然の自由」を行う「権利」）とは内容的に異なるものなのだとしても、やはり内容空虚なものではないか、という批判がおこって（次の**五**でとりあげるイエリネックの「消極的地位」論に対するオットー・マイヤーの批判も、かかる批判の一つとみてよかろう）、そのようなものを「権利」と呼ぶべきか否かという問題に立ち返っていくわけである。

五　イエリネックの議論の特徴は、「地位論」を導入することによって、自由権理論の構成を行った点にある。

まず最初に、イエリネックは自己の立論を展開するにあたって、「権利」や「地位」、更には「請求権」、「主観的公権」といった概念について一応の解説を加えているので、その点をまずみておくことにしよう。

オットー・マイヤーの学説を検討した際に既に述べたように、まずイエリネックは、本来私法学上の概念である「権利」（Recht）と「請求権」（Anspruch）を明確に区別する。

「主観的な権利から発生した、特定の人に向けられた、具体的で現実の要求を請求権という。」(61)

「請求権は、抽象的で潜在的存在である権利に比べて、常に具体的かつ現実的である。[62]」

そして公法上の請求権、すなわち主観的公権の基礎に「地位」(Status) というものを置く。すなわち、私法上の請求権は権利 (ないし私法上の地位) から生ずるのに対し、公法上の請求権は地位から生ずる、という構成がとられる。[63]

ところで、周知のようにイエリネックは、臣民の公法上の地位を、「受動的地位」(der passive Status, status subiectionis)、「消極的地位」(der negative Status, status libertatis)、「積極的地位」(der positive Status, status civitatis)、及び「能動的地位」(der aktive Status, Status der aktiven Zivitat) の四つに分類するが、さしあたり自由権理論に関係するのは、「受動的地位」、「消極的地位」及び「積極的地位」である。

「国家からの自由」すなわちイエリネックのいう「消極的地位」は、「受動的地位」の領域に隣接する、国家行為による強制の及ばない領域であり、それはこれまでにこの款で検討した《権利性》肯定論者のいう「自由権」と同じ範囲と考えることができるが、反面、彼は、「消極的地位」の範囲内で現実に行われる個々の臣民の行為 (自然の自由) それ自体は法的にみれば、国家にとっては法的に関係のない (irrelevant) 行為である、ということを認める。[64] すなわちイエリネックにおいて、イエリネック以前にいわれてきた「自由権」は、「消極的地位」に置き換えられて地位論の中に位置づけられる訳であるから、彼は「自由権」という「権利」を正面から論じたわけではない。その点でイエリネックの「消極的地位」論は、従来の《権利性》肯定論とは異なる理論構成が採られていることは既に指摘されている通りであり、[65] 従来の理論の難点を巧みに回避しようとしているが如くである。そして以下にみるように、イエリネックによれば、「消極的地位」自体が単なる

「法の反射」、すなわち法的に無意味な存在でないのは、それが法的手段によって保護されるからである。

「消極的地位は、個々の個人が消極的地位の承認(Anerkennung)を求める請求権を有し、以て国家官庁に対して、この地位に対する妨害である法律上根拠のない命令ないし強制を禁止することによって保護される。物権には、その都度その物権を有する者に接触する人について、当該物権を妨害すべからず、という消極的な義務が対応するように、消極的地位には、個人と関係を有する全ての官庁の、物権の場合に類似する義務が生ずるのである。また消極的地位は絶対的で、あらゆる官庁によって尊重されるべき地位であるのに対し、その他の地位は、個人と特定官庁との間の特定の関係のみを許容するものである。常に法律に従った行為をせよという命令は、すべての官庁に対するものであって、それ故に、万人に対して、人格の自由な活動は保護されるのである。特に、消極的地位の承認と、それに対応する消極的地位に対する妨害の不作為及び排除を要求し得る、このような請求権によって、消極的地位は、法的地位へと高められることになるけれども、それは、物権を有する者に、他人に対してその妨害をしないことを求める請求権を認めることによって、物権が権利となるのと同じである(66)。」

「このような［消極的地位の承認と、消極的地位に対する妨害の不作為・排除を求める］請求権は、一定の国家の行為を求める請求権と同様、個人の積極的地位に属する。積極的地位と、そこから生ずる……請求権によって消極的地位はその法的性質を規定される。すなわち、このような法的な、個人について限定された請求権を発生させる可能性があるということを以て、消極的地位は、単なる客観法の反射効から区別されるのである。何となれば、法的手段によって訴求し得る請求権を単なる反射効であるとはいえないからである。消極的地位が一定方向において否認された場合、或いは妨害された場合、争訟という方法によって自由の承認と、妨害する当該国家行為の廃止が、要求され得るのである。その場合、個人は、自己の利益のために、法秩序に属する規範を適用せしめ、官庁の行為を発動させる能力を有するのである(67)。」

このように「消極的地位」は、「消極的地位の承認と、その承認に基づく消極的地位に対する妨害の不作為ないし廃止」を求める請求権によって保護されるわけであるが、ここでいわれている「承認」(Anerkennung)につきイエリネックは、「それによって、現に争われていたり、争いの対象になりうる関係や事実について、争いの相手方によって法的に正当なもの(zu Recht)として宣言される意思表示」である、としている。(68)「消極的地位」を防禦する請求権は、このような「承認」に基づいて、(69)違法な強制の不作為・廃止を求める請求権ということになるのである。そしてこのような「不作為・廃止請求権」は、個人の積極的地位に属するわけであるが、これは実体法上の請求権であると考えられる。すなわち、かかる実体法上の「不作為・廃止請求権」の保護は、行政訴訟による保護、すなわち積極的地位に属する別個の請求権である「権利保護請求権」(Rechtsschutzanspruch)＝「訴権」の存在を予定しているのである。(70)そしてこのような構成が、実体法上の権利と訴訟法(公法)上の訴権＝権利保護請求権を区別する、当時の民事訴訟法学の理論に倣ったものであることは多言を要しない。

以上がイエリネックの議論の要約である。

イエリネックの議論の特徴としては、当時の私法学の基本枠組、すなわち「権利」と「請求権」の区別、実体法上の権利と「訴権」の区別(公法上の権利保護請求権説)をベースにしていることが挙げられよう。しかし「地位」論、なかんずく「消極的地位」の積極的意味が、《権利性》否定論者たちによって、どれ程理解されたのかについては、疑問の余地がないわけではない。すなわち既に述べたように、オットー・マイヤーは、プロイセン一般ラント行政法一二七条に基づく違法な警察処分の取消請求権を説明するに当たって「消極的地位」を持ち出す必要はない、とイエリネックを批判しているのであるが、そこでのマイヤーの姿勢は、「消極的地位」や「地位」論全体の積極的意義を評価、批判しようとするものではなく、寧ろ、「消極的地位」なるものは、取消請求権の単なる正当化のために引き合いに出されているに過ぎないのではないか、という見方である。[71] ここに至って、問題は「地位」論全体の評価に関わってくるが、さしあたりここで確認しておくべきことは、イエリネックにおいては、従来いわれてきた「自由権」が「消極的地位」として構成され、いわば「物権」類似の構成で、違法な行政行為に対する防禦請求権が導き出されている、という点である（イエリネックは「物権」という語を用いているが、彼の念頭にあるのは物権全般というよりは寧ろ所有権であろう）。[72] もっともイエリネックの「消極的地位」論の意義に限って指摘するならば、それは「取消請求権」を体系的に根拠づけることができる、という点にあるというより寧ろ、自然法思想に基づく「人権」が、基本的に国家法人説と法実証主義に基づく国法学において採用できない反面、「自由」というものが全く法的意味をもたないかというとそうではなくて、公法学（公権論）の体系の中でやはりなにがしかの意味あるものとして位置づけられるべきである、という——解釈論的に有意義な局面よりも——優れて法思想的な面にあるようにおもわれる。[73]

六　以上本稿の考察は、イエリネックの議論の背景ないし思想的基礎の問題に立ち入る一歩手前まで至ったわけであるが、話を本来の「自由権」の解釈論に戻そう。

以上述べたところから示唆されるように、国家の支配権の及ばない「自然の自由」（ないし「前国家的自由」）を「権利」と看做すか否かという議論（＝《権利性》論争）が、主として法思想のレヴェルでの議論、或いはイデオロギー的レヴェルでの議論であるとするならば、「自由権」なるものも、今まで検討して来たレヴェル、すなわち「法律による行政の原理」の確立という段階のレヴェルでは少なくとも、その《権利性》を肯定しても、否定しても、実定法解釈論上の帰結に差はない、ということになる。従って、実定法解釈論におけるレヴェルで「自由権は権利である」、ということのみを以て——例えば既に述べた（第一章第一節第二款（一七頁以下））、取消訴訟の原告適格論において——一定の解釈論的帰結をもたらす、というのは論理的にみて問題がある、ということになるのである。

(48)　プロイセン・一般ラント行政法の他、一八七五年一〇月二二日のオーストリア行政裁判所法など。なお、プロイセンの一般ラント行政法一二七条の「権利侵害」の「権利」をめぐる諸学説については、既に原田教授の整理がある。それによると、①「単純利益説」（グナイスト）、②「法的に保護された利益説」（オットー・マイヤー）、③「権利説」（レーニング）の三つに分けられる（原田尚彦『訴えの利益』二六〇頁以下）。本稿で扱う《権利性》否定論は原田教授のいう「法的に保護された利益説」にほぼ該当し、《権利性》肯定論は「権利説」に対応するようである。教授は、マイヤーの《権利性》否定論について次のようにいう。

「マイヤーが訴えの利益につき、あえて権利の語を避けて法的に保護された利益という語を用いているのは、彼が、権利を狭義厳格に解して『私人の利益のために、法律上、私人に与えられた法的力』のみを権利とすること、すなわち、権利はすべて法の創造に基づく具体的積極的権能であるを要し、法以前の自然の自由は、権利とみなさないことに基づく。」（二六五頁・注（8））

(49)　Otto Gierke, Labands Staatsrecht und die deutsche Rechtswissenschaft, Schmollers Jahrbuch Bd. VII, 1883, S. 37.

(50)　Gierke, a.a.O. (Fn. (49)), S. 37.

(51)　臣民の自由の領域を法的に「承認」(Anerkennung) する、というのが《権利性》肯定論の一つのポイントであるようにおもわれる。その「承認」によって自由の領域が、法的に無意味な領域ではなくて、「自由権」を構成する際の基礎的な要素とされるのである。その意味でイエリネックの消極的地位論も同様である。ゲルバーも彼のいう Volksrechte は権利である、という説の帰結として、「[そのような説によれば、] Volksrechte は、単に消極的な権利であるにとどまるのであって、それは、人格の自由な側面、換言すれば非国家的な側面の承認を求める権利である」、とする（Gerber, a.a.O.（Fn.（22））, S. 65.）。

（52）Gierke, a.a.O.（Fn.（49））, S. 38.

（53）von Stengel, a.a.O.（Fn.（3））, S. 197.

（54）von Stengel, a.a.O.（Fn.（4））, S. 36. シュテンゲルはこれ以上詳細な説明を行っていないが、人身の自由などについては、前にも述べたように（五九頁・注(17)で挙げた債務拘束の廃止）、封建的な拘束関係などを私人間においても禁止する、といったことは当時においても考えられたであろう。

（55）von Stengel, a.a.O.（Fn.（3））, S. 197.

（56）因みに、シュテンゲルは、権利一般について次のように述べている。

「権利の内容が、単に、権利者の一定の意思表示の権能や、それに対応する他人の意思の拘束に過ぎないとすると、権利の対象―目的―は、権利を有する法主体の意思に対応する、他の法主体の意思に他ならぬのであって、決して物が権利の内容になることはない。いずれにしても、物はたかだか、間接的に権利の目的を表すに過ぎないのであって、それ故に、所有権や所謂物権の目的は当該物であって、所有権や物権の内容は、その物に対して一定の態様で作用を及ぼすことである、という見解は正しくない。所有権の目的は、寧ろ権利者に対応する、それ以外の全ての法主体の意思であり、所有権の内容は、法秩序によって承認された。権利者とその物との関係を侵害しないように求める請求権である。」（v. Stengel, a.a.O.（Fn.（4））, S. 32.）

（57）von Stengel, a.a.O.（Fn.（4））, S. 36.

（58）Osker Gluth, Genehmigung und subjektives Recht, AöR. Bd. 3, 1888, S. 576.

(59) Gluth, a.a.O. (Fn. (58)), S. 578.
(60) Gluth, a.a.O. (Fn. (58)), S. 571.
(61) Jellinek, a.a.O. (Fn. (2)), 2. Aufl., S. 54.
(62) Jellinek, a.a.O. (Fn. (2)), 2. Aufl., S. 55.
(63) Jellinek, a.a.O. (Fn. (2)), 2. Aufl., S. 58.
(64) Jellinek, a.a.O. (Fn. (2)), 2. Aufl., S. 104.

イエリネックは次のようにいう。

「このような自由［＝国家に対する服従（Unterwerfung）からの自由］を、法学的な側面から検討すると、かかる自由は、国家にとっては法的に無関係な臣民（Subjizierten）の行為であるということになる。出版の自由によって何人も印刷物を公にすることができるとする場合、これに何らかの形で関係して締結された法律行為は別として、公刊する行為それ自体はなんら、他人のとりわけ国家の権利に関係するものではなく、自分の酒を飲んだり、自分の土地を散歩する行為と同列のものであって、何ら異なることはない。同様に職業選択の自由の『権利』や信教の自由の『権利』などといっても、それは何人の権利領域に影響を及ぼすことはないとはいうものの、このような自由の領域の内部における何らかの行為が、法的な意味をもちうることはあるであろう。しかしそれは全く別の観点からみたときにそうなるのであって、それも決して国家に対してではない。従って例えば出版契約の締結は自由の行使ではないし、プレスビテリアン教会における投票権は、信教の自由の行使ではない。自由権に対する法律による制限によっても、当該行為に法的な意味を与えるのではない。なんとなれば国家にとって関心の対象になるのは、その行為が行われるか否かではなくて、それが法律上の制限を超えるか否かだからである。従って、国家が食品衛生警察活動を行った場合でも、その際、所有者の魚やワインを飲食する行為を法的に意味のある行為にするわけではない。ここで専ら我々の関心の対象である国法上の観察からすれば、ここで論じられているような自由は、或ることを命ずる規定（Sollen）による制限にも関係なく、或ることを許す規定（Dürfen）にも関係がない。寧ろ、消極的地位によって、国家に対しては法的に関連なきものとされるのは、抽象的な形での、一定のカテゴリーに属する行為を行う可能性なのである。従って例えば、改宗の自由を認めるということは、国家の側からすれば、あらゆるプロテスタントが、カトリックとなる権利を有するとか、或いはそうなる特別の能力を有する、ということを意味するものではない。それは単に、国家が改宗行為を、国家には関係のない行為である、ということを宣明したにとどまる。」（Jellinek, a.a.O.（Fn.（2）, 2. Aufl., S. 104-105. 傍点著者）

（65）イエリネックが「自然の自由」を行使する「権利」をラーバントやザイデルとともに否定したことにより、ゲオルグ・マイヤーや我国の市村光恵教授がイエリネックを以て《権利性》否定論者に数えていたことにつき、海老原・前掲論文注（1）ジュリスト九四七号一二頁参照。佐々木惣一教授も市村教授と同様の見解であるが、それについては本章第五節（八六頁以下）において論及する。

（66）Jellinek, a.a.O.（Fn.（2））, 2. Aufl., S. 105.

（67）Jellinek, a.a.O.（Fn.（2））, 2. Aufl., S. 105f.

（68）Jellinek, a.a.O.（Fn.（2））, 2. Aufl., S. 122.

（69）ここでイエリネックのいう「承認」の概念について若干の補足説明をしておこう。イエリネックによれば、「承認」というのは、一般的な法制度であって、元々、私法、訴訟法、国際法において論ぜられていたものであるが、国法学の領域では余り論ぜられて来なかったものである。「承認」の定義は、本文で示した通りであるが、「承認」は争訟当事者間についてのみなされるものであって、第三者によってもなされる「確認」（Feststellung）とはその点で区別される、とする（Jellinek, a.a.O.（Fn.（2））, 2. Aufl., S. 122.）。そしてイエリネックは、ある箇所で、「行政法関連の判決（Urteil）が何たるかをみれば、直ちにその大部分は、原告は受動的地位にあるか、或いは消極的地位にあるかの問題を解決する、というところにあることがわかる。」と述べている（Jellinek, a.a.O. (Fn. (2)), 2. Aufl., S. 106.)。このように、《当事者が受動的地位にあるか或いは消極的地位にあるか》という問題に対して、「当該当事者は消極的地位にある」ことを確定するのを、イエリネックは、消極的地位の「承認」といっているのである。従って、行政裁判において「消極的地位」を「承認」するということの、少なくとも一つの含意は、当該行政行為の違法性を認定することである。（その他行政裁判における「消極的地位」の「承認」の含意として「権利侵害」ということが挙げられる可能性があるが……。）因みにイエリネックは「承認」の反対語として「否認」(Bestreitung) という語を用いている。注(67)の番号を付して本文（七二頁）で既に引いた次のような場合である。

「消極的地位が一定方向に否認 (Bestreitung) された場合、或いは妨害を受けた場合、争訟という方法によって、自由の承認と、妨害する当該国家行為の廃止が要求され得るのである。その場合、個人は、自己の固有の利益のために、法秩序に属する規範を適用せしめ、官庁の行為を発動させる能力を有するのである。」(Jellinek, a.a.O. (Fn. (2)), 2. Aufl., S. 106. 傍点著者)

そしてイエリネックは「自然の自由」を行う無数の「権利」を否定した後、このような自由について次のような一般的定式を立てているのである。

「個人は国家によって、違法な給付を求められることはなく、従って、当該個人の自由の承認に基づいて、このような規範に違反する官憲的命令の不作為及び廃止を求める請求権を有する。」(Jellinek, a.a.O. (Fn. (2)), 2. Aufl., S. 103.)

海老原明夫教授は、右の引用文を引いた上で、「消極的地位」の「承認」に関し、次のような理解を示す。

「イエリネックによれば、この個人の『自由の承認に立脚した請求権』は、消極的地位に属するのではなくて、積極的地位 (Positiver Status) に属する。それ自体法的性格を有さない消極的地位つまり前国家的自由は、それが国家によって承認され、その承認に立脚した請求権が与えられることによって、法的性格を獲得するものである。」（同・前掲論文注(1)ジュリスト九四七号一三頁。傍点著者）

しかしながら、要するにイエリネックが述べている「承認」というのは、個別の事件における「自由」の「承認」、すなわち当該事件において当該関係者が「消極的地位」に属していることの「承認」、換言すれば、当該事件において当該命令・強制は違法であること（或いは加えて権利侵害）の「承認」であって、包括的に「自由」を「消極的地位」という形で、法的に意味あるものとして承認することではないのである（そのような包括的な自由の「承認」は、寧ろ六六頁で注(50)を付して引用したギールケの叙述中に見られる「承認」（「非国家的領域として承認し……」）と同義であるとおもわれる）。

(70) Jellinek, a.a.O. (Fn. (2)), 2. Aufl., S. 126.

(71) ここではイエリネックの「地位」論に対する他の論者の批評についての検討は省略する。イエリネックの「地位」論が必ずしも異論なく受け容れられたわけではないことにつき、石川敏行「ドイツ公権理論の形成と展開(一)」法学新報八四巻一・二・三号（昭和五二年）一三六頁以下参照。

(72) もっとも《物権（所有権）類似の構成》といっても、そこに疑問の余地がない訳ではない。すなわちイエリネックは既に述べたように、権利と私法上の請求権、地位と公法上の請求権をパラレルに論ずるわけであるが、然らば問題は、物権（所有権）と物権的請求権（所有権に基づく請求権）との関係と、消極的地位と違法な行政行為に対する防禦請求権との関係とを比較してみるとどうなるかである。物権的請求権が物権の作用そのものであって、独立の権利ではない、という考え方を採れば、防禦請求権は消極的地位そのものの作用ということになり、かかる防禦請求権が、消極的地位とは別の積極的地位に基づいて生ずる、というのは解せない理屈であるといえよう。しかし、物権的請求権の性質については学説に対立があって、必ずしも明らかでないものがある。さしあたり我国の我妻 栄教授によれば、物権的請求権は「独立の請求権だが純粋の債権ではない、とするのが正当である。けだし、物権の本来の内容たる物に対する直接の支配自体とは異なり、人に対する請求権であるから、物権そのものとは別の権利とみることが適当だが、物権の存在する限り不断にこれから派生し……、破産の場合などには、普通の債権と異なる強力な地位を有する点などにおいて、物権から派生するものである特徴が強く現れるからである。」（我妻　栄著／有泉　亨補訂『新訂　物権法（民法講義Ⅱ）』（昭和五八年）二三頁）　我妻教授においては、物権から「派生」するという若干曖昧な表現が用いられているが、それはともあれ、消極的地位を保護する防禦請求権が別の積極的地位から生じても、物権とのパラレルとして位置づける妨げにはならない、と善解することはできよう。しかしそうすると問題は再び、「消極的地位」自体、その法的含意は実は何なのか、ということになる。すなわち、以上述べたところから明らかなように、イエリネックによれば、「消極的地位」の内容は、国家の適法な支配権行使の及ばない、国家から自由な状態ないし領域であり、全ての官庁はかかる「地位」を尊重する法的義務を負う。しかし他方で、「消極的地位」そのものは、防禦請求権の直接の根拠とはなり得ないわけである。また何らかの活動を現実に行うことそれ自体は、法的にはirrelevantな事象であり、それは《権利の行使》といい得るものでもない。これとパラレルの関係を、特に所有権についていうとすれば、次のようになろうか。すなわち所有権の内容をなすのは、一定の物に対する、法的に許された形での使用、収益、処分を行う「状態」であって、使用、収益、処分といった行為を現実に行うこと自体は、《権利の行使》ではない。またこのような、円満に、かつ自由に使用、収益、処分を行い得る状態は、抽象的なレヴェルでは、全ての人がこれを尊重しなければならないが、妨害排除請求権等の所有権に基づく請求権は、所有権そのものの効果ではない。しかし具体的な法的紛争において問題となるのは、主として所有権に基づく請求権の方であろう――。このような捉え方でよいのか、特に所有権そのものの法的含意は以上のような捉え方でよいのかが問題となるが、このような問題は、次の第四節でも若干触れるように、一般法学ないし法理学に属する「権利」概念そのものにかかわる問題であり、ここでのこれ以上の立ち入った検討は避け、なお今後の課題としたい（尚、本書第二部は以上のような問題意識に基づく論稿である）。また、ビューラーの自由権理論が、イエリネックのそれとかなり異なることは、第三章第一節三（一一一頁以下）で論ずる。さらにイエリネックにおける消極的地位と物権とのアナロジーについては、山本隆司『行政上の主観法と法関係』（平成一二年）一二〇頁以下が論及している。

（73）　この点に関連して、石川健治教授は、「彼［＝イエリネック］の有名な『公権論』は、……主権論と人権論の間の――広くいえば実証主義と理想主義との間の――板ばさみの苦渋のなかから絞り出された『法的な』権利論であった」と述べている（樋口陽一編『ホーンブック憲法』（平成五年）一三九頁）。

第四節　《権利性》論争の整理

一　以上ドイツにおいて一九世紀後半から二〇世紀前半に行われた、自由権の《権利性》をめぐる論争について分析・検討した。もっとも、この論争にかかわった論者は多数にのぼるので、[74]検討すべき論点も一、二にとどまらない。しかし以上の検討によりさしあたり、自由権理論の成立過程についての一応の素描は行うことができたとおもわれる。

二　さて、《権利性》論争というのは一体いかなるもので、この論争を経た「自由権」理論の到達点は何処にあるとみるべきか。若干の整理を行っておくことにしよう。

①　当初、《権利性》否定論がまず否定したのは、「自然の自由」を現実に行う「権利」であった。おそらくドイツ諸邦において基本権規定が実定化され、それとともに前近代的な自由制約が撤廃されることによって、かつて制約されていた種々の「自然の自由」を現実に行使する「権利」が語られたからであろう。しか

し否定論者（ラーバント）は、そのような「権利」は「対象を欠く」ものである、と主張する。この点に限っていえば、早い時期から法理論的に妥当なものとして肯定論者（ギールケ）にも異論はない。

②《権利性》否定論は、当初、憲法典列挙の基本権規定は、国家機関の権限行使を制約する規範、すなわち客観的法規にとどまるのであって、それらは何らの権利も創設することはない、と説いていた。そして《権利性》否定論においては、「自然の自由」を現実に行う「権利」が否定されただけでなく、国家の支配権の及ばない自由の状態ないし領域を「権利」とする考え方も否定されたのである（オットー・マイヤー）。国家の支配権の及ばない自由の状態を「権利」と看做すことを否定する考え方は、行政裁判制度が確立していない時代においては、さほど問題にならなかったとおもわれるが、行政裁判制度が確立されると、取消訴訟の出訴要件たる《権利》侵害との関係で、その妥当性が問題になる。

この問題につき、《権利性》肯定論は、国家の適法な支配権行使の及ばない自由の状態・領域を——民法上の物権（所有権）に類似した構成で以て——「権利」（シュテンゲルなど）ないし「地位」（イエリネック）と構成する。

③　これに対して《権利性》否定論は、国家の支配権の及ばない自由の状態を「権利」とする構成をとらず、寧ろ「法律による行政の原理」、憲法典列挙の基本権規定（ラーバント、アンシュツ）、或いは——「法律の留保の原則」を受けて——処分の根拠法規（オットー・マイヤー）といった、行政権の権限行使を制約する客観的法規を根拠として、臣民の争訟的地位を根拠づける。但し、《違法な行政行為の不作為を求める請求権》が、「法律による行政の原理」をカズイスティックに表現したものとしての基本権規定を客観法的基礎として導き出されるとするならば、基本権規定は何らの権利も創設しない、とした当初の《権利性》否定論は、貫

徹し得ないということになる。

④　結局、《権利性》論争は最終的には、《国家の支配権の及ばない自由の状態・領域》を「権利」（換言すると、絶対権的な権利）と位置づけて、国法学において意味あるものとして位置づける（＝《権利性》肯定論）のか或いはそのような構成を採らないのか（＝《権利性》否定論）、という問題をめぐる争いであるようにおもわれる。そしてかかる争いは、主として法思想的な問題を背景とするものであり、かかる背景は、イエリネックの地位論など、主として《権利性》肯定論においてみられるところである。

⑤　従って、実定法解釈論のレヴェルにおいては、「自由権は権利である」という根拠のみを以て一定の解釈論的帰結をもたらすことは、理論的に問題がある、ということになる。

三　以上の総括から明らかなように、《権利性》肯定論に立っても、《権利性》否定論に立っても、要は客観的法規としての「法律による行政の原理」（ないし処分の根拠法規）が問題なのである。たとえ《権利性》肯定論に立って「一般的自由権」というものを論じても、その保護範囲の輪郭は、「法律による行政の原理」――すなわち処分の根拠法規――によって画されており、その限りで明瞭である。そしてかかる「一般的自由権」を有するのは、行政行為の名宛人についてのみである。以上本稿で扱った論者の中で、具体的に行政行為における「第三者」について自由権が論ぜられる余地を示唆したものはみあたらない。後にみるように戦後、基本法の下で「一般的自由権」ないし基本法二条一項を引き合いにだして、「第三者」にも自由権の保障を及ぼすに至ると途端に「一般的自由権」の輪郭は不明確なものとなり、後にみる（第三章）ヘンケのように、かかる議論に反対して、「絶対権」的な権利としての「一般的自由権」を行政行為の局面では否定する論者も出てくるのである。

また以上縷述してきたように、自由権理論の基礎には私法上の権利論（とりわけ物権の中心である所有権）が範として置かれている。しかし私権と自由権との間では、次のような本質的な違いがある。すなわち私権の場合、権利に基づく請求権の行使として、個別的・具体的な段階において、相手方に対して要求する内容は如何にして定まるかというと、それは私的自治の原理に支配されるところが大きいといえる。例えば所有権侵害の場合、権利者は、所有権に基づく請求権の行使として、当該権利侵害を行った者に対する要求を決定する際、或る程度の内容選択の自由を有するであろう。また更に同じく私権に属する債権の場合を考えてみても、例えば金銭債権の場合、支払い期日が到来したところで、現実に請求権を行使し、支払いを求めるか否かは、権利者の任意に委ねられる。また請求権を行使したとしても、債権の免除という形で請求権を減額することもできる。このような点を踏まえて、後にブーハーが私法上の「権利」は、規範論理的にみて、具体的な場合における権利者の「規範定立権限」（Normsetzungsbefugnis）であるという指摘をしているのは、興味深い。しかし自由権の場合は、それを抑々主張するかしないかの自由はあるとしても、――以上取り上げた諸家の見解に従えば――請求権の内容は違法行為の不作為ないし取消に限定されるのであって、それ以上権利者の国家に対する具体的請求内容決定の自由はない。少なくとも現在までみてきたような自由権理論によれば、その意味で権利者も「法律による行政の原理」に拘束される。従って、イエリネックの議論の枠内では、消極的地位を「物権」類似のものとして構成しても、実定法解釈論上の利点は殆どないといえよう。その意味で、既に述べたように、「地位」論の意義というのも、実定法解釈論上の意義よりも、寧ろ法思想的意義が重要だということになるのである。

そうだとすると再三の繰り返しになるが、「自由権は権利である」ということから当然に、すなわち、一般的自由権のみを根拠にして、論者が保護に値すると評価する利益が法的に保護される、と主張するのは論理の飛躍がある、ということになろう。そして後にも第三章においてみるように、「絶対権」ないし物権類似の「自由権」という構成を拡大し、自由権保障を行政行為の名宛人以外の「第三者」にも及ぼそうとするならば、それは「法律による行政の原理」、すなわち処分の根拠規範を遵守すること以上の要求を、国家機関に対して行う方向に議論が進む筈であって、そのような方向が行政法体系全体からみてどこまで正当なのか、という問題が生ずる、ということを踏まえておく必要があろう。

（74）この《権利性》問題を包括的に論じた研究は、前掲注（1）のギーゼの論稿が存在するにとどまる。ギーゼによれば、《権利性》否定論に属する論者として、Laband, Haenel, Zorn, Bornhak, v. Sarwey, v. Seydel, O. Mayer, Anschütz, Gneist, Leuthold, Ungerを挙げ、《権利性》肯定論に属する論者として、Zoepfl, v. Rönne, G. Meyer, v. Schulze, v. Stengel, Loening, Gierke, Bluntschli, Gareis, v. Kirchenheim, v. Mohl, Vogel, H.A. Zachriaeが挙げられている。《権利性》否定論には、本稿でもみたように、Gerberが加わるほか、Giese自身もこれに属するし、著者のみる限りZachariaeも明らかに否定論者である。これに対し、肯定論者にはさらに、Jellinek, Dantscher v. Kollesbergが加わる。

（75）Eugen Bucher, Das subjektive Recht als Normsetzungsbefugnis, 1965. ブーハーの権利論については本書第二部において、ケルゼンの権利論との関連で言及する。

第五節　我国における「自由権」理論の形成

一

帝国憲法下における我国の公法理論が、ドイツの学説の強い影響の下に形成されたということは、周知のところである。然らば我国における「自由権」理論の形成過程に対して、ドイツの学説は如何なる影響を与えたのであろうか。本稿において以上行ってきたドイツ「自由権」理論の分析を基にして、我国における「自由権」理論の形成について、若干の検討を加えることにしよう。

まず最初に指摘すべきことは、我国では、ドイツにおいて行われたような《権利性》論争は、本格的には行われなかったということである。周知のように、帝国憲法下における憲法学は、一般に「正統派」と「立憲派」の両派に大別されるけれども、[76]自由権の《権利性》という問題はこの両派の争点にはならなかったし、また「自由権は権利ではない」ということを明確に説いた論者は極く少数にとどまり、[77]以下にみるように、多くの論者は、その構成や内容はともかくとして、憲法上の「権利」として「自由権」が存在すること自体は認めていたのである。ではそこで語られている「自由権」とは、如何なる内容で、如何なる構成に基づいて導き出されているのであろうか。

二　まず「正統派」の始祖とされる穂積八束教授は「自由権」についてどのように述べているのであろうか。穂積教授は、「公権の三態様」として請求権、自由権、参政権の三種類を挙げた後、自由権について次のように述べる。

「権利ノ権利タルハ意思ノ主張ノ許容セラルルコトニ由ル」[78]

「本文ニ謂フ自由権ノ思想ハ国権ノ或干渉ヲ排除シ得ルコトヲ其ノ内容トス。之ヲ排斥スルト謂フハ、国権ニ訴へ、其ノ保護ニ依リテ、之ヲ排除シ得ルナリ、国権其ノ者ニ反抗スルニハ非サルナリ、此レ権利ノ権利タル一般ノ通性ニ属ス、特ニ自由権ニ付キテ謂フニハ非サルナリ。又茲ニ或干渉ト謂ヒテ国権ノ総テノ動作ヲ排斥スルノ意ニ非サルコトヲ表示スルハ、理ニ於テ然ルノミナラズ、立憲制度ノ沿革ニ顧ミテ現行ノ法制ヲ説ケルモノナリ。自由権ノ思想ハ、沿革上、国家主権其ノ者ニ反抗スルノ精神ニ出デタルニハ非ス、其ノ意ハ寧、行政府ノ権力濫用ニ対シ、個人自由ノ安全ヲ防護セントスルニ在リキ。国権其ノ者ヲ排除セントスルニハ非ス、却テ国権ノ保護ニ依リ行政濫権ノ干渉ヲ排除セントセシモノナリ。故ニ之ヲ憲法ニ掲ケ、立法権ニ挙援シテ其ノ保障ヲ全フセント欲セシナリ。国権ヲ排斥スルニ非ス行政官吏ノ干渉ヲ排除スルナリ、法律ヲ排除スルニ非ス法律ニ依リ不法ノ権力ヲ排除スルナリ。法律以上ニ自由権ナシ、法律以外ニ自由権ナシ、自由権ハ即チ法律ノ保障ノ下ニ存立スル者ナリ。……自由権ヲ国権（立法権）ニ反抗スルノ権利ナリト解シ、若ハ之ヲ唯、漠然法令ニ依リテ許容スルノ自由ナリト解スルカ如キハ、法理ニ反シ、歴史ヲ無視スルノ不当ノ言説ニシテ、其ノ本来ノ憲法上ノ趣味ヲ没却スルモノタル蓋明白ナラン。」(79)

要するに穂積教授のいう「自由権」は、国家の支配権の及ばない「自然の自由」を「権利」や「地位」として構成するものではなく、行政府の権力濫用に対して「国権の干渉を排除し得る」権利である。しかし、このいわば「違法な国家行為の排除を要求する権利」自体は、《権利性》否定論も承認するところであって、要はその理論的構成であるが、その点は必ずしも明白ではない。ただ穂積教授において、「自由権ヲ……唯、漠然法令ニ依リテ許容スルノ自由ナリト解スル」説が、「法理ニ反」するとして排斥されている点は注目に値する。

三　同じく「正統派」に属する上杉慎吉教授は、《権利性》論争そのものに言及している。

「自由権ハ憲法カ一定ノ形式、即チ法律ニ依ルカ、又ハ一定ノ条件ニ当タルニ非サレハ、臣民ノ一定ノ行為ヲ命令禁止制限スルコトナキヲ規定スルニ依リテ、特ニ附與セラレタル権利ナリ。

自由権ハ一定ノ形式ニ依ルカ、又ハ一定ノ条件ニ当ルニ非サレハ、一定ノ行為カ命令禁止又ハ制限セラレサルノ

消極的ナル権利ニシテ、一定ノ行為ヲ為スノ積極的権利ニ非ス、……」(80)

この叙述をみるかぎり、上杉教授の立論は、先に紹介したアンシュッツのそれに近似している。すなわち、「憲法カ一定ノ形式、即チ法律ニ依ルカ、又ハ一定ノ条件ニ当タルニ非サレハ、臣民ノ一定ノ行為ヲ命令禁止制限スルコトナキヲ規定」するのは、結局憲法上の自由権規定、ひいては「法律による行政の原理」という憲法上の客観的法規であり、それに基づいて「消極的ナル権利」が生ずる、という構成が採られているからである。ところが、上杉教授は次のようにも述べ、自らが《権利性》肯定論に与することを明言しているのである。

「……自由権カ天賦人権ノ意義ニ於テ権利ナリト認ムヘカラサルハ云フヲ俟タス、然レトモ之ヲ唯タ客観的ナル権限ノ規定ナリトシ、之ニ依リテ臣民個人ハ、何等カノ利益ヲ享有スルコトアルモ、其ノ反射的利益タルニ止マリ、何等ノ権利ヲ生スルモノニ非ストスルモ亦誤レリ、自由権ノ保障スル一定ノ自然ノ自由ハ権利ニ非サルモ、統治権カ憲法ニ依リ、臣民ニ対シテ、一定ノ形式ニ依ルカ、又ハ一定ノ条件ニ当ルニ非サレハ、一定ノ行為ヲ命令禁止制限セサルコトヲ規定スルトキハ、個人タル臣民ハ此ノ形式即チ法律ニ依ルカ、又ハ此ノ条件ニ当タルニ非サレハ、行政処分ヲ以テ、又ハ故ナク妄ニ、自由権ノ認メタル一定ノ行為ヲ制限セラレサル意志ノ力ヲ有シ、之ニ反スル統治権ノ行為ニ対シ、其ノ違法ニシテ、自己ノ法上ノ意志ノ力ヲ侵害セラレタルコトヲ主張スルコトヲ得ルコトヲ認メタルモノニシテ、明ニ臣民ニ主観的ナル権利ヲ附與シタルモノナリト為スヘシ、之ヲ自由権トナス。(81)」

しかし、右の上杉教授の論述には、《権利性》論争についての誤解があるようにおもわれる。すなわちまず、《権利性》否定論において、自由権が「唯タ客観的ナル権限ノ規定ナリ」としていたとしても、違法な行政行為に対して何らの権利も生じない、という結論は導き出してはいないということは、既にオットー・マイヤーやアンシュッツの所説の分析を通じて明らかにしたところである。そして、教授のいう「自由権ノ保障スル一定ノ自然ノ自由」が、「統治権カ憲法ニ依リ、臣民ニ対シテ、一定ノ形式ニ依ルカ、又ハ一定ノ条件ニ当ルニ非サレハ、一定ノ行為ヲ命令禁止制限セサルコト」を規定する自由権の「客観的ナル権限ノ規定」としての側面（客観的法規）によって保障される限りでの「自然ノ自由」を意味するとすれば、まさに《権利性》肯定論は、かかる「自然ノ自由」を「権利」ないし「消極的地位」として法的に意味のあるものとして承認し、かかる「権利」に基づいて違法な行政行為の排除を要求する、という構成を採るものであるから、「自由権ノ保障スル一定ノ自然ノ自由ハ権利ニ非サルモ……」としてしまえば、《権利性》肯定論を否定したことになってしまうのである。かように教授は、「自由権ノ保障スル一定ノ自由」の《権利性》を否定したのであるから、教授のいう「個人タル臣民ハ此ノ条件ニ当タルニ非サレハ、行政処分ヲ以テ、又ハ故ナク妄ニ、自由権ノ認メタル一定ノ行為ヲ制限セラレサル意志ノ力ヲ有シ、之ニ反スル統治権ノ行為ニ対シ、其ノ違法ニシテ、自己ノ法上ノ意志ノ力ヲ侵害セラレタルコトヲ主張スルコトヲ得ルコトヲ認」める臣民の「権利」は、自由権の「客観的ナル権限ノ規定」が破られることによって、かかる客観的法規に基づいて生じる請求権である、ということになろう。結局上杉教授においては、ただ単に「自然の自由」を行使する「自由」の《権利性》を否定することと、「自由権ノ保障スル一定ノ自然ノ自由」の《権利性》を否定することが混同されており（この混同は、既に紹介したように、ギールケもラーバントの所説を批判してこれを戒めたものである。また我国では、本節で後に取り上げる佐々木惣一教授も、同じ理を説いている。）、そのため《権利性》肯定論に与すると言明しているものの、その理論的内容は、寧ろアンシュッツの議論と同様である、という結論に至るわけで

ある。(82)

四　「立憲派」に属する論者として挙げられるのは、美濃部達吉教授である。多少長きにわたるが、公権たる自由権と私権との関係にも及ぶ議論が展開されていて興味深いので、教授の『日本行政法』における自由権についての叙述全文を以下、引用する。

「自由権（Freiheitrecht）は行政権に依り違法に個人又は団体の自然の自由を侵されないことを要求する権利である。積極的の内容を有せず、単に消極的に行政権の違法の行使を拒否することを唯一の内容とすることにおいて、他の総ての権利と異なる特色を有する。受益権を積極的公権と称するならば、自由権は消極的公権と称することが出来る。

臣民の自由権は憲法上に保障せられて居る所で、普通にこれを総括して、臣民は違法に其の『自由及財産』を侵されない権利を有するものと称するのであるが、其の所謂財産とは一切の権利を有す意味で、権利の代表的なものとして挙げられて居るのであり、即ち普通に自由権と使用して居るのは、人民が違法に其の自然の自由を侵されない権利の外に、違法に権利を侵害されないことは、総ての権利に伴ふ当然の効果であって、これを別個の独立な権利として見るべきものではない。例へば臣民が其の所有権を侵されないことは、自由権の最も著しい効果として挙げらるる所であるが、所有権以外に別個の独立の権利として所有権を侵されない権利が存するのではなく、所有権自身の効果として行政権を以ってしても違法にこれを侵害するを得ない拘束を受けるのである。而してそれは敢えて所有権のみに限らず他の総ての権利に付いても同様で、言ひ換ふれば総ての私権は一面において公権たる要素をも包含するものである。即ち各人は国家に対しても其の私権を対抗して、違法にこれを侵害しないことを要求する権利を有するもので、私権の効果に此の公権的要素を包含して居る為めに、普通には私権の一般的の効果の中からその公権的の要素を分離して、これを自由権の中に含ましめて居るのである。正確にはこれを其の本権以外に独立な権利として見るべきものではない。

厳格に謂へば、自由権は唯違法に天然の自由を侵されず又違法に義務を課されないことの権利のみを意味するもので、其の積極的の内容である例へば居住移転の自由、身体の自由、営業の自由、信教の自由、出版の自由などは、何れも各人が天然に保有する所の自由であつて、固より権利の内容を為すものではなく、唯違法にこれを侵されないことの消極的の要求のみが、独立して権利として主張し得べき所たるのである。一般に権利は積極的の内容を有し、他からは侵されないことは唯附随の効果たるに止まるに反して、自由権は消極的に或る事を為し得ることの権利ではなくして、違法の侵害を受けないことを主張し得る点に於いてのみ、権利たる性質を有するのである。積極的の内容を有しないことにおいて、普通の権利に比しては、権利としての不完全性を免れない。」（傍点著者）[83]

以上の美濃部教授の議論において、自由権とは「行政権に違法に個人又は団体の自然の自由を侵されないことを要求する権利」であって、「単に行政権の違法の行使を拒否することを唯一の内容とする」権利であるとされる。問題はかかる権利ないし請求権が如何なる根拠に基づいて導き出されたかである。この点については、美濃部教授の『憲法撮要』の説明を繙くことによって解明することにしよう。

「自由権ノ法律上ノ性質ニ付テハ学説分ル。或ハ之ヲ以テ全ク権利タル性質ヲ有セズト為ス者アリ。或ハ之ヲ以テ数多ノ個々ノ権利ノ集合ナリト為ス者アリ。自由権ヲ以テ数多ノ個々ノ権利ノ集合ト為シ、言論ノ自由、集会ノ自由、居住ノ自由等各別々ノ権利ヲ為スモノナリト為スハ正当ナラズ。自由ニ言論、集会、居住ヲ為スコトハ唯天然ノ自由タルニ止マリ権利ノ内容ヲ為スモノニ非ザルコトハ、尚睡眠シ、飲食シ、散歩シ、談笑スルコトガ権利ノ内容ヲ為スモノニ非ザルガ如シ。法ハ之ヲ禁止スルコトナク又権利トシテ天然ニ存セザル法律上ノ力ヲ付与スルコトナク一ニ之ヲ自然ニ放任ス、即チ法ニ無関係ナル行為ナリ。然レドモ一方ニ於テハ自由権ガ全然権利ニ非ズトスルコトモ、亦正当ノ思想ニ非ズ。所謂自由権ハ決シテ多クノ学者ノ言フガ如ク行政機関ノ職務上ノ拘束ノ反射的結果ニ止マルモノニ非ズシテ、違法ニ其ノ自由ガ侵害セラレタル場合ニ於テ侵害ヲ受ケタル各人ヲシテ自ラ其ノ違法ヲ主張スルコトヲ得ベカラシムルノ効果ヲ有ス。而シテ自己ノ利益ノ為ニ或ル事ヲ主張シ得ルコトガ国法上正当トシテ認メラルル場合ニ於テハ即チ権利ガ認メラルルモノニ外ナラズ。自由権ノ権利トシテノ内容ハ積極的ニ或ル事ヲ為シ得ル権利ニ非ズシテ、国法ノ定ムル所ニ依ラズシテ国家ノ権力ニ依リ各人ノ天然ノ自由ヲ拘束セラレザルコトガ、自由権ノ唯一ノ内容ナリ。積極的ノ効果ヲ有セズシテ単ニ消極的ノ効果ヲ有スルニ止マルコトガ自由権ノ他ノ一般ノ権利ト異ナル所ナリ。」（傍点著者）[84]

まず以上引用した美濃部教授の叙述によれば、「自由権」とは、「行政権に依り違法に個人又は団体の自然の自由を侵されないことを要求する権利」、或いは「違法に天然の自由を侵されず又違法に義務を課されないことの権利」である。問題は、「……侵されないことを要求する」というのは具体的にどのような内容か、ということである。イエリネックの地位論において、「消極的地位」は、抽象的には――「法律に従った行為をせよ」という命令で以て――全ての官庁に対してその尊重を要求するものであるけれども、具体的な場面での「消極的地位」に対する妨害の不作為・排除請求権は、「積極的地位」に属するものとされる。[85] 美濃部教授において、このどちらのレヴェルの「要求」が想定されているのか、実は必ずしも明らかでない。すなわち、一方で美濃部教授は、「所謂自由権ハ……違法ニ其ノ自由ガ侵害セラレタル場合ニ於テ侵害ヲ受ケタル各人ヲシテ自ラ其ノ違法ヲ主張スルコトヲ得ベカラシムノ効果ヲ有ス」と述べているのであるから、かかる「違法ヲ主張」する権利は、イエリネックのいう「積極的地位」に属する「不作為・排除請求権」にあたるものの如くである。しかし他方で教授は「自由権ノ権利トシテノ内容ハ……国法ノ定ムル所ニ依ラズシテ国家ノ権力ニ依リ各人ノ天然ノ自由ヲ拘束セラレザルコトガ、自由権ノ唯一ノ内容ナリ」とも述べており、この部分をみると「消極的地位」に当たる内容を論じているようにもみえるのである。

結局、美濃部教授においては、イエリネックの「消極的地位」に当たる内容と、「積極的地位」に属する「不作為・排除請求権」は特に区別がなされていない、或いは、精々両者は併せて一体のものとして「自由権」が構成されている、とおもわれる。確かに美濃部教授のいう「自由権」の内容は、「違法ヲ主張スルコトヲ得ベカラシムル」権利に尽きるものではない。しかし、主張の力点は明らかに、「国法ノ定ムル所ニ依ラズシテ国家ノ権力ニ依リ各人ノ天然ノ自由ヲ拘束セラレザル」状態（地位）よりも、「違法ヲ主張スルコトヲ得ベカラシムル」権利の方に置かれている。美濃部教授の自由権理論においては、かかる《違法を主張する権利》の基礎にあるものは何かという問題は、ことさらに問われていないということになる。そうだとすると、イエリネックの公権論を早い時期から我国に紹介した[86]美濃部教授は、「消極的地位」論の含意を自己の自由権理論に——少なくとも明示的には——取り込むことをしなかった、といえるであろう。

五　佐々木惣一教授は、教授の最初の行政法概説書『日本行政法原理』（明治四三年）において、地位論に論及している。すなわち、教授はイエリネックに倣い、「受働的地位」「消極的地位」「積極的地位」「起働的地位」の四つの地位を挙げ、この四つの地位が歴史的な発展段階に対応していることを論ずる[87]。

そして佐々木教授は「自由権」（教授のいう「広義の自由権」）を定義して、「個人カ法ニ依ルニ非サレハ国家ヨリ其ノ行為ノ自由ヲ侵害セラレサルノ権利」をいう、とする[88]。そして次のように述べる。

「自由権カ権利タルハ行為ノ自由ヲ侵害セラレサルコト其レ自身カ権利ノ内容ヲ作スモノナリ　之ヲ侵害セラレタ

ル場合ニ個人カ救済ヲモトムルコトハ全ク別種ノ関係ニ属ス故ニ此ノ如キ救済ノ手段ナキモ自由権ハ存在シ又此ノ如キ救済ノ手段アルトキハ別種ノ権利ヲ生スルモノトス[89]」

救済手段の存否に関わりのない実体法上の「自由権」がここで論じられているわけである。もっとも佐々木教授は、イエリネックを《権利性》否定論者に数えている。

「又イエリネックハ他ノ語ヲ以テ同様ノ見解［＝ラーバント、ザイデルらの《権利性》否定論］を示セリ　以為ラク自由ヲ法律上ノ方面ヨリ観ルトキハ是レ国家ニ対シテモ法律上無関係ナル行為ト同一ナリ　国法上ノ見地ヨリセハ自由ハ法律カ或コトヲ為スヘシト命スルニ非ス又ハ或モノヲ為スヲ得ト許スニモ非ス　唯国家ニ対シテハ何等法律上ノ関係ナキ一定ノ行為ノ可能アルノミ　国家カ個人ノ行為ノ自由ヲ云フハ唯其ノ行為ヲ以テ法律上国家ニ関係ナキモノナリト宣言スルニ止マルト（Jellinek, System, S. 104-105）オー、マイヤーモ亦ラーバント及ヒイエリネック両氏ノ見解ヲ可トスト明言ス（O. Mayer, Verwaltungsr, Bd. I, S. 107 Anm. 1）行為ノ自由カ天然ノ自由ニシテ法ハ国権ニ対シテ個人ノ自由ヲ侵害セサルノ制限ヲ設クルモノナルハ誠ニ然リ　然レトモ自由権ト云フハ自由ニ行為ヲ為スノ権利ト云フニ非ス　自由ニ行為ヲ為スコトヲ国家ヨリ妨ケラレサルノ権利ナリ　法ハ自由ニ関シテ制限スルノ故ニ国家ハ此ノ制限ヲ守ルノ義務アリ　人ハ此ノ制限ヲ守ラシムルノ権利アルナリ　余輩ト同様ノ見解ヲ採ル者又多シ（G. Meyer……, Stengel……, Löning……参照）」［傍線は佐々木教授の原文のまま[90]］

佐々木教授のいうとおり、《権利性》肯定論者のいう「自由権」とは「自由ニ行為ヲ為スノ権利」ではなく、「自由ニ行為ヲ為スコトヲ国家ヨリ妨ケサルノ権利」である。イエリネックが「自由ニ行為ヲ為スノ権利」を否定したのは、前節で述べたとおりであるが、教授のいう「自由権」、すなわち「自由ニ行為ヲ為スコトヲ国家ヨリ妨ケサルノ権利」、或いは「行為ノ自由ヲ侵害サレサルコト其レ自身」を内容とする「権利」についてイエリネックは、これを「自由権」とは呼んでいないけれども、「消極的地位」と位置づけ、《権利性》を肯定していると解される。またイエリネックは、「消極的地位」に対する侵害が行われた場合は、「積極的地位」に属する《不作為・排除請求権》が生ずる、としているのであって、その点、「自由権」とは「別種の権利」として「個人カ救済ヲ求ムルコト」を構成している佐々木教授の構成と差異はない。

同じく京都帝国大学において憲法・行政法を講じた市村光恵教授は、その初期においては《権利性》否定論に与していたのであるが（一〇三頁・注(77)参照）、その後転じて《権利性》肯定論を唱えるに至った。市村教授の所説は、「自由権」をイエリネックの「消極的地位」と同義に用い、ほぼイエリネックの地位論の祖述といい得るものである。(91)

六　以上、帝国憲法下における「自由権」理論を、何人かの論者を中心に検討した。

美濃部教授の自由権理論がイエリネックのそれとは、かなり異なることは既に指摘されているところであるけれども、帝国憲法下における我国の「自由権」理論の大勢が、所謂「国家からの自由」を「権利」とか「地位」という形で捉えようとする試みをせず、その構成の仕方はともかく、ドイツにおいても早い時期からその存在自体は異論のなかった「国家による違法な命令・強制に関して国家に対してその違法を主張する権利」という部分に力点を置いて、「自由権」の概念を構成した、ということは興味深い事実であるようにおもわれる。(92)

かかる事実をどう考えるかであるが、我国の帝国憲法下における憲法理論の形成において、「自由」の問題は、ドイツ自由権理論が形成された際の、次に挙げる二つの条件が欠如していたことが決定的であった。すなわち第一点は、我国においては公法学に先行する私法学の伝統、議論の蓄積がなかったということ、換言すれば、公法学も私法学も同時進行の形で外国法（主としてドイツ法及びフランス法）の理論を継受した、ということである。従って、「自由権」を一種の防禦権として位置づけても、結論たるその部分が主として注目され、更にそれ以上の――法思想的なものも含めた――根拠づけについての議論は深化しなかったのである。（しかしこの議論こそ正に、次の第二点とも関わる、自由のアポロギアに関する議論でもあった。）先にみたように、《権利性》論争というのは、一面においては私法学の概念を如何にして公法学に転用していくかについての議論でもあったのである。(93)

第二点は、第一点と深く関わることであるが、我国においては公法学の構築に先行して「人権」思想が存在しなかったために、やはり帝国憲法下における「自由」の体系的位置づけは、軽いものにならざるを得なかったのではないか、ということである。そして、イエリネックの「地位論」を斟酌した人権論の体系化への試みは、我国においては、現行憲法下における宮沢俊義教授の議論を俟たなければならなかったのである。

七　宮沢俊義教授の「自由権」理論には、帝国憲法時代と現行憲法下との間で注目すべき変遷がみられる。まず帝国憲法下における宮沢教授の「自由権」理論は、ケルゼンの純粋法学の極めてストレートな影響下にある。すなわち教授は、昭和一一年度刊行の『憲法講義案』以降、「国家の静態」「国家の動態」（昭和一三年度版からは「憲法の静態」「憲法の動態」）なる章をたて、ケルゼンの国法学に倣った形で憲法学の体系化を試みているが、そこでは、「科学理論」としての純化を図るため、イエリネックの地位論を修正し、「国民の国家法に対する関係」という観点から、「受働的関係」「消極的関係」「能動的関係」の三態様を区別する。(94)曰く、

「国民は……国家法に対して消極的関係に立ちうる。これは彼が国家法から自由である・すなはち、いはば国家法と無関係な関係である。この関係における国民の地位を通常あるひは包括的な自由権となし、あるひは個個の自由権の集合と考へる。しかし、この自由『権』なるものは実は法の反射にすぎぬ。すべて人間が法によって禁止されぬ行為をなす自由をもつことは理の当然であって、これを『権利』と呼ぶのは適当ではない。

近代の諸憲法は、アメリカ・フランスの『権利宣言』以来の伝統に従って、多くいはゆる『自由権』のカタログをかかげているが、それらの規定は主として政治的な意味をもつにとどまり、法律的には無意味な規定であることが少なくない。

国民がいかなる範囲までこの意味において『自由』であるかは、ひとへに実定法の定めるところで、そこに自然法的（超実定法的）な限界——最大限または最小限——があるわけではない。近代の自由主義的思想の結果、あるひは国民が前国家的・前法律的な自由をもつことが主張されるが、それは正しくない。勿論国家法の及びうる範囲については、法秩序の本質から必然的に生ずる限界はある。それは自然的な限界である。が、自然法的な限界ではない。[95]」

そして国家法に対する「能働的関係」、すなわち国民が「国家法の定立に参与する・すなはち、彼のそのためにする意思行為が新たな法の定立の条件とせられる関係」に属する種々の「地位」、換言すれば「法の定立に参与する地位」を以て——参政権の如く比較的抽象的な法の定立に参与する地位も、訴権又は私的自治の如く比較的具体的な法の定立に参与する地位も区別することなく——「権利」と称するわけである。[96] この点はケルゼンと全く同様の考え方[97]である。

以上のように宮沢教授の帝国憲法下の「自由権」理論は、自由権の《権利性》否定論というべきものであるが、その基本的スタンスは、これもケルゼンと同じく、特定の国の法制度ないし憲法を対象とするのではない「一般国家学」(Allgemeine Staatslehre) の視点である。

「国民は国家法秩序に対してかくの如き三種の関係に立ちうるが、そのうちで受働的関係を以て国民にもっとも本質的な関係としなければならぬ。国家法秩序に対して全く受働的関係にたたぬ人間は一般にその国民ではない。統一的な国民の概念は全ての国民が国家法秩序に対して受働的関係に立つことによって初めて可能になるのである。これに反して能働的関係は国民にとってなんら本質的なものではない。参政権・訴権・私的自治などの諸制度は国家法秩序に概念必然的に伴ふものはなく、私有財産制を基調とする自由主義・民主主義に基づく全く歴史的な制度にすぎぬ。(98)」

まさに「科学理論(99)」を志向する立場がここに明確に表明されているのである。

ところが現行憲法下において、宮沢教授の「人権」論は次のような変容をみることになった。すなわち教授は『憲法II』において、――「イエリネックおよびケルゼンの説くところを参考としながら」――「国民の国法に対する地位」を「国法によって義務づけられる関係」「国法に対して無関係な関係」「国法に対して消極的な受益関係」「国法に対して積極的な受益関係」、そして「国法の定立その他の国家活動に参加する関係」＝「能動的な関係」に分類する。

まず教授のいう「国法に対して無関係な関係」については次のような説明がなされている。

「これは、国法によってなんら義務づけられていない関係である。この関係における国民の地位を単に――次の自由権と区別して――自由と呼ぶことにしよう。だれでも、国法の禁止しない行動をする自由をもつ。人は、たとえば、国法によって禁止されない限り、散歩する自由があり、旅行する自由がある。この意味の『自由』はまったく国法の禁止の不存在の反射にすぎないから、国民がどの範囲まで、その意味での『自由』であるかは、ひとえに国法の規定の結果として定まることであり、そこに憲法上の限界というようなものはない。

かような『自由』は、イエリネックにいわせれば、『国家にとって法的に無関係な臣民の行為』（die für den Staat rechtlich irrelevanten Handlungen der Subjizierten）ということになろう。(100)」

ついで「消極的な受益関係」について次のようにいう。

「憲法上、国民の利益にまで、ある種の国法の定立（処分を含む）が禁止される場合がある。たとえば、言論の自由を制限する国法の定立が憲法によって禁止される場合がこれである。この場合、国民は、国法に対して、消極的な受益関係に立つということができる。国法の定立が禁止される結果として、国民は、国法から利益を受ける関係にあるからである。この関係における国民の地位を――単なる自由と区別して――自由権と呼ぶことにする。諸国憲法における言論の自由、信教の自由などは、この意味の自由権である。

この意味の自由権と右にのべた自由とのちがいは、前者においては、その自由を制限することが憲法上（国民の利益にまで）禁止されているのに対し、後者においては、そこになんらの憲法上の制限がなく、その意味で、イエリネックの言葉でいえば、rechtlich irrelevantであり、したがって、国法と無関係な関係であることにある。具体的な例でいえば、言論の自由や、信教の自由は、自由権に属するが、散歩の自由や読書の自由は、通常の場合、単なる自由に属する。

かような消極的な受益関係は、絶対制が否定され、自由主義政治思想がつよくなるとともに、非常に重要な地位を占めることになる。自由主義の子としてうまれた諸国の人権宣言がまず主としてこの意味の自由権を宣言したことはきわめて当然である。

この関係は、さきにのべたイエリネックの消極的な地位または自由の地位に相当する。[101]」

以上が宮沢教授の「自由」（＝「国法に対して無関係な地位」）及び「自由権」（＝「消極的な受益関係」）についての説明である。右にいう「消極的な受益関係」なるカテゴリーは帝国憲法下における教授の著述にはみられないものであって、現行憲法自体が違憲審査制を採り入れた結果、人権規定の法規範性につき疑いを容れる余地がなくなったことを考慮したものであることは明らかである。かくして教授によって自由権の《権利性》は承認されたわけである。以下ここでは教授が、イエリネックのいう「国家にとって法的に無関係な臣民の行為」と「消極的な地位」をそれぞれ、「自由」と「自由権」とに対比している部分について論評しておくことにしよう。

宮沢教授は、イエリネックの「消極的地位」を教授のいう「消極的な受益関係」に対比せしめているのであるが、既に述べたように、イエリネックのいう「消極的地位」は、「国家からの自由」、換言すれば《国家に対する服従が及ばないという意味での自由》である。従ってその点を捉えてみれば、イエリネックの「消極的地位」は、寧ろ宮沢教授の「国法に対して無関係な関係」に近いともいえる。またかかる「消極的地位」の中で個々人が現実に何を行うかは、法的にはirrelevantな問題であって、国家による制限の及ばない範囲で臣民が行う行為そのものは、「国家にとって法的に無関係な臣民の行為」である。イエリネックにおいてその点は「散歩の自由」であれ、「旅行の自由」であれ、はたまた憲法典に列挙されている「言論の自由」や「信教の自由」であれ同じことである（七七頁・注(64)参照）。

従って教授の「消極的な受益関係」も理解し難い。すなわち、教授によれば「消極的な受益関係」というのは、「その自由を制限することが憲法上（国民の利益にまで）禁止されている」ものであり、その例として言論の自由や信教の自由が挙げられている（ここにいう自由の「制限」とは、「処分」も含まれていることに注意）。ここでいわれている《憲法上禁止されている》ということが何を意味するかであるが、憲法典に人権規定として列挙されているものを以て《憲法上》というのであれば、それはイエリネックの所説とは異なるであろう。なんとなれば、イエリネックは「自然の自由」一般を問題にしているのであって、憲法典の規定を尺度にしていわば「一般的自由」と「基本的諸自由」を区別しているのではないからである。翻って《憲法上》ということを以て、憲法典をも含む（実質的意味の）憲法レヴェルの規範全てをいうのであれば、「法律による行政の原理」の確立とともに、行政行為との関係では「一般的自由」のみを問題とすればよいのである。たとえ「散歩の自由」でも、法律の根拠なしに行政処分によって禁じられることになれば、違法な処分ということになることは勿論であるが、それは「法律による行政の原理」という憲法規範によって「一般的自由」が包括的に保護されているからである。このようにイエリネックは法的に禁止されていない「自由」を「消極的地位」として位置づけているのであるから、その限りで「表現の自由」も「散歩の自由」も同列に扱われているとみるべきである。（さらに違憲審査制の確立とともに法律をもってしても侵害できない——若し侵害したならば当該立法は違憲と評価されるような、そのような——「領域」が創設された場合、それを「消極的地位」の中に組み込むことは勿論可能である。しかしイエリネックの議論において、違憲審査制度は殆ど念頭に置かれていない。）だからこそ、イエリネックは、行為類型毎の複数の「自由権」を認めず、単数の自由があるにすぎないとしたのである。(102)(103)

八　以上我国の古典的「自由権」理論というべき、穂積教授以降、宮沢教授までの議論の整理を試みた。

我国の「自由権」理論の基礎は、以上示したようにドイツにおける学説の必ずしも十分とはいえない継受の上になりたっていたようにおもわれる。そして、戦後の我国実定憲法学は、人権論をも含んだ「憲法訴訟論」(これは人権と立法行為との関係が中心であることはいうまでもない。)へとその興味の中心を移していったのである。[104]そしてそれはまさに、憲法学と行政法学の分化が完了した時期に当たる。かたや行政法学においては、第一章でも触れたように、実体法上の「権利」の問題よりも寧ろ、訴訟法上の「訴えの利益」論を中心にその関心が移り、自由権の説明自体、昭和五〇年代以降の教科書(藤田宙靖教授、原田尚彦教授など)からは姿を消していったのである。

(76)　小島和司「大日本帝国憲法解釈系統図」(国立国会図書館「憲法資料展示会目録」附録その四(昭和二六年))参照。小嶋教授はこの系統図の中で、「系統別」分類として、「正統派」「中間派」「立憲派」「社会派」「皇道派」に分類する。「正統派」としては、穂積八束、上杉慎吉、井上密、佐藤丑次郎らが挙げられ、「立憲派」としては、一木喜徳郎、美濃部達吉、佐々木惣一、織田萬、宮沢俊義などの諸家が挙げられている。

(77)　《権利性》否定論を明示的に述べた論者として、初期の市村光恵教授が挙げられる(市村光恵『憲法要論』(明治三七年)一〇〇頁以下)。市村教授の《権利性》否定論は、ほぼザイデルやラーバントの所説に倣ったものである。更に本文で後に述べるように、初期の宮沢俊義教授も、《権利性》否定論に与するものであるが、これは純粋法学の影響によるものである。しかしもっとも我国において、ドイツにおけるボルンハク(C. Bornhak)のような、抑々公権は概念上考えられない、といった形の絶対的公権否定論は主な学説の中にはみあたらない。

(78)　穂積八束『憲法提要上巻』(明治四三年)三七二頁。

(79)　穂積・前掲書注(78)三七六頁以下。

(80) 上杉慎吉『新稿憲法述義全（増補改訂四版）』（大正一四年）二七七—二七八頁。
(81) 上杉・前掲書注(80)二八〇—二八一頁。
(82) 別に予断を与えるわけではないが、上杉教授が当時アンシュッツの論稿に触れていたことは、アンシュッツの『憲法及び行政法律における欠缺』なる論文（Gerhard Anschütz, Lücken in den Verfassungs- und Verwaltungsgesetzen, Verwaltungsarchiv Bd. 14, 1906, S. 315ff.）の強い影響を受けて、上杉慎吉「憲法ノ欠缺」（法学協会雑誌二八巻（明治四三年＝一九一〇年）一〇号一七一九頁）なる論文を書いているところからして、窺い知ることはできる。
(83) 美濃部達吉『日本行政法』上巻（昭和一一年）一三〇頁以下。
(84) 美濃部達吉『憲法撮要全（改訂第五版）』（昭和七年）一五六—一五七頁。
(85) 七二頁・注番号(66)を付して引用したイエリネックの叙述参照。
(86) 美濃部達吉「エリ子ック氏公権論の梗概」同『国法学資料第二冊　憲法及憲法史研究』（明治四一年）六〇九頁以下。
(87) 佐佐木惣一『日本行政法原論』（明治四三年）一五一—一五二頁。この箇所で佐々木教授は、「消極的地位」について次のように述べる。

「消極的地位トハ個人カ一定ノ範囲ニ於テ国家ニ対シテ自由ナルノ地位ヲイフ故ニ一ニ之ヲ自由ノ地位ト云フ此ノ地位ニ於テハ個人ハ一定ノ範囲ニ於テ国家ニ対シテ意思力ヲ有ス其ノ意思力ハ一定ノ範囲ニ於テ国家ヲシテ或行為ヲ為ササラシムルノ力ナリ消極的ノ作用ナリ此ノ範囲ニ於テ個人ハ国家ニ対シテ要求ヲ生ス従テ公権ノ発生ヲ見ル」

なお、佐々木教授の後の憲法概説書である『日本憲法要論』（昭和五年）においては、「服従ノ地位」「自由ノ地位」「国務要求ノ地位」「参政ノ地位」の四つの地位として論じられている（二一四—二一五頁）。

(88) 佐佐木『日本行政法原論』注(87)一五六頁。
(89) 佐佐木『日本行政法原論』注(87)一五八頁。
(90) 佐佐木『日本行政法原論』注(87)一五七頁・注二一。
(91) 市村光恵『帝国憲法論　全　改訂一三版』(昭和二年)一五七—一五八頁。
(92) 海老原・前掲論文注(1)ジュリスト九四八号一三頁。
(93) もっとも、明治・大正期の憲法・行政法学者が「権利」についての法理学的な考察を怠っていたかというとそうではない。例えばイエリネックの公権論についての理解を形成するにあたって、寧ろ、この時期における我国憲法学の諸文献は十分参考に値する。
(94) 宮沢俊義『憲法講義案』(昭和一三年度版)四六頁。
(95) 宮沢・前掲書注(94)四七頁以下。同旨、宮沢俊義『憲法略説』(昭和一七年)三八頁以下。
(96) 宮沢・前掲書注(94)四八頁以下。
(97) ケルゼンが、「権利」概念を「規範創設への参与資格」と捉えたことにつき、本書第二部第一章(二〇五頁以下)参照。
(98) 宮沢・前掲書注(94)五〇頁。
(99) ここで宮沢教授のいう「科学理論」というのは、本書が第二部でとりあげる「一般的法理論」(Allgemeine Rechtslehre)と同旨のものである。
(100) 宮沢俊義『憲法II〔新版〕』(昭和四六年)九一頁。
(101) 宮沢・前掲書注(100)九一—九二頁。
(102) 宮沢・前掲書注(100)九五頁。
(103) そうすると我国憲法典の解釈として、憲法一三条に規定する「生命、自由及び幸福追求に対する国民の権利」と、本稿で問題にした、単一の「自由権」ないし「消極的地位」論との関係が問題となろう。憲法一三条をどのように解釈し、どのような形で位置づけるかについては、今なお議論が行われているところである（樋口陽一『憲法』（平成四年）一八九頁以下、土井真一「憲法解釈における憲法制定者意思」（一）―（四・完）法学論叢一三一巻一号、三号、五号、六号（平成四年）、長谷部恭男「国家権力の限界と人権」樋口陽一編『講座憲法学3権利の保障［1］』（平成六年）四三頁以下参照）。

憲法一三条、さらには「人権」の観念を如何に解するかについてここで立ち入った検討をすることはしないが、本文で述べたように、「法律による行政の原理」ないし「罪刑法定主義」の原則によって規律される行政権（行政行為）や司法権（刑事裁判）の場面についていえば、――当該法律の合憲性はさしあたり問わなければ――そこでそれらの原理によって保護されているのは「一般的な行為の自由」ということになる。（このことは、本文でも述べたように、宮沢教授が「単なる自由」として挙げている「散歩の自由」にしても、「外出禁止令」といった行政措置、戒厳措置によって制限された場合、憲法上relevantな意味をもちうることなどを想起すれば明らかであろう。）もっとも憲法学においては、「公共の福祉」条項に関連して、「憲法が国民に保障する基本的人権」の範囲が論ぜられるが、この問題は「『何をしてもよい自由』をまず想定し、それに対する制約という形で権利の限界を論ずる見地」（いわば権利の二段階画定）と、「何をする自由なのかはそれぞれの歴史社会のあり方に対応する輪郭をもっているはずだ、と考える見地」（いわば一段階画定）という二つのアプローチの対立の中で捉えられることがある（樋口・前掲書一八九頁、長谷部・前掲論文四七頁）。しかし、仮に後者の見地を採ったとしても、――論者の明言するところではないが――かかる議論は、専ら法律の合憲性を問うレヴェルでの議論であるとすれば、それは以上本稿が述べてきた議論――それは専ら、法律の執行である行政行為（更に裁判行為）の局面におけるものであるので――と矛盾するものではない、ということになるのであろう。

(104)　本稿で以上検討してきた古典的「自由権」理論、さらにはそこで問われた「自由権」と「自由」との違いといった問題が憲法学において興味の対象とならなくなった理由につき、奥平教授は、価値中立的にして、「法律の留保」の下「自由」を一律に――例えば「表現の自由」も「企業の自由」も同じように――形式的に同一のものとして捉える「自由権」理論はその有用性を失い、「それぞれの自由の実体的な内容こそが重要視」され、「おのおのの自由の保障をつうじて、各人が追求し実現しようとする実体的利益（価値）はなにかという、価値関係的な観点が、現代では大きな意味をもつ」に至ったことを挙げる（奥平康弘『文献選集日本国憲法6　自由権　思想・表現の自由』（昭和五二年）二頁以下。さらにこの問題に関する、研究史的観点からする教授の発言として樋口編・前掲書注(103)二六〇頁以下参照）。

第三章　保護規範説の憲法的存立条件

以上第二章では、ドイツ及び我国における古典的な「自由権」理論の特質について分析を行った。本章では、前章の分析を承けて、公権論において中心的位置を占める保護規範説の再構成、とりわけ憲法上の要請を踏まえた再構成について検討することにする。

第一節　伝統的保護規範説

第一款　伝統的保護規範説における自由権の位置づけ

一　我国における「法律上保護された利益説」の範とされる、ドイツの「保護規範説」(Schutznormtheorie)は、周知のようにビューラーが最初に定式化したものである。ビューラーによって主張された保護規範説（以下、「伝統的保護規範説」という。）と自由権理論との関係はどのようになっているのであろうか。

二　ビューラーの公権論＝保護規範説の骨子は、かの著名な「公権の三要件」に要約される。

「……真正の権利を成立せしめる客観的法規は、如何にして反射的効果のみをもたらす法規から区別するのであろうか。……或る法規が臣民のために主観的公権を成立せしめるのは、次の場合であり、かつ次の場合に限られる。

すなわち、第一に、当該法規が強行的性格を有すること。換言すれば、その適用にあたって、行政の自由裁量が排除されていること。第二に、当該法規が、一般の利益のためであるにとどまらず、一定の人、ないし一定範囲の人のために、その利益の満足を図るために制定されたものであること。そして第三に、当該法規が、これら一定の人の利益のために、それらの人が当該法規を援用し、以て行政官庁の一定の行為を行わしめることができる、という効果を伴って制定されたものであること。或る法規がこの三つの性格を有する場合、常に臣民のために主観的公権を発生せしめるのであ［る］……。」[1]

すなわちここで、法規の①強行規範性、②私益保護性、③援用可能性という三つの要件が挙げられている。そして、ビューラーの主観的公権の定義は次のようなものになる。

「主観的公権は、臣民の国家に対する一定の法的地位（rechtliche Stellung）であって、その法的地位において、臣民は、或いは法律行為に基づいて、又或いは個人的利益の保護を目的として制定され、かつ行政に対して援用することができる強行法規に基づいて、国家から何かを要求したり、国家に対して何かをなすことが許されるものである。」[2]

かかるビューラーの理論において、自由権は何らかの位置づけを与えられているのであろうか。すなわちビューラーは、自由権を保護規範の一つとして位置づけている。従って、憲法上の自由権規定は、客観法的側面において憲法レヴェルの保護規範ということになる。何となれば、自由権規定は、「国家が法律の授権に基づかないで自由と財産を侵害することを禁止する」という内容をもつ（強行）規範であり、[3]かつそれは「私益保護性」を有する、[4]とされているからである。[5]従って自由権規定は、「法律による行政の原理」（＝「法律の留保の原則」）をカズイスティックに表現したものである。

この点は注意されて然るべきである。すなわち現在、保護規範説は、主に行政行為において「第三者」が有する（反射的利益から区別された）法律上の利益を論ずる際に、論及されることが多い。特に戦後ドイツにおいても、行政行為の名宛人の地位は憲法上の基本権（とりわけ基本法二条一項）によって根拠づけ、「第三者」の地位はこの保護規範説によって根拠づける、といった考え方が広く説かれている。(6) 要するに保護規範説とは別に「基本権援用説」とでもいうべきものがあって、それらは、公権論において二本建てで存在するものとして捉えられているのである。(7) しかしビューラーにおいては、自由権規定は憲法上の保護規範であって、保護規範説の中に自由権（理論）が組み込まれる形になっているのである。

三　以上ビューラーにおける自由権の位置づけを、その客観法的側面につき検討したが、彼は権利としての「自由権」をどのように構成しているのであろうか。以下検討の対象とするのは、一九一四年の有名な著書『主観的公権とドイツ行政判例にみるその保護』（Die subjektiven öffentlichen Rechte und ihr Schutz in der deutschen Verwaltungsrechtsprechung）と一九二七年の論文「主観的公権の理論について」（Zur Theorie des subjektiven öffentlichen Rechts）の二つである。前者は、五つの邦（プロイセン、ヴュルテムベルグ、バイエルン、バーデン、ザクセン）における「法律による行政の原理」の確立を中心に論じているのに対して、後者は、営業の自由の法的性格を中心に論じている。
ビューラーによれば、基本権は通常、「防禦権」（Abwehrrechte）であって、「個人の一定の活動に対する妨害の不作為を、国家に対して求める請求権」である。そしてそこで念頭に置かれている通常の基本権とは、所謂自由権である。(8) そこで問題は、憲法典列挙の基本権（自由権）規定、或いは「法律による行政の原理」（「法律の留保の原則」）と、防禦権たる妨害不作為請求権との関係である。一九一四年の著書においてビューラーは、「主観的公権と自然の行為の自由に基づく活動」という項目をたて、この問題を論じている。

「他人の草地の中を通ったり、リンゴを持ち去ったり、家の中に入ったりすることは、さしあたり自然の行為の自由に基づく活動であるに他ならない。しかし法秩序によって、このような行為が禁じられ、一定の刑事法上、民事法上の効果を有するとされれば、これらの行為は、それによって法的に意味のある行為、すなわち刑事上、民事上の違法行為(Delikt)となり、そのような行為が行われれば、行為者と行為者によって自己の法益を侵害された者について、一定の法的効果が生ずることになる。そしてさらに、そのような行為を行った者が、前以て他人と協定を結び、例えば、他人の庭や草地の用役、家の賃借につき合意しているのならば、それらの自然の行為の自由に基づくそのような活動は、権利の行使へと高められる。このような理は、公法においても全くのアナロジーを以て論ぜられる。確かに、例えば、人間が集合し、共同の興味の対象となることを話す場合、さしあたりそのことは、自然の行為の自由に基づく活動に外ならない。しかし、このような活動において、住居侵入罪や違法行為、或いは民事上の権利の行使――場所の賃借――が行われ得るのと同様、公法上の行為、すなわち主観的公権の行使が行われ得るのである。そこで問題となるのは、法秩序がそのような行為を法的に意味あるものとしているか否か、ということである。……［警察国家より］進歩した法体系において、これこれの条件下で国家が、結社や集会を禁止することや、その活動を妨害することは許されない、というふうに定めるならば、法体系は、臣民に権利を賦与し、自然の行為の自由に基づく活動は、権利の行使となるのであり、同じことは、その活動の故に国家の利益と個人との間に衝突が起き、それ故に法律によって規律された行為全てについていえるのである。国外に移住すること、営業活動を行うこと、好きな所に定住すること等々、これらは権利の行使となるわけである。(9)」

それでは、「法律による行政の原理」が広く妥当すれば、考えられる全ての数の自然の行為の自由は、権利に高められることになりうるけれども、そのような結論を回避するために、ビューラーは、絶対権（所有権その他の物権）に基づく私法上の不作為請求権に範を求め、防禦権は、侵害（Angriff）が差し迫ったときにのみ生ずる、とする。従って「主観的公権によって国家に対して保護されるのは、国家による侵害（Eingriff）が問題になるような活動可能性に限られる」のである。そして、それは、種々の衛生警察上の（gesundheitspolizeilich）法律や社会政策関係の（sozialpolitisch）法律等の行政法の規定に拠ることになる。

「これらの法律は全て、国家に侵害の可能性を創設するが、しかしその限定によって、市民のために、国家が侵害できない領域も創設するのであって、かかる領域を……一定の観点から権利と呼ぶことができる。(10)」

最初に挙げたビューラーの公権の定義からすれば、《法律の根拠に基づかず、国家によって、自然の行為の自由に基づく活動を妨害されない法的地位》が「基本権」であるということになろう。そしてこの「基本権」は（カズイスティックには）憲法上の基本権規定に基づいて、或いは（包括的には）「法律による行政の原理」という行政機関に対する強行規範であり、かつ個人の利益を保護する規範に基づいて根拠づけられる。そして、かかる権利に対して国家による違法な侵害がなされれば、不作為請求権が生ずることになる。かかる構成は寧ろ、先に第二章第二節（五五頁以下）において《権利性》否定論の流れの中で位置づけた、アンシュッツの議論に極めて近似しており、逆にイエリネックの「消極的地位」論の構成とはかなり異なっている。ドイツや我国において、イエリネックとビューラーは共に古典的公権論の旗手として位置づけられているので、この点は注意を要する。問題は、イエリネックとビューラーにおけるかかる差異をどうみるかであるが、イエリネックは、夙に指摘されているように、将来の権利保護制度の整備に期待したこともあって、行政裁判において列挙主義が採られるなど、臣民の権利保護制度が不備であったにもかかわらず、国家による強制の及ばない領域全体を「消極的地位」とし、一定の《権利性》を認めたわけであるが、ビューラーは行政判例に重点を置いた研究に基づいて、基本権規定ないし「法律による行政の原理」の妥当範囲を邦ごとに詳細に検討し、現実に妥当している法をありのままに認識するという立場から、——現在のように「法律による行政の原理」が行政活動全般について確立されれば実益のない議論であるが——個々の法的根拠規定に基づく個別の基本権という構成を一応採ったとおもわれる。(11) そしてイエリネックの「消極的地位」論が、前国家的自由をベースにした議論であるのに対し、ビューラーの自由権理論は、実定憲法の規定ないし原則に根拠を置く、ヨリ実証主義的な議論であったということもできよう。

四　さらにビューラーの自由権理論で注目すべきは、右に引いたところから明らかなように、自然の自由に基づく行為を「権利の行使」であるとしている点である。ここにいう「権利」は、——ビューラーの用語法はやや厳密を欠く嫌いがあるが——妨害に対する不作為請求権としての「基本権」ではなく、不作為請求権によって防禦される元々の「権利」——民法との対比でいえば物権や債権にあたる「権利」——を意味していることになろう。ビューラーは自由権のことを表現するに、“ein Recht des Dürfens”（なしうることの権利）という表現も用いている。(12) これは《権利性》否定論を主張したラーバントは勿論のこと、イエリネックも否定したところである。つまりラーバントもイエリネックも、公権を専ら国家に対して何かを要求するものと捉えていたのである。しかし、ビューラーの定義においても、公権は、「国家から何かを要求したり、国家に対して何かをなすことを許される」地位とされているから、その点は変わりがない。すなわち「権利の行使」というとき、それは一定の法主体間の関係を表現したものだ、という前提がそこにあるのである。しかし他方で、我々の日常言語や民法学の用語法等をみれば、「権利の行使」なる表現を、直接他の法主体との接触関係に関わらない形で用いている例もあるのであって、自己の所有物を現実に、かつ円満に使用、収益、処分する行為もまた所有権という「権利の行使」であるとされるのも事実である。このような用語法が、一定の観点から方法論的にみて純粋性を欠くものであるか否か、というのは一個の問題として問われる価値があるとおもわれる。そして他方でまた、それでは特に民法学が、物権の本質を「一定の物を支配して利益を受ける排他的の権利」であるとし、「債権では、権利者が満足を得るために、債務者の行為を必要とするのに対し、物権では、そのために、他人の介在を必要としない」という思考[13]を現在も維持しているのは、一定の法体系全体から見た整合性、合理性があるからではないか、という疑問もまた問われるべき一個の問題であるとおもう。

そしてビューラーは、とりわけ「営業の自由」論との関係で、ラーバント、イエリネック、オットー・マイヤーにおいては自然の自由にすぎないとされた、営業活動一般の自由や営業許可に基づく営業の自由は、「営業を行う権利」として構成すべきである、と主張する[14]。本稿は、専ら違法な行政行為に対する防禦請求権の法的構成につき検討するという本来のテーマに鑑み、この問題にはこれ以上立ち入らないが、この時期の公権論[15]、ひいては行政法学の基本問題を究明するうえで重要な問題[16]である。

五　このようにビューラーの自由権理論は、法律による行政の原理を根拠に自由権を構成しようとするものである。ここで再度確認しておくべきは、ビューラーにおいて、自由権規定は、私益保護規範の一つとして、保護規範説の中に位置づけられている、ということである。

（1）　Ottmar Bühler, Die subjektiven öffentlichen Rechte und ihr Schutz in der deutschen Verwaltungsrechtsprechung, 1914, S. 21.
（2）　Bühler, a.a.O.（Fn.（1））, S. 224.
（3）　Bühler, a.a.O.（Fn.（1））, S. 68.
（4）　Bühler, a.a.O.（Fn.（1））, S. 44.
（5）　ビューラーは、憲法上の自由権規定と、営業や移転の自由に関する法律に規定されている法律レヴェルの「自由権」規定（営業の自由についてのライヒ営業法一条の規定については、既に第二章第一節（四二頁）で触れた。）とを同列に扱っている（Bühler, a.a.O.（Fn.（1））, S. 61.）。ビューラーは、当時のドイツ諸邦における学説・判例を検討した上で、プロイセンにおいては、「法律による行政の原理」（＝「法律の留保の原則」）は一八七〇年代以降、慣習法的に妥当し、ザクセンにおいても判例によって広く妥当していたが、バイエルン、バーデンでは警察法領域についてのみ妥当し、ヴュルテムベルグにおいては一九一四年当時でも妥当していない、と指摘する（Bühler, a.a.O.（Fn.（1））, S. 154.）。従って、上述のような法律レヴェルの「自由権」規定もまた、「法律による行政の原理」の根拠づけとして解釈論上意味あるものであったわけである。
（6）　最近のものとしては、Andreas Roth, Verwaltungshandeln mit Drittbetroffenheit, 1991, S. 31f.
（7）　大西教授も、ドイツにおける公法上の隣人訴訟に登場する権利論として、《保護規範説》《基本権説》《配慮原則説》の三つを挙げる（大西有二「ドイツ公法上の隣人訴訟に関する一考察」北大法学論集四一巻五・六号（平成三年）五九一頁以下）。
（8）　Bühler, a.a.O.（Fn.（1））, S. 63.
（9）　Bühler, a.a.O.（Fn.（1））, S. 146f.
（10）　Bühler, a.a.O.（Fn.（1））, S. 147.

(11) イエリネックの「消極的地位」論が、国家からの自由を包括的に一つの地位として扱い、個別の自由ごとに論じなかったのは、公法の領域における権利保護が不完全だったことを踏まえ、公法上の権利の「将来のさらなる発展に道を拓こうとする試み」（海老原明夫「自由権は権利か」（その二）ジュリスト九四七号一三頁）であったといえよう。

(12) Ottmar Bühler, Zur Theorie des subjektiven öffentlichen Rechts, Festschrift für Fleiner zum 60. Geburtstag, S. 50.

(13) 一例を挙げれば、我妻 栄／有泉 亨補訂『新訂 物権法（民法講義II）』九頁。なお、第二章第三節（六七頁）において注(55)の番号を付して引用したシュテンゲルの所説を参照されたい。

(14) Bühler, a.a.O. (Fn. (12)) は、専らこの問題のために書かれたものである。このビューラー論文のきっかけとなったのは、一九二二年五月一五日のジュネーヴ協定（Genfer Abkommen）である。この協定によって、旧ドイツ領でポーランドに編入された地域のすべての既得権（alle erworbenen Rechte）は尊重されることになったわけであるが、一九〇一年五月一二日のライヒ法律によって許可されたドイツ系保険会社の営業が、ここにいう権利に当たるか否かにつき、ビューラーは鑑定書を書き、その内容がこの論文になったのである。

(15) この時期の「営業の自由」論については、宮崎良夫「『営業の自由』と営業警察」高柳信一・藤田 勇編『資本主義法の形成と展開2』（昭和四七年）一頁以下を参照。

(16) この問題はまず、行政行為の分類における許可と特許の区別論に関わる。そしてその基礎には、我国の伝統的な用語法に即していえば、「自然の自由」と「法律上の力」の区別がある。この問題を論じた文献として、大貫裕之「『行政行為の分類学』覚書」東北学院大学論集法律学四〇号（平成四年）一五五頁参照。また近時、塩野教授は、行政行為を「機能の観点」から分類し、従来行われて来た行政行為の分類とは内容的に異なる形で、「命令行為」、「形成行為」、「確認行為」という三つの類型を立てている（塩野 宏『行政法I〈第二版〉』九八頁以下)。本稿の観点からすれば、教授が「形成行為」を以て「私人に対し、法的地位を設定するもの」とし、これに従来「認可」といわれて来たものの他、運転免許や各般の営業免許を含めているのは、興味深い。

第二款　伝統的保護規範説に対する批判と一般的自由権の拡張論

一　このような伝統的保護規範説に対する批判は、これまで我国においても、またドイツにおいても、それこそ数え切れない程なされてきたのであり、ここで繰り返すまでもない。すなわち、保護規範説は、市民が権利を有するか否かについての決定を立法者の裁量に委ねるものであって、たとえ概括主義の下でもこれでは《隠された列挙主義》に他ならない、というのである。特にドイツは連邦制国家であるから、ラントによって、同一の事項を規律しても規律の仕方によって、保護規範とされるところと、そうでないところの差異が生ずることにもなったのである(17)。

このような保護規範説の限界を克服する途として提案されたのが、一般的自由権の拡張に基づく救済の拡大であった。そうした試みの中で以下で取り上げるのは、ベルンハルトの所説(一九六三年)である。

ベルンハルトはまず、負担的行政行為の名宛人の原告適格を基本法二条一項の「人格の自由な発展の権利」に求める。すなわちベルンハルトによれば、基本法二条一項に基づき、個々の市民は、行政が負担を課す場合には必ず法律に従ってこれをなすことを求める実体的な権利を有する。そして基本法二条一項により、「一般的行為の自由」のみならず、「行政によって違法にもたらされる全ての不利益からの自由」が保障されることになり、基本法一九条四項及び行政裁判所法四二条二項によって、このような個人的権利の存在と同時に、権利を有する者に原告適格が生ずることになり、行政裁判上の保護を受けることになる(18)。そしてこのような権利は、ひとり処分の名宛人のみが有するのではなく、「第三者」もまたこれを有する。何となれば、公権力的な行為によって多かれ少なかれ個人の利益が影響を受ける点においては、名宛人も「第三者」も同じだからである。また、「基本法二条一項は明らかに、人格の自由な発展の限界は、他人の権利であるとしている。このような条文の表現をみれば、違法にもたらされた第三者の地位は受忍される必要はないのであって、このことは特に公権力がかかる第三者の地位の発生に決定的に関与していた場合にも当てはまる、といえるのである。そして最終的に指摘されるべきは、第三者には特別な保護規範が必要であるとする要請は、結果的に修正された列挙主義だということである。……我々の法体系全体に根拠をもち、基本法二条一項においても保護されている、公権力の側から違法にもたらされる不利益からの個人の自由は、……行政行為によってその利益領域に不利益を蒙る第三者についてもあてはまる。このような権利について、基本法一九条四項及び行政裁判所法四二条二項によって原告適格が生ずる(19)」。

とはいっても取消訴訟を——天下万民に原告適格を認める——民衆訴訟化することを認めるわけにはいかないのであるから、行政行為によって不利益を蒙る「第三者」といっても、原告適格が認められる者と認められない者との間の線引きが必要である。ベルンハルトによれば、原告適格が認められるためには、「相当な(nicht unerheblich)利益の侵害」がなければならず、利益に対する影響も「事実上の個別的影響」が必要である。従って原告適格が認められるには、「保護に値する利益に対する事実上、個別的な関連(das tatsächliche individuelle Betroffensein in schutzwürdigen Belangen)が存在することが要求される。尤もこのような基準では、保護される利益とそうでない利益との間に明瞭な境界を引くことは困難であるが、ベルンハルトによればそれはそれで避けられず、やむを得ないものであって、結局そのような境界づけは、個々の事例の個別特殊性と、全法秩序とその価値観念に基づいてなされなければならず、一般的言明は不可能である。立法者が保護するとしたものについては問題はないが、保護された利益と明示されていない場合でも、保護される個人の利益があると考えるべきである[20]。

二　以上がベルンハルトの議論であるが、この議論をめぐる評価は、第一章で本稿が「法的保護に値する利益説」につき下した評価とほぼ同じであるから、ここでは簡単に述べるに留める。すなわちベルンハルトのような議論は、一方で基本法二条一項に基づく「人格の自由な発展の権利」の拡大を論じるという点で、――我国の「法的保護に値する利益説」とは異なり――公権論の枠内で問題を処理しようとするものである。しかし他方で、このような議論はさしあたり訴訟要件たる原告適格を拡大しようとする試みであって、現在のドイツのように、原告適格の段階では非常に緩やかな審査しか行わず、専ら本案勝訴要件＝権利毀損の存否という段階で勝負するやり方になれば、その価値を失う議論である。また本案において争い得る違法の内容の問題などは、一般的自由権（基本法二条一項）だけからでは具体的に決することはできないのは自明であるから、結局ここで論ぜられている一般的自由権は、本案審理までを視野に入れた、真の意味での実体的権利論ではなかったのである。

従って、かような一般的自由権拡張論は、その後学説・判例の中で力をもつことはなかった。

このような一般的自由権拡張論のいわば対極にあって、市民の公権を処分の根拠法規に基づいて根拠づけ、かつ公権の認定を、立法者意思への依存から解放しようとしたのが、次の第二節で扱うヘンケの議論である。

(17)　Rudolf Bernhardt, Zur Anfechtung von Verwaltungsakten durch Dritten, JZ 1963, S. 303.

(18) Bernhardt, a.a.O. (Fn. (17)), S. 304, 309.
(19) Bernhardt, a.a.O. (Fn. (17)), S. 306.
(20) Bernhardt, a.a.O. (Fn. (17)), S. 307.

第二節　処分の根拠規範に基づく公権の基礎づけ

第一款　序

戦後ドイツでは、基本法の下で多くの論者が、様々なアプローチにより公権論を展開してきた。本節では特にヘンケの公権論[21]をとりあげて検討する。

ヘンケの所説で最も注目すべき点は、違法な行政行為に対する市民の防禦権を、当該行政行為の名宛人の場合であれ、「第三者」の場合であれ、専ら当該処分の根拠法規によって根拠づけている、ということである。そうすると憲法上の一般的自由権や消極的地位は、少なくとも根拠法規に基づいて行われる行政行為の場面においては、殆ど独自の意義を失うことになる。ヘンケ曰く、

「法律を執行したり、或いは法律に羈束された行政の領域においては、そのような[行政行為を規律する——著者]法律によって根拠づけられた独立的な権利、換言すると、絶対権の存在とその毀損という要件によらない不作為・妨害排除請求権によることになる。何故かといえば、法律によって規律された、具体的、個別的な法関係は、自由と財産、さらには全ての基本権といった抽象的、一般的な法的地位に優先するからである。[22]」

しかし彼は他方で、保護規範説に対しても批判を加え、処分の根拠法規につき、従来の見解が採ってきた立法者意思中心の解釈を批判し、立法者意思を離れた客観的解釈を主張するのである。

(21)　ヘンケの公権論については、我国において既に、小早川光郎『行政訴訟の構造分析』一九〇頁以下、石川敏行「ドイツ公権理論の形成と展開」(四・完) 法学新報八五巻一・二・三号 (昭和五三年) 一三三頁以下、中川義朗『ドイツ公権理論の展開と課題』(平成五年) 二六一頁以下等において詳細な紹介・検討がなされている。

(22)　Wilhelm Henke, Zur Lehre vom subjektiven öffentlichen Recht, in: Hans Schneider, Volkmar Götz (Hrsg.), Im Dienst an Staat und Recht, Festschrift für Werner Weber zum 70. Geburtstag, 1974, S. 504.

第二款　ヘンケの公権論

一　ヘンケは、違法な行政行為に対する市民の防禦権を如何に構成しているのであろうか。ヘンケによれば、違法な行政行為に対する「不作為及び妨害排除請求権」が成立するのは、処分の根拠法規に照らして当該行政行為が違法であること、そして「その違法によって一定の市民が自己の利益 (Angelegenheit) に影響を受ける」場合である。彼はこのように „Interesse“ ではなく „Angelegenheit“ という独自の概念を用いるわけであるが、この当事者の „Angelegenheit“ と処分の根拠法規との関係は、「法治国」ないし「行政法律」(Verwaltungsgesetz) ——すなわち処分の根拠規範——についての彼独自の理解を前提とする。

ヘンケは、自らのいう「法治国」ないし「行政法律」には、内部的局面 (eine innere Aspekt) と外部的局面 (eine externe Aspekt) がある、という。ここでいう外部・内部というのは、行政主体の内部・外部という意味であると解される。それは彼が、「行政法律は、内部においては、行政に対する立法者の命令であり、外部においては、市民と行政との間の法関係を具体化するものであって、市民の行政に対する主観的権利を具体化するものである」と述べているところからして明らかである。[23]

ヘンケは、ひどく哲学的、観念的なことばで「法治国」論を語っているが、そのいわんとするところは要するに、「法律」において「個人の自由」と「公益」は——ヘンケのことばでいうと——「ヨリ高次の秩序」(höhere Ordnung)として統合、調整されているのであって、そのような法律に違反して行政行為が行われることは、かかる「ヨリ高次の秩序」の破壊であって、それによって自己のAngelegenheitに影響を受ける者は、違法な行政行為に対して公権を有し、適法性＝「ヨリ高次の秩序」を回復するメカニズムを作動させることができる、そしてそれは、当該市民が国家の一分肢(ein Glied)としてとどまる条件でもある、ということである。これが彼のいう「外部的局面における法治国原理」である。ヘンケ曰く、

「外部的局面において法治国は、法律や全ての国家の措置によって、公益と私的な自由の高次の統一が図られることを法的に要求し、かつそれを法的に保障するものである。このことは、個人の自由が制限され得るのは、個人の自由が当該個人から奪われる場合、それは法律というヨリ高次の統一体において、公共の福祉と均衡させる、という条件の下でのみである。この高次の統一体が毀損された場合は、同時に個人の自由も毀損される。このような自由を制限する際の条件は、法的なものであって、そのような条件が毀損されることから、国家に対する個人の主観的権利が生ずることになるのである。……主観的公権は、一つの市民の地位であって、法律において拘束的に生じた公益と私益のより高次の統一体が行政によって毀損され、市民がそれによって国家の分肢から私人としての個人に転化するときに、当該個人をくい止める地位なのである。外部的局面における法治国は、市民が一分肢として全体に帰属し得なくなったときに、当該市民にとって自力救済の途しかないというのではなく、一分肢として全体に

帰属することを拒否された市民がなお、この帰属を権利及び裁判所によって強制し得る、そのような国家である。[24]」因みに、ヘンケのいう「ヨリ高次の統一体」の毀損は、法律違反の行政行為のみならず、憲法違反の法律によっても生じうるが、ヘンケの考察はさしあたり法律違反の行政行為に限られている。[25]

そして法治国に外部的局面と内部的局面があるのに対応して、行政法律にも外部的局面と内部的局面がある。先に述べたように、外部的局面において、行政法律は、「行政と関係する市民との間の法的関係の規定であって、……市民の主観的な権利を創設するのである[26]」。従って行政行為における市民の公権は、専ら行政法律、すなわち処分の根拠法規に基づいて構成されることになる。ヘンケはそのような構成のために、以上のような基礎づけの他、私法学の概念の転用と結びつけた、いわば歴史的な基礎づけを試みるが、それについては後に（本款三）述べることにする。

二　さて、このような理論的基礎に基づいてヘンケは、「或る一定の市民が自己の利益（Angelegenheit）に影響を受ける」場合という基準を立てる訳であるが、もっともその実際は、保護規範説の枠を出るものではないようにおもわれる。

ヘンケは、営業法制上の競争者訴訟及び建築隣人訴訟の分野での若干の例を引いて自説の適用を試みている。すなわちヘンケによれば、問わなければならないのは、保護規範説のように「法律の保護目的（Schutzzweck）」ではなく、「何人かが当該法律の違反によって自己のAngelegenheitに影響を受けたのか否か」という問題であるとする。[27]しかし彼の引く例をみても、結局、彼の立てた基準と保護規範説との間に、どれ程意味のある違いが見いだされ得るのか、実は明らかでない。

ここで一つ、ヘンケが一九五〇年九月六日のリューネブルグ上級行政裁判所判決につき施した解説をみてみよう。この事件は、牛乳販売店の許可につき、当時の法律によって規定されていた、必要な専門知識を有していること、及び一日二〇〇リットルの予定最低売上高の証明なしに、許可がなされたが故に既存の牛乳販売店が当該処分を争った事件である。判決では、当該根拠規定は、専ら公益に仕えるものであって、原告の権利には関係がない、として却下した。ヘンケはこの結論を支持する訳であるが、彼が理由とするところは、次の通りである。

「〔本件処分は違法であり、〕原告は確かに、競争者に対する許可によって、自己の固有のAngelegenheit、すなわち競争なき牛乳販売という利益に影響を受ける。しかし彼の主張するこのようなAngelegenheit、すなわち競争なき牛乳販売を営むAngelegenheitは、違反された法律の規律の対象にはなっていないのである。法律は、公衆の健康のために、一定の最低限の販売量をもち、専門知識を有して経営される牛乳販売のみが許可されるべきだ、ということを規定しているのである。原告たる牛乳販売者のAngelegenheitは、そのような法律によっては把握されない。何となれば、ここで彼のAngelegenheitとして専ら考慮の対象になってくるのは、彼の健康ではなく、他の牛乳販売者との関係であるのであって、許可によって彼の健康に影響がある訳ではないからである。[28]」

そして、原告たる牛乳販売店が関わる、このような営業上の状況というAngelegenheitは、法律の「ヨリ高次の秩序」の内容をなすものではない、とするわけである。[29] しかしこのようにみてくると、結局ヘンケの構成においても、「法律の保護目的」が何らかの形で問われているとみるのが妥当であろう。

またヘンケにとって不幸だったのは、彼の真意が必ずしも理解されなかったことである。すなわち、彼は

「当該行政行為の違法によって自己のAngelegenheitに対して影響を受ける者」という基準を立てたわけであるが、主観的公権を専ら処分の根拠法規に基づいて根拠づけようとするヘンケの意図に反して、彼の議論は、処分の根拠法規から離れて、「官庁の処分による単なる事実上の影響（Betroffensein）」を基礎にした、純粋に事実的評価によって認定されるのではないか、という批判が寄せられたのである。これに対してヘンケは、自説の真意は、処分の根拠法規の客観的な解釈（objektive Interpretation）にあることを強調している。[30] 後に触れるように（本章第三節第四款（一五六頁以下））、シュミット＝アスマンも同様の批判をしているのであるが、確かに、ヘンケの主張に対するそのような批判は、必ずしも正鵠を射たものではないようにおもわれる。というのも、「ヨリ高次の統一体」としての法律において、公益と私益がどのように調整されるかは、優れて法的な問題である筈だからである。

三　結局ヘンケの主張は、基本的には保護規範説の枠を出るものではないが、公権を基礎づける規範の認定に際し、立法者意思にとらわれない「客観的解釈」への途を示唆した点が、一つの特徴であろう。そして彼の公権論のもう一つの基礎づけ、すなわち、私法学の概念の転用と結びついた歴史的な根拠づけも、処分の根拠法規に基づく公権の根拠づけという、彼の構成を理解する上で興味深いものがある。

まず、ヘンケは民法学で行われている権利の分類に従い、一般的自由権や基本権は「絶対的・非独立的権利」（absolute und abhängige Rechte）に属し、根拠法規に基づく権利は「相対的・独立的権利」（relative und selbständige Rechte）に属するとする。[31] もっとも、ここでヘンケは、「絶対権」の範型を所有権（民法典一〇〇四条）に求める以外に、「絶対権」「相対権」の区別について厳密な定義づけをしてはいない。これに対し、「非独立的権利」及び「独立的権利」の区別につき、前者は「絶対権の侵害によってその保護のため生じる権利」

であり、後者は「要件を満たすこと（Tatbestandserfüllung）によって、或る法律から直接生ずる権利」であるとする[32]。従って基本権は、所有権等の物権に類似した構造をもつ権利ということになるから、その侵害によって物権的請求権に類似した、「非独立的権利」たる防禦権が生ずる、という構成になる。しかし既に述べたように、行政のなしうること、或いはなさなければならないこと（dürfen, sollen, können）が根拠法規において定まっている行政行為の局面では、かかる絶対権たる基本権は問題にならない。それは何故か。ヘンケが挙げる理由の第一は、行政行為の場合、一般的自由権に基づいて「非独立的権利」として防禦権を根拠づける構成を採った場合、一般的自由権は内容が不明確であり、またそれを具体化することができない、ということである。

「『一般的自由権』、すなわち違法な強制からの自由を求める権利は、それが基本法二条一項に基づくものであれ、法律による行政の原理に基づくものであれ、防禦請求権を生ぜしめるには不適当である。何となれば、それらは具体的内容を持たず、それらから具体的な内容をもつ主観的権利に至る法体系上適切な途はないからである[33]。」

そしてヘンケは、民法における所有権の妨害排除請求権類似の構成は、行政行為の局面には転用できない、と批判する。民法典一〇〇四条を例に採って考えてみると、妨害排除請求権の基礎にある一〇〇四条という客観法は、絶対権である所有権の毀損を要件とし、相対権である防禦請求権が生ずる、と規定するものである。従って一〇〇四条は、絶対権たる所有権の侵害から生ずる請求権を根拠づける規定である。すなわち、ここでは別に一〇〇四条という法律規定に違反した（verletzt）というのではなく、所有権という権利が毀損された（verletzt）というのが問題なのである。しかし行政法においては、行政行為を授権する規範の違反があって、かつ市民の主観的な「法的地位」が侵害された場合に請求権が生ずる、という構成が採られることがあるけれども、実はその場合、授権規範の違反と「法的地位」の侵害との関係が明らかではない。ヘンケ曰く、

「私法においては、民法典一〇〇四条のように、絶対権ないし法的地位の侵害から生ずる請求権を根拠づけるのは、法律のみである。しかし、通説が示す自己の前提によれば、行政法においては、一般的自由権のような一般的な法的地位の不明確な内容を具体化する法律は存在しない。何となれば、行政法律、例えば、警察法上の授権規範はそうした通説においては、何らかの形で違反の対象となる客観法として、すなわち行政行為の違法性という意味での違法の基準としては考慮されるけれども、防禦権に関する請求権の基礎としては考慮されていないからである。[34]」

「行政法律は、一般的・伝統的な理解によれば、行政の授権と市民の自由の制限であり、何れにしても、民法典一二条、八二三条、八二六条、一〇〇四条のように、絶対権ないし法的地位を一定の不作為請求権や防禦請求権に具体化するための根拠ではない。明確な形の絶対権と、その絶対権から生ずる請求権に関する明確な規範がない限り、主観的公権の構成を民法の不作為請求権との間のアナロジーという形で構成することはできないのである。[35]」

そして、主観的公権を絶対権や「法的地位」などによって根拠づけることは不要であり、端的に処分の根拠法規に基づいて「相対権」として構成されるべきである、とするのである。[36]

ヘンケが挙げる第二の理由は要するに、現在の複雑な行政法関係において、「絶対権の侵害」ということで市民の防禦権を根拠づけるのは時代の法状況に合わないのであって、今日の行政法関係を規律するのは個々の行政法律である、ということである。ヘンケはまず、ここ二〇〇年余りの法制史をみると、「絶対権の優位」

から「個別的で法律によって確定された請求権の優位」という展開がみられる、とする。すなわち、

「古い静態的な法秩序は、所有権やそれに対応する絶対権の上に成り立っている。諸々の請求権はとりわけこれらの権利の派生として成立する。……新しい動態的な法秩序は、法的取引（Rechtsverkehr）の上に成り立ち、結果として請求権とそれに基づく請求の上に成り立っている。そのような法は、既存の法状態の防禦・回復に第一次的に仕えるのではなく、常に変化する必要と取引を商品、金銭及び種々の給付で以て満足することに資するのである。そのような場面では、所有権のような静態的法的地位が第一に請求権の根拠になるのではなく、契約の他、とりわけ当該取引を規律し、それに沿った権利を分配する法律が請求権の根拠となるのである。[37]」

そして「絶対権の防禦状態（Verteidigungszustand）としてのアクチオから法律によって根拠づけられた請求権への移行」もこの関連において捉えられるのである。

そしてヘンケによれば、公法においても事情は同じである。

「市民と国家との関係は、自由主義的法治国家の時代から以後、かつては総じてその理念に沿っていたとしても、かなりの変化を遂げてきたのである。行政との関係において、今日、種々の基本権が可能な限り形成したような原則的自由の地位を市民に創設することが問題なのではなく、このような関係を市民の一定の消極的、積極的な権利を含んだ確かな法関係として根拠づけるのが問題であって、そのような市民の消極的、積極的権利は、その都度、その変化する賦課、授益、供与に関して行政法律から生ずるのである。[38]」

「以上述べたような一般的な変遷に直面すると、行政に対する主観的公権を、actio negatoriaとして、絶対権からの流出物として構想し、『法的地位』とか基本権とか、或いは一般的自由権とか地位（Status）として理解し、行政

の侵害の防禦ないし不作為を求める主観的権利の源泉的権利（Quellenrecht）として構成するのは、時代錯誤である。……ただ市民の側で、当該市民に関係する行政行為に対抗する主観的権利は、法律上の請求権でなければならず、それは、行政行為の適法性、違法性がそれによって判断されるところの法律に依拠するものでなければならないのである。このような法律は、民法典一〇〇四条二項が所有者に課しているような形で市民に受忍義務を課す、自由の準物権法的な制限に代えて、或る一定程度公法上の債務法として理解されなければならない。[39]」

要するにヘンケにあっては、「一般的な法律執行請求権」（allgemeiner Gesetzesvollzugsanspruch）――すなわちこれが承認されれば、取消訴訟を限りなく民衆訴訟に近づけることになろう――を否定する[40]というのがその立論の大前提にあって、根拠法規に基づいて行われるべき行政行為の局面においては、市民がどの違法を争うことができるか特定しなければならないわけであるから、そういった要請もあって、この場合の防禦請求権は、端的に処分の根拠法規に基づくものである、ということになるのである。このようなヘンケの所説は、我国においても説かれている「権利防禦型モデルから複効的行政活動の三面的・利益調整型モデルへ」の変遷[41]と同様の問題意識を公権論に採り入れたものといえよう。そしてまた、その背景には、自由主義的国家観から社会国家的国家観への重点の変化を読み取ることもできよう。ヘンケは次のように述べている。

「社会国家は、市民の法的により強化された地位を要求するのみならず、地位の内容の変遷自体も要求するのである。すなわち個人はもはや、第一次的に法によって保護された自律的な自由領域を必要とする自律的な人格ではなく、他の人や団体に対するのと同様に、国家に対しても無数の諸関係に立ち、その作為、不作為、給付或いは免除、或いは配慮を必要とする。それ故に、個人はとりわけこのような関係の法的保護を必要とするのみならず、このような関係の法的な規律をも必要とするのである。[42]」

四　このように根拠法規に基づく行政行為の局面においてヘンケは、憲法上の基本権の意義を基本的に否定している。しかし、彼は行政作用一般について抑々基本権の出る幕はない、としているわけではない。すなわち、補助金のように法律によって規律されていない措置が「第三者」に対して何らかの影響を及ぼす場合や、情報の提供や公の声明のような事実行為、更には全く法律に基づかない行政行為等については、市民の基本権侵害を論じる余地があるとしている。(43)

(23)　Wilhelm Henke, Das subjektive öffentliche Recht, 1965, S. 102 usw.
(24)　Henke, a.a.O. (Fn. (23)), S. 53. この叙述を引用して、小早川教授は、ヘンケの思考はメンガーの「原状回復」理論と親和性があることを指摘する（小早川・前掲書注（9）一九一頁）。
(25)　Henke, a.a.O. (Fn. (23)), S. 51.
(26)　Henke, a.a.O. (Fn. (23)), S. 56.
(27)　Henke, a.a.O. (Fn. (23)), S. 72.
(28)　Henke, a.a.O. (Fn. (23)), S. 74.
(29)　Henke, a.a.O. (Fn. (23)), S. 75.
(30)　Henke, a.a.O. (Fn. (23)), S. 510.
(31)　Henke, a.a.O. (Fn. (23)), S. 97 ; ders., a.a.O. (Fn. (22)), S. 498, 501, 504 ; ders. Juristische Systematik der Grundrechte, DöV. 1984, S. 2f.
(32)　Henke, a.a.O. (Fn. (22)), S. 498f.
(33)　Henke, a.a.O. (Fn. (23)), S. 97.
(34)　Henke, a.a.O. (Fn. (23)), S. 99.

(35) Henke, a.a.O. (Fn. (23)), S. 99.
(36) Henke, a.a.O. (Fn. (23)), S. 99.
(37) Henke, a.a.O. (Fn. (23)), S. 99f.
(38) Henke, a.a.O. (Fn. (23)), S. 100.
(39) Henke, a.a.O. (Fn. (23)), S. 101.
(40) Henke, a.a.O. (Fn. (23)), S. 57.
(41) 阿部泰隆『行政の法システム（上）』（平成四年）三七頁。
(42) Henke, a.a.O. (Fn. (22)), S. 497.
(43) Henke, a.a.O. (Fn. (22)), S. 502.

第三款　検　討

一　以上みてきたようにヘンケの議論は、保護規範説の枠を大きく逸脱するものではないとみられる。確かに彼の所説は、個々の事例において市民の公権を認定する基準が不明確であり、解釈方法も明確に確立されたものではない。しかしながら、処分の根拠法規において公益と私益が調節される、という発想や、憲法上の基本権の直接的援用をかなり限定的に考える点などをみると、寧ろ第三節で扱う「保護規範説の再構成」の内容を先取りしたといえる内容もあって、興味深いものがある。

二　またヘンケが、私法学の権利概念を転用しようとしている点も興味深い。第二章で述べたように、自由権の《権利性》論争の一つのポイントは、先行する私法学の諸概念の転用の仕方の違いに求めることができる。そしてこの問題は、「権利」や「請求権」の概念、或いは「債権」と「物権」、「絶対権」と「相対権」

の対立等、私法学の基礎概念に関わる。この点ヘンケの構成がどこまで批判に耐え得るものであるかは、権利論そのものがからんでくる問題であるが、公法学において絶対権優位から相対権優位へと、発想の転換がみられる、という彼の指摘は重要である。何となればこの指摘は、我国における取消訴訟の原告適格の判定基準の変遷をどう考えるかの問題にも興味深い示唆を与えているからである。すなわち、既に述べたように（第一章第一節第二款（一七頁以下））、我国においては戦前、「権利毀損」要件の下、「権利」にあたるか否か、ということが問われていたけれども、戦後、特に昭和三〇年代後半以降、最高裁は「自己の権利もしくは法律上保護された利益」という定式にもかかわらず、「権利」の方を問わず、専ら「法律上保護された利益」の方を問題にし、結局「処分の根拠法規によって保護された利益」かどうかのみを問題にしている、とされる。それは何故か、ということについては、いろいろな見方が出来ようが、既に述べたように、戦前問題になっていた「権利」（すなわち「○○権」という名称のついたものが中心）が、絶対権中心のものであったことは夙に指摘されており、「処分の根拠法規によって保護された利益」がヘンケのいう相対権的なものであるとするならば、やはりそこには一定の歴史的背景があったとみることができよう。すなわち、戦前のように行政行為をめぐる利害関係が比較的単純であった場合には、絶対権中心に「権利」にあたるか否か、という観点で論ずれば足りたのではないか。しかし、戦後、とりわけ近時、行政行為をめぐる利害関係が複雑化し、「三（多）面的行政関係」が問題になってくると、絶対権的、既得権的な権利中心の権利保護は現実として困難になろう。そうだとすると、誰が様々な公益・私益の調整者か、ということになると、それは議会ということになり、それ故に処分の根拠法規は、単に行政行為を行うことについての「授権」（Ermächtigung）にとどまらず、要件規定などを通じた利益調整の機能が問題となってくるのである。

三　処分の根拠法規に基づく基礎づけは、以上紹介したヘンケの議論以外にも、さらに「法治国原理」の見地から正当化することが可能であろう。すなわち憲法上の基本権の基礎には、当然憲法上の客観法が存在するが、処分の根拠法規の枠を越えた基本権の直接的援用は、反面において、行政行為を行うに当たっての考慮事項を憲法から直接引き出すことに外ならず、行政権に対していわば「直接的憲法執行」（unmittelbarer Verfassungsvollzug）を命ずる、或いは許容することに繋がる。これは、行政権による憲法の執行は通常、法律の執行という形を通じて行われるべきである、とする「法治国的憲法執行」（rechtsstaatlicher Verfassungsvoll-zug）の原則に反するものであって、行政権行使についての期待可能性、法的安定性の見地から——行政機関・名宛人・「第三者」の「三面的関係」においても——重大な問題を孕むものである。(44)

四　以上のような観点を総合して、本稿の基本的な立場は次の二点に集約される。

第一に、公権論の中心は保護規範説であり、基本権の直接的援用は限られた場合にのみ論じられるべきである。

第二に、処分の根拠法規において公益と私益が調整されるのであれば、その調整は適切かどうかについて憲法上の評価が必要である。ヘンケの指摘する「絶対権」中心の発想から「相対権」中心の発想への転換は、必然的に法律＝議会制定法の重要性を高めるものであるが、それに伴って市民の権利自由を議会の自由な処分に委ねてしまうことのないようにするためにも、かかる評価は重要である。

以上のような立場を踏まえて次節では、保護規範説の再構成について論ずることにしよう。

(44)　この点は、シュミットの「法治国的憲法執行」論から着想を得ている。Vgl. Carl Schmitt, Rechtsstaatlicher

Verfassungsvollzug, 1952, in: ders, Verfassungsrechtliche Aufsätze aus den Jahren 1924-1954, 1958, S. 452ff.

第三節　保護規範説の再構成と基本権保護

第一款　序

一　ドイツでは一九八〇年代以降、保護規範説を再構成しようとする試みがみられる。[45]本節では保護規範説の再構成（以下これを「再構成された保護規範説」という。）の概要を紹介し、若干の検討を行うことにする。この「再構成された保護規範説」のポイントは、次の二点に集約される。すなわち第一点は、保護規範の認定を立法者意思から解放し、解釈方法を新たに打ち立てようとしたことである。前節で検討したヘンケの所説も、公権の基礎となる規範の客観的解釈を示唆したが、解釈方法の提示という点で不十分であった。第二点は、第一点とも関連するが、保護規範説と基本権理論との間の整合性を図ろうとした点である。以下、「再構成された保護規範説」を、シュミット＝アスマンが一九八五年に公刊した、基本法一九条四項についての逐条解説の中で論じた公権論[46]を手掛かりに紹介する。因みに彼は、一九条四項につき、この規定自体は、市民の権利の範囲に影響を及ぼすものではなく、実体法上確定された権利の存在を前提とした規定である、という考え方に立っている。[47]

二　まずシュミット＝アスマンは、公権論一般を語るにあたっての法理学的基礎について述べる。すなわち、彼によれば、行政法において「権利」を論ずることは、行政法に「人格的」要素（das Personale）と「個人的」要素（das Individuelle）、並びに「自己責任」（Eigenverantwortlichkeit）の要素を持ち込むことになる。今日通説的に語られている、国家と社会の分離についての「浸透性モデル」（„osmotische Modell"）——すなわち国家と社会の分離を相対化する考え方——によれば、確かに私的な役割・利益と公的な役割・利益は幾重もの交錯をなしていることになる。しかし、そうだからといって行政法において、権利という存在を否定してよいというわけではない。

「国家と社会の分離は自由を保障する隔壁であるので、国家と社会の双方が幾重にも交差しているとはいえ——ヨリ正確には、そのような事態に直面しているが故に——それは基本的カテゴリーとして、また全体的・集団的な生活に導こうとする多種多様の力に対抗するものとして維持されているのであるが、主観的公権についても同じことが当てはまる。主観的公権において考えられている人格性（Personalität）と個人性（Individualität）という要素は、個人を、消極的地位、積極的地位、及び能動的地位という地位において自由で自己責任を有する存在と看做す、基本法の採用する人間像の表現である。人格性（Personalität）というのは、この場合、国家目的のために個人を国家組織や公的な義務的役割に組み込むことに対抗する原理である。個人性（Individualität）というのは、公的な利益と私的な利益を一括して統合してしまうことを防ぐものである。(48)」

三　さてシュミット＝アスマンは、基本権をどのように捉えているのであろうか。

シュミット＝アスマンは、まず憲法上の基本権と非憲法法律に基づく権利との関係に言及する。すなわちシュミット＝アスマンによれば、「基本権は、非憲法法律によって認められる権利の状態を補ったり(ergänzen)、明らかにしたりする（verdeutlichen）」ものである。ここで非憲法法律に基づく権利の状態を「補う」というのは、後に取り上げる、彼のいう基本権の「保護規範の枠外における効果」（normexterne Wirkung der Grundrechte）、すなわち保護規範説の枠の外で、基本権を直接援用する場合を指し、非憲法法律に基づく権利の状態を「明らかにする」というのは、彼のいう基本権の「保護規範の枠内における効果」（norminterne Wirkung der Grundrechte）、すなわち保護規範の認定の際に基本権保護を読み込む場合を指している。

そして基本権に関するシュミット＝アスマンの基本的立場は、権利としての基本権を論ずるためには、非憲法法律による基本権の内容形成（Ausformung）が必要である、というものである。すなわち、原則として基本権の直接的援用を避け、非憲法法律による根拠づけを媒介した上で初めて現実の権利として援用できる、という考え方である。このことは配分・給付請求権について当てはまるのみならず、防禦権（Abwehrrecht）――とりわけ「第三者」の防禦権――についても妥当する。こうした非憲法法律による内容形成を彼は「基本権の調整」（Grundrechtekoordination）という。すなわち「権利がまさに第三者保護の場合に認められるのは、さしあたり当該第三者保護に関連する非憲法法律レヴェルの規範（Normenmaterial）と、中心となる基本権命題との間の目配りがなされるときである」(49)。

またシュミット＝アスマンは、「一般的な法律執行請求権」（allgemeiner Gesetzesvollziehungsanspruch）につき、これは司法機関をあらゆる行政活動に対する全面的コントロール機関にするものである、として否定する。また基本法二条一項にしても、多くの場合は、非憲法法律による評価を経てはじめてその内容を明らかにすることができるのであって、「包括的に基本法二条一項に根拠を求めることによって、結果として権利の基礎である非憲法法律の介在を排除することはできない」とする。従って彼の理論によれば、名宛人も「第三者」も原則として、保護規範説の枠組みによって公権が認定されることになり、基本権を直接根拠にして権利が導かれるのは例外に属することになる。

(45) 大西有二「ドイツ公法上の建築隣人訴訟に関する一考察」北大法学論集四一巻五・六号（平成三年）参照。
(46) もっとも、シュミット＝アスマンの公権論も、一九七〇年代以降の議論を踏まえたものであって、全てが彼の独創にかかるものというわけではない。
(47) Eberhard Schmidt-Aßmann, Art. 19 Abs. 4 GG, in; Theodor Maunz, Günter Dürig u. a. (Hrsg.), Grundgesetz, Kommemtar, S. 65. 尚、基本法一九条四項をめぐる学説・判例については、笹田栄司「基本権の実効的保護――ボン基本法一九条四項の解釈論を手がかりとして」（昭和六二年）同『実効的基本権保障論』（平成五年）一五三頁以下において詳細な検討がなされている。
(48) Schmidt-Aßmann, a.a.O. (Fn. (47)), S. 64.
(49) Schmidt-Aßmann, a.a.O. (Fn. (47)), S. 66-67.

第二款　基本権の保護規範の枠内における効果

一　基本権の「保護規範の枠内における効果」とは、非憲法法律の解釈に基本権が影響を与える効果である。

「基本権が保護規範の枠内で働くのは、非憲法法規の解釈にあたってである。ここで問題になるのは、既に実定法によって予め形づけられ、それによって見通しのつく領域において存在する保障内容の明確化と『豊富化』(„Anreicherung")である。[50]」

この局面において基本権は、保護規範を認定する際の一つのファクターである。例えば建築法上の諸規定は基本法一四条に照らして解釈されることになるし、経済法上の諸規定は、基本法一二条に照らして解釈されることになる。

二　基本法一二条に関連して経済法上の規定の解釈を検討した論者として、シュミット＝アスマンも引用するショルツが挙げられる[51]。彼も、事実上利益を与える法律の規定が権利を付与するものか否かを問うにあたっては、当該法律の規定の文言を解釈し、疑義が生ずる場合には、「当該立法の背後ないし上位にある（憲法レヴェルの）法領域に遡り、憲法の価値決定が、権利の承認を要求するものか否か」を論ずべきであるとし、保護規範の認定に際し、基本権との関連を考慮すべきことを主張する[52]。そしてこのことは、具体的には、ショルツの論ずる経済監視（Wirtschaftsaufsicht）立法が、基本権との関係でどのような関係にたつか、という問題となって現れる。ショルツは、法的に予定された経済的自由を、状況保障的（bestehensmäßig）、かつ機能的に（funktionsmäßig）保障する経済監督立法と基本権との関係を、レルヒェの定式によりつつ、次の三つの類型に分類する。すなわち①基本権の内容を決定する（grundrechtsprägend）規律、②自由の濫用を規制する規律、③競争を調整する（konkurrenzlösend）規律である。①「基本権の内容を決定する規律」は、当該規律が基本権の内容につき概念上ヨリ詳細に規定することを、立法者に授権する規律である。②「自由の濫用を規制する規律」は、基本権の濫用を規制し、基本権の限界を画する規律である。そして③「競争を調整する規律」は、立法者が基本権の競合・衝突（Grundrechtskonkurrenzen und Grundrechtskollision）を調整・解決する規律である[53]。そしてこのような分類の基礎には、これら三つの類型に属する規律は、自由を制限（Schranken）はしても、侵害（Eingfiff）する規律ではない、という理解がある。つまり、「基本権の内容を決定する規律は、従来必ずしも完全な形のない基本権の内容に初めて内容的実質と、外部の輪郭を与えるものである。濫用を規制する規律は、濫用のない、従って保障内容に沿った基本権の行使を保障する。そして、競合・衝突を調整する規律は、競合・衝突する自由に線引きを行うことによって、実効的かつ保障に適した行使を可能にするのである[(54)]」。

このような規制立法と基本権との関連によって、成立し得る市民の公権の態様も異なるのであって、例えば「濫用を規制する規律」においては、「第三者」に行政に対する警察介入請求権が生ずるか否かが問題となる[(55)]。そして保護規範説との関係でとりわけ問題となるのは、「基本権の内容を決定する規律」である。

ショルツはその例として、旅客運送法（Personenbeförderungsgesetz）における新規許可と既存業者の地位の問題を挙げる。同法二条一項によれば、市街電車、トロリーバス、定期交通路線における自動車旅客運送、臨時交通路線における自動車旅客運送を営もうとする者は、許可が必要であり、二条二項によれば、事業の拡大ないし重大な変更、許可によって生じた権利義務の譲渡、経営の譲渡についても許可が必要である。そしてここで許可の要件規定として問題となるのは同法一三条であり、同条には、一定の既存業者を保護する規定が設けられている。すなわち同条一項が許可要件を規定しているのを受けて、二項は「道路運送、トロリーバス、自動車による定期路線交通について次に挙げる場合に該当する場合は、許可を与えてはならない。」として、拒否処分がなされる場合として、「申請の対象になった運行によって、交通に関する公の利益が侵害された場合。とりわけ……当該交通のサーヴィスにつき既に存在する事業者ないし鉄道が、許可官庁によって確定されるべき適切な期間内に、必要な交通の形態を準備できる場合」（二号c）を挙げている。また四項はタクシー事業につき、「タクシーによる交通事業については、当該申請にかかる交通事業を行うことによって、地域のタクシー営業の能力を脅かすことになり、以て公の交通の利益が侵害される場合には、許可を与えることができない。」と規定し、許可にあたって行政庁は「タクシー交通における旅客事業に対する需要」、「タクシー台数の密度」、「業務開始時の算定による収益・コスト状況の展開」等を考慮しなければならない、としている。さらに五項は「タクシー交通事業の許可を与える際には、新たな事業者と既存の事業者を適切に考慮しなければならない。」とする。

右の許可規定において既存業者は保護されるか、という問題であるが、ショルツによれば、例えば一三条二項二号cの規定によって、既存業者には「収益の保護」がもたらされる。これは、既存業者の財産権（基本法一四条）についていえば、その「中核」ないし「本質的内容」をなすものではないが、財産権の内容としては、その周辺領域（Vorhofprägung）をなすものとして保護に値する。また既存業者及び新規参入業者の「職業選択の自由」の観点からすれば、両者の基本権の衝突を——公益の名の下に——調整する意味をもつ規律でもあるのである。その上でショルツは、このような規定は、基本権の本質的内容に関わるものではないが、その前段階の「予防的基本権保障」（präventive Grundrechtssicherung）としての意味をもつとし、この規定に基づく既存業者の権利を承認するのである(56)。

三　建築法上の規定と隣人たる「第三者」との関係については、基本法一四条が問題になる。特に建築法の領域では、所謂「隣人配慮原則」（das Gebot der Rücksichtsnahme）(57)の根拠づけをめぐって、これを基本権に求める見解と、法律レヴェルの規定に求める見解があり、保護規範説との関係も必ずしも明らかでない。ただ、この「隣人配慮原則」も保護規範とは独立に作用するのではなく、処分の根拠規範に読み込まれる（inkorporieren）ものである、という指摘がなされている(58)。

四　以上述べて来たところから明らかなように、シュミット＝アスマンのいう「保護規範の枠内における効果」において、基本権は保護規範そのものではない。そこで論じられているのは、保護規範の認定にあたって基本権保護を読み込む手法である。もっともシュミット＝アスマンは、他方でこの「保護規範の枠内における効果」によって、権利の認定が拡大し過ぎることも警戒する。

「基本権によって保護された利益が、それに対抗するヨリ弱い利益が権利化され、かつそれに伴って訴訟提起の可能性がうまれたために、その実現が不利になるようであれば、そのヨリ弱い利益のために基本権を考慮することによって客観法を権利へと引き上げることは許されない、ということになる。従って例えば、連邦建設法三四条に基づく、土地についての具体的な建築可能性は、際限のない、無差別な形でこの規定を隣人保護規範として活用することに対抗するものである。(59)」

要するに「第三者」について、予測し難いような漠然とした範囲にわたって「権利」が認められることになれば、当該行政行為について濫訴の危険を生じさせ、名宛人の地位を法的にも、また事実的にも不安定な状況に置く、という考慮が、右の叙述において窺えるのである。そしてこのことは、後に第三款で取り上げる【判例1】においても述べられている。

五　このような保護規範に基本権保護を読み込む方法は、保護規範に関する「客観的解釈」、すなわち立法者意思から独立した解釈方法を――憲法体系との関係を視野に入れて――具体的に提示したものとして評価できる。しかし、このような方法にも自ずと限界があろう。すなわち保護規範の認定と解釈は、さしあたり事後の救済の段階での問題であるが、その際問題となる規範は処分の根拠規範であり、それは、処分が行われる際に行政庁が考慮すべき考慮事項を示す規範でもある。従って、幾ら立法者意思から独立した保護規範の認定といっても、認定の際基礎となる当該根拠法規の解釈が、本案での違法判断と無関係ではありえないことを考えれば、当該根拠法規の本来の制定趣旨と余りにも掛け離れた基本権を読み込むことは、無理があることになる。また、それぞれの基本権の解釈として、抑々当該基本権自体が保護しているとはいえない利益もまた、「保護規範の枠内における効果」で以て救済することはできないであろう。従って、我国にこの考え方を導入するとすれば、最高裁は、問題となっている規定の保護規範性につき、当該規定の「合理的解釈」によって決する、ということを繰り返しいっているのであるが、この「合理的解釈」の一つの手法として位置づける、ということになろう。

さらに基本権といっても、自由権に限ってもさまざまなものがあるのであって、例えば、生命、健康等、いわば人格の存立そのものにかかわる権利利益の場合と、経済的な権利利益との間で何らかの差異を認めるのか否か、換言すれば基本権相互の間に何らかの序列を認めるのかどうか[60]、問題となろう。このような問題点や個々の基本権の詳細な解釈は、今後に残された問題である。

（50）Schmidt-Aßmann, a.a.O.（Fn.（47））, S. 68.
（51）Schmidt-Aßmann, a.a.O.（Fn.（47））, S. 68, Fn. 18.
（52）Rupert Scholz, Wirtschafsaufsicht und subjektiver Konkurrentenschutz, 1971, S. 125.
（53）Scholz, a.a.O.（Fn.（51））, S. 134.
（54）Scholz, a.a.O.（Fn.（51））, S. 135. ショルツがここで用いる「侵害」の概念は、「自由と財産の侵害」とか「侵害留保理論」というときの「侵害」よりは狭い意味で用いられているといえよう。すなわち普通「自由と財産の侵害」という時の「侵害」は、寧ろここでいう「制限」(Schranken) に近い。

(55) Scholz, a.a.O. (Fn. (51)), S. 135, 141.

(56) Scholz, a.a.O. (Fn. (51)), S. 145.

(57) 隣人配慮原則とは「建築主は、建築計画の策定にあたっては、隣人の利益に十分な配慮を払わねばならず、その配慮を欠く建築計画は許可し得ない」という原則である。隣人配慮原則については、石崎誠也「西ドイツ建築法における『隣人利益の配慮原則』(一)(二)」法政理論一九巻一号(昭和六一年)、二〇巻二号(昭和六二年)参照。この原則は建築法のみならず、他の環境法領域にも転用する動きがあることが注目される。

(58) Robert Alexy, Das Gebot der Rücksichtnahme im baurechtlichen Nachbarschutz, Döv 1984, S. 961. アレクシーによれば、「配慮原則違反が隣人の公権侵害として評価されるのは、隣人がそれによって強度に特別な地位を侵害された場合であり、その場合に限られる。侵害された権利は、隣人配慮原則が読み込まれた、そのつど問題となる許可の根拠規範に従って判断される。」(S. 958)

(59) Schmidt-Aßmann, a.a.O. (Fn. (47)), S. 68.

(60) 塩野教授は、「法律上保護された利益説」につき、判例は、同説に立ちつつ、実体法の解釈を柔軟に行っている点を指摘し、例えば、生命、健康に対する被害であれば、保護規範の存在の認定を容易にするが、単なる経済的な被害の場合には厳密に解釈するという具合に、被侵害利益に対する評価が保護規範性の判断に影響を及ぼしているとみられる点もある、と指摘する(塩野 宏『行政法II第二版』一〇五頁)。

第二款　基本権の保護規範の枠外における効果

一　「基本権の保護規範の枠外における効果」とは、基本権が非憲法法律の媒介なしに、権利を直接創設する場合である。換言すれば、以下にみるように、基本権規定が直接、保護規範としての役割を果たす場合である。従って既に述べたように、このような場合は極めて例外に属することになる。

二　基本権の直接的援用がまず問題となるのは、基本法一四条の財産権であり、関連する判例は、建築隣人訴訟における隣人の地位についてのものが殆どである。今ここで検討の俎上に載せる例として、リーディング・ケースである一九六九年の連邦行政裁判所判決を挙げる。（尚、以下で検討する諸判決は、必要となる前提知識に触れながら紹介して行くことになるので、「　」で引用する部分は判決以外の文献からの引用、《　》で引用する部分は判決そのものの表現の引用という形で区別することにする。また文中摘示の頁数は、掲載判例集の頁数である。）

【判例１】　連邦行政裁判所第四部一九六九年六月一三日判決（BVerwGE 32, 173）

【事案】　Ａは、地区詳細計画が立てられていない連担建築地区（im Zusammenhang bebauter Ortsteil）に八六平方メートルに過ぎない狭小な角地を所有していた。この角地は、南東側と南西側で二つの原告所有の土地に接していた。ところでこの土地にはかつて建物が建っていたが、戦争で破壊されたため空き地になっていたところ、Ａは、この土地に三角形の住居用建物を建築しようと意図した。この建築案を所轄行政庁が許可したのに対して、隣地の住民Ｘが取消を求めたものである。

【判旨】　①　連邦建設法三四条の保護規範性について　　まず連担建築地区とは、「既に建築物が連続して立ち並んでいる地区のことであって、この地区では、周囲の集落構造・地域像を破壊するようなものでない限りは、原則として建築行為が許される」地区のことである。[61]　そして連担建築地区に関する建築許可の要件を定めたのが、一九六〇年制定の連邦建設法三四条である。この条文は、一九七七年の改正によってヨリ詳細なものとなったが、判決の当時は次のような簡単な条文であった。

「ゲマインデが［連邦建設法］三〇条にいう意味での地区詳細計画の策定を決定していない領域、或いは地区詳細計画を策定する必要が認められない領域において、建築案は、当該建築案が既存の建築と地区施設整備に照らして問題のない場合に、連担建築地区内において許される。」

まずこの規定に保護規範性が認められるかが問題となるが、判決はこれを否定する。すなわち《連邦建設法三四条は、隣人、すなわち本件では原告に対して何らの権利も与えるものではない》(S. 174)。すなわち《この規定［＝連邦建設法三四条］によれば、連担建築地区内において建築行為が許可されるのは、既存の建築や地区施設整備（Erschließung）に照らして問題がない場合である》(S. 174-175)。ところがこの条文の規定の仕方は要するに、個別的具体性を欠く一般的抽象的なものであって、かつ個々の人に関連性をもたせるような規定ではない。つまり、一〇〇分の一から五〇〇分の一の縮尺による図面によって図示され、「どこに公園を置き、どこにガス、水道等の供給の為の施設を設け、どこに公共用駐車場を設置するか、というようなことは勿論、各土地区画について、当該敷地のどの部分に、何階建の、どの方向を向いた家屋を建て得るか、ということが、一定の選択範囲は残しながらも、総て詳細に、図面その他によって定められ」、「個別家屋として建て得るか、隣地の建物と接合した集合家屋としてのみ建て得るか、というようなことも総て定められる」[62]地区詳細計画とは異なり、連邦建設法三四条自体は《計画の代用（Planersatz）》ではあっても、計画そのものではないし、《具体的な地域関連性に欠けており、また欠けていなくてはならないのである》(S. 176)。

従ってそのような規定の性格の故に、この規定から《隣人その他連担建築地区内に住んでいる住民につき、連邦建設法三四条を遵守することを求める主観的権利は引き出されない》（S. 175）。《……連邦建設法三四条の文言は、曖昧で、かつ個々の人に関連させるのではない（nicht personenbezogen）形の定式の仕方であって、それ以上詳しく表示することのできない、個々の場合しばしば困難を伴って初めて確定できる領域において既存の建築に適応させるものであって、実際上権利を与えられる者の範囲を確定することができないのである。》《ここかしこに、しばしば最早見通すことができないほどの範囲にわたって権利者を名乗る者があらわれ、それが言葉の本来の隣人に限られないということになれば、それらの者のための保護を行うことは、――（いずれにしても経済的にみて）許可官庁ではなくて――建築主を、当該建築主にとっても見通すことのできないリスクにさらすことになり、そのようなリスクも――それに伴う全ての経済的、その他の帰結とともに――しばしば何年かにわたってはっきりしない、ということになるのである。確かに隣人が覆滅させることができるのは、どんなに権利の範囲が広がろうとも、客観的に違法な建築許可に限られる。しかしながら、まさに本来の当事者であるところの建築主からしてみれば、自分に与えられた許可の違法性は、連邦建設法三四条の要件が広範なものであり、またそれ故に同条文の適用も困難を伴う、ということに鑑みれば、必ずしも見分けのつくことではない。》（S. 176）そして、判決は連邦建設法三四条の保護規範性を否定する。

② 基本法一四条の財産権侵害について　以上のように連邦建設法三四条は、隣人についての何らの権利をも創設するものではないけれども、隣人の利益は基本法一四条によって保護される場合がある。すなわち、判決は所謂「状況拘束性」（„Situationsgebundenheit“）理論[63]を援用し、基本権による「第三者」保護の可能性を認めるのである。そして次のようにいう。

《「状況拘束性」は、一方で土地所有権に対して内在的な制約を課し、当該財産権者に対してこの範囲で、自分の土地を放縦に使用すること（民法典九〇三条＝「物の所有者は、法律又は第三者の権利に反しない範囲内において自由に物を処分し、また物に対する他人の全ての干渉を排除することができる。」）を阻止する。それと同時に、他方で土地は逆に、あらかじめ規定された状況（Situation）によるという方法で刻印（prägen）され、その土地固有の形態によって状況は、当該土地について、当該状況の如何によってそれは財産権の制限をもたらすのみならず、財産権の拡大にも結びつく、という形で刻印するのである。従って、そのような状況というものによって刻印され、かつ状況を刻印する土地は、基本法一四条一項の見地からすれば、状況によって制約を課されている（situationsbelastet）のみならず、状況によっては権利が与えられる（situationsberechtigt）ことがありうるということである。……［連邦建設法三四条に基づく許可によって］侵害がなされたとされるのは、当該許可ないし許可の行使が、既存の土地の状況を重大に変更し、それによって当該隣人に対して重大かつ受忍し難い影響を与える場合である。このことから結局、実際上の結論において、官庁のなすそのような大きな失敗それ自体は通常建築主によっても認識可能であり、またそのような行為が原告たりうる者にとって重大かつ受忍できないようなものである場合には、原告も小さい見通しのきく範囲となり、そのような範囲の原則によって攻撃されることになろう。したがってそのような特別の条件を満たさない限り、単に連邦建設法三四条に照らして違法な許可というだけでは、隣人の財産権に対する侵害にはあたらないし、基本法一四条違反でもない。連邦建設法三四条の枠内で行われる建築許可は、隣人にとって何らの財産権侵害も意味するものではない。何となれば、既存の建築に照らして問題のない建築案は、要件の点からして既に、既定の状況の枠内にあるからである。》（S. 178-179）（傍点著者）

しかし請求自体は、「財産権の侵害は認められない」と棄却された。

【検討】　以上の判示内容のうち、連邦建設法三四条の保護規範性の問題については、既に大西教授による詳細な研究があるので、それに譲ることにするが、教授も指摘するように、この判決は、保護規範か否かを判定するにあたって《権利者・保護されるべき者の範囲の画定可能性説》に立つものである。(64)そして注目すべきは、保護規範性の認定にあたって、隣人の利益のみならず、訴訟を認めることに由来する処分の名宛人のリスクも考慮に入れられていることである。要するに名宛人に対する処分を攻撃する者の範囲が曖昧で拡大すればする程、非法的な事実上のリスクも含めて、名宛人は種々のリスクを負わされる、ということが考慮されている。

さてこの判決は、「第三者」について基本法一四条違反が起きるのは、当該許可処分が連邦建設法三四条の規定に違反したときに限られ、同規定に沿った処分の場合には、抑々財産権侵害が論ぜられる余地はない、としている。この点をどう理解するかであるが、これを一般化して、抑々（法律レヴェルでの）処分の根拠法規に適合した処分による基本権侵害はない、と判示した判決と読むべきではなかろう、とおもわれる。この点についてドイツにおいてどのように理解されているのかはっきりしないが、本判決で問題となった連邦建設法三四条の許可自体が、《計画の代用》として位置づけられる特殊なものである点に留意する必要があろう。つまり、連邦建設法三四条の下では、許可を行う際の許可庁の裁量も相当広く、その中で公益と私益の調整が適法に行われたとすれば、それによって生ずる個々の不利益については、《状況拘束性》理論によっていわば受忍限度の範囲内ということで、それを超えて基本権的法益を主張することはできない、と判示したのではないかとおもわれる。

この他、基本法一四条をめぐっては、水法との関係で、連邦行政裁判所第四部一九七〇年一一月一一日判決（BVerwGE 36, 248）がある。

三　基本法二条二項（「何人も、生命及び身体の不可侵に対する権利を有する。」）についての判例としては、下級審判例ながら次の判例が興味深い。

【判例2】ヘッセン州行政裁判所一九八九年一一月六日決定（JZ 1990, 88――以下、JZによりつつ引用する――；NVwZ 1990, 336; NJW 1990, 336）

【事案】抗告申立人(X)は、自らが提起した、訴外Aに与えられた遺伝子操作の実験を行う施設の設置操業許可に対する訴訟の停止効（die aufschiebende Wirkung）の回復を求めた事件である。本件操業許可の根拠となったのは、連邦イミッシオーン防止法四条である。

【判旨】《遺伝子工学の使用に関する法的許可に賛成するか、或いは反対するかについての議会の基本的な決定は……、当時のドイツ連邦共和国においては、未だなされていなかったというべきである……。》(S. 88)《本法廷の採用する見解によれば、遺伝子工学の方法を用いて操業する施設については、これを許す立法者による明確な許可に基づいてはじめて、設置、操業することができる、というべきである。そしてこのような見解は、遺伝子工学の領域においても……基本法二条二項に基づいて保護された申立人の法的利益のために存する、立法者の保護義務から導き出される。人身の不可侵に対する権利は、その古典的な内容においては、強制的な生体実験や強制断種などといった、一定の目的をもった(gezielt)国家の侵害からの不可侵を保障するものである……。連邦憲法裁判所の確立した判例によれば、基本権はそのような一定の目的をもった侵害に対する主観的な防御権に尽きるものではない（最近では、BVerfGE79, 174, 201/202)。基本権から寧ろ、国家や国家機関について、保護された法益の保護義務が導かれ、そのような保護義務はリスクに対する防御をも含み、基本権侵害の危険を抑止することを命ずるのである。その限りで保護の解怠も、国家がかかる保護を義務づけられている場合には、基本権侵害となる。このような保護義務を実現するにあたって、立法者や執行権には、広範な評価、形成の領域が生じ、その領域においては競合する様々な公益と私益とを考慮する余地も存することになるのである（BVerfGE77, 170, 214f.）。すなわち研究・技術が関係する領域においては全て、一方において技術の利用者（すなわち研究者、施設の操業者）の有する基本法五条三項（研究の自由）、一二条（職業・営業の自由）、一四条（財産権）に基づく基本権があって、また他方には当該技術の使用及び利用によって影響を受ける第三者の有する基本権、とりわけ基本法二条二項一文にいう意味での生命及び身体の基本権が考慮の対象になるのである。》（S. 89）

そして判決は、ここで連邦憲法裁判所が採用してきた、所謂《本質性理論》（Wesentlichkeitstheorie）を持ち出す。すなわちこの理論によれば、《立法者は――侵害（Eingriff）というメルクマールから離れて――基本的規律領域、とりわけ基本権行使の領域においては、国家による規律になじむものである限り、全ての本質的な（wesentlich）決定を自ら行わなければならない》ということになる（S. 89）。そして《……生命及び身体の不可侵という法益が問題となっている場合、立法者は保護法律を制定し、以て技術の利用者の側の基本権を憲法上異議のない方法で制限する権限を有し、かつ義務を負うのみならず、そのような義務は客観的に、換言すれば、基本権を有する者からの主観的な防禦権の主張とは完全に離れた形で、保護義務の考え方（Schutzpflichtgedenken）から出てくるのである。従って、国家は基本権的な自由の領域に対する全ての不当な干渉をしてはならないだけではなく、それにとどまらず、第三者が有する基本法二条二項の基本権的な保護利益が危殆に瀕した場合は、――必要な場合は刑罰法規の制定をも含めて――必要な措置をしなければならないの

である。》(S. 89)

しかし、根拠法規たる連邦イミッシオーン防止法が制定された際に、この遺伝子工学の問題が考慮に入れられた形跡はなく、《立法者が抑々、遺伝子工学の利用に関連する危険を、住民が負担すべき社会的に適切なリスクとして容認するのか否か》については、このイミッシオーン防止法も、他の法律も決定を下していない (S. 89-90)。そして高速増殖炉も遺伝子工学もその具体的な危険の度合いにおいて劣ることはないから、高速増殖炉が問題となった所謂カルカー判決の考え方からしても、立法者による (形式的意味の) 法律形式での基本的決定がなされなければならない (S. 91)。《遺伝子工学の利用について立法者によってのみなされるべき基本的決定が欠けているのであれば、本件で問題となっいる形の遺伝子工学施設は、設置・操業することはできない。このような技術を「許容するか否か」(„ob") の問題についての議会の指導的決定が行われてはじめて、個々の事例における操業を許容するとして、「如何に許容するか」(„wie") の問題が出てくるのである。》(S. 91)《法律の根拠なく [名宛人に対して] 被申立人 [＝行政庁] が行った遺伝子工学施設の設置・操業の許可は――その試験・製造施設としての性格に拘わらず――違法であり、隣人として影響を受ける申立人は、自らの基本法二条二項一文によって保護された生命・身体の不可侵に対する権利を毀損された、というべきである。》(S. 91)

【検討】　この決定は、仮の救済段階での決定であって、本案判決ではないが、基本権と保護規範説との間の関係につき重要な示唆を行っている。というのも、保護規範説の前提である「保護規範たる根拠規範において、当該処分に関係する私益と公益は既に調整されており、かつ調整し尽くされている」という前提が、具体的事件について成り立たないことを明示した判決だからである。すなわち、本件許可の根拠規範である連邦イミッシオーン防止法の規定は、抑々遺伝子工学関連施設における周辺住民の基本権的な利益を考慮していない、というのである。

そして注目すべきは、この判決が所謂「本質性理論」を援用している点である。この法理については、我国においても既に大橋洋一教授による詳細な紹介・検討があるが[65]、本判決も示唆しているように、凡そ法律による規律が、①抑々何らかの対象を規律するかしないか(ob)、②規律するとしてどのように規律するのか(wie)、という二段階からなるとして、本質性理論は、さしあたり②の問題、すなわち「規律密度」(Regelungsdichte)に関する法理、更に換言すると――「法律の留保」の問題というよりも――委任立法制約の法理と解することもできる。しかし、この判決は「本質性理論」を右の①の問題、すなわち規律するかしないか、についても立法者を拘束する法理として捉えているのである。そしてこのような「本質性理論」の理解が、イミッシオーン保護法における遺伝子工学問題に対する考慮の欠如を憲法上レレヴァントな問題として位置づける梃子になっていくわけである。

もっとも、仮にこのような「本質性理論」に拠るか否かは別にして、既存のイミッシオーン保護法においては、遺伝子工学の問題が考慮に入れられていない、ということは、本判決も確認しているところである。処分の根拠法規において自らの基本権的な法益を考慮されていない「第三者」が、直接基本権侵害を主張することを認めたことは、さしあたり根拠法規そのものの合憲性に影響を与えることはないにしても、事実上本件事件について、処分の根拠法規の適用が違憲であること(所謂適用違憲)を宣明した判決であるといえよう。

四　さて以上検討した基本権の「保護規範の枠外における効果」は、保護規範説の再構成を企てるシュミット＝アスマンの所説においてどこに位置づけられているのであろうか。彼は、基本法一四条の財産権規定を直接援用した例に言及した後に、次のように述べる。

「同じこと［＝評価の不明確――著者］は、第三者保護のために基本法二条二項から直接基本権の効果が導き出されたときにいえる。また、基本法二条一項から導き出される競争の自由の保障範囲について明確な輪郭づけを行うとすればなお困難が伴う。競争の条件が何らかの公権力による措置によって原告にとって不利益に変更された、というだけでは基本法二条一項を侵害したとするには不十分である。基本法二条一項の権利侵害がはじめて語られるのは、公権力による措置によって、原告の競争参加の能力が制限され、その程度も責任ある企業として経済的に活動する可能性が侵害されるまでに至った時である。確かに、非憲法法律において関連する他者（Nachbarschaft）との間の利益の衡量が予め行われるとしても、それは必ずしも全ての個々の場合において基本権が配慮されたということになるのではないであろう。基本権に基づく直接の効果が及ぶのは、憲法が確固として保障する中核的（verfassungsfest）領域が関係するときに限られる。基本権を規範の枠外で適用することは、基本権を直接援用しない場合、［非憲法法律レヴェルの］保護規範によって規定される主観的公権の理論の中に、ヨリ強く法益保護を志向する考え方を持ち込むものである。(66)」

要するにシュミット＝アスマンの主張は、基本的に多数当事者の関係する行政行為の局面においても、保護規範によって各当事者の利益の調整が行われているのであって、個別の事件においてそのような調整から漏れた重大な憲法上の利益が存したときにのみ、その憲法上の利益の帰属者に直接基本権の援用を認める、ということになるであろう。従って、彼のいう「保護規範の枠外における効果」というのは、基本権を、法律レヴェルの根拠規範を媒介としない、直接的な憲法レヴェルの保護規範として位置づけることにほかならない。そうすると、第三章第一節（一〇九頁以下）においてみたように、ビューラーの「伝統的保護規範説」においても、自由権規定は保護規範の一つであった訳であるから、その点ではシュミット＝アスマンの「保護規範の枠外における効果」は、ビューラーにおいて保護規範とされた基本権（自由権）規定の解釈を、ビューラーの解釈よりも拡大したものだ（ヨリ具体的にいえば、処分の名宛人のみならず、「第三者」に対しても拡大したものだ）、とみることもできるであろう。

ともあれ、このようにしてみてくると、シュミット＝アスマンが――適用範囲が不明確である、といった批判が拭い切れない――保護規範説をあくまで公権論の中心に据える理由が段々明らかになってきたようにおもわれる。すなわち次のような点であろう。第一は、国家と社会の二元的対立を中心とする法思想的な背景である。そして第二は、保護規範説を擁護するものの、それは保護規範において、処分の名宛人及び「第三者」の利益、そして公益が適切に調整されている、という前提が存在するからである、ということである。

以上述べたことを前提とした上で次に検討されるべき問題は、以下に挙げる二点である。すなわち、第一点は、シュミット＝アスマンが「再構成された保護規範説」としてどのような解釈論を提示しているのか、という問題である。そして第二点は、保護規範というものは種々雑多な公益と私益を調整するものである、という前提を採った場合、その調整の仕方は立法者のフリーハンドに委ねられるのか否か、という問題である。特に第二点については、先に取り上げた【判例2】の考え方からすると、立法者が処分要件を規定する際には何らかの憲法上の制約があるのかという問題、換言すると、或る私人――とりわけ「第三者」――にとって処分の根拠法規が、真に根拠法規としての正当性を有するための憲法上の条件はあり得るのか、という問題が生じるとおもわれる。

(61) 藤田宙靖『西ドイツの土地法と日本の土地法』(昭和六三年)二九頁参照。この部分の叙述に関連するドイツの建築法については、この藤田教授の著書のほか、日本建築センター・編集委員会(日笠 端・成田頼明編『西ドイツの都市計画制度と運用　地区詳細計画を中心として』(昭和五二年)などに拠る。
(62) 藤田・前掲書注(61)九頁。
(63) 「状況拘束性」理論については、藤田・前掲書注(61)一一三頁及び一五七頁・注(67)で引用されている文献を参照。
(64) 大西有二「公法上の建築隣人訴訟」(四)北大法学論集四一巻四号七八頁。
(65) 大橋洋一「法律の留保学説の現代的課題」同『現代行政の行為形式論』(平成五年)一頁。
(66) Schmidt-Aßmann, a.a.O. (Fn. (47)), S. 69.

第四款　保護規範説の再構成

一　それでは、保護規範説それ自体について、シュミット＝アスマンはどのような所説を展開しているのか。

既に述べたように、シュミット＝アスマンによれば、主観的権利の基礎は、まず最初に非憲法法律に求められなければならない。その方法を示すのが保護規範説である。そして今日の保護規範説は、「或る法規の主観的権利としての内容を推論する際に従うべき方法と規則についての準則(ein Kanon von Methoden und Regel)の総称」である。シュミット＝アスマンは次のようにいう。

「すべてこれらの[今日の保護規範説のもつ]視点に共通なのは、その規範的アプローチと、権利が成立するか否かの判断は、法律学的解釈論の任務であって、それは如何なる事実上の不利益であれ、事実上の不利益そのものの確定によって補われるものではない、という確信である。このような出発点に立ってはじめて保護規範説は正当化されるのである。保護規範説の下に一纏めにされる規則（Regel）と方法（Methode）の準則（Kanon）は閉じられたものではなく、将来の展開に向けて開かれたものである。個々の基準の重みは、過去において揺れ動いて来たし、将来もそうであろう。[67]」

従ってある処分によって事実上影響を受けたといったことは、権利認定の際の直接の理由とはなりえない。そして彼は、保護規範説に基づく権利の認定について、次のような手続を提示する。

①「規範の保護目的は、唯一規範定立者の証明可能な意思のみから引き出されるべきものでなければ、そのような意思を優先的に根拠として引き出すべきものでもないのである。このような歴史的な解釈のトポス（Auslegungstopos）からの離脱は、今日の保護規範説を古い狭い見解から区別する点である。」

②「或る規範の保護目的は、しばしばその当該規範のみから引き出されるのではなく、その当該規範の周辺に一群として存在する規範構造を（aus umgebenden Normengefüge）探求して初めて得られることがある。この周辺に存在する規範群は、一方では権利を根拠づける方向に赴くが、他方で権利の成立を妨げることもありうる。」

③「保護目的を探求する際に、基本権は、基本権の保護規範の枠内における効果で以て、価値を明らかにし（wertverdeutlichend）、体系化する（systematisierend）役割を演じうる。[68]」

二　このようにシュミット＝アスマンは保護規範説を新たに再構築することによって、これを公権論の中心に据えようとするわけである。彼は、保護規範説を支持する理由を更に次のように補足する。

「現在の保護規範説は基本権を考慮する形で拘束されているので、まず最初に非憲法法律の中に求められる規範を参照することは、基本法一九条四項を非憲法法律の制定者に引き渡すものである、という非難［＝所謂「隠された列挙主義」批判――著者注］は古いものである。権利の持つ基本権的価値の明確化はそのような危険に対抗するものである。更に権利における利益の状況を形成する際に立法者が行使する形成の自由は、それはそれで憲法上必要である。保護規範説は、そのアプローチの仕方からしてかかる形成の自由を保障するものであって、それによって司法の介入に対する法律の優位を保障するのである[69]。」

このように立法者が行政規律規範を定める際の立法裁量（シュミット＝アスマンの言葉でいえば「形成の自由」(Gestaltungsfreiheit)）を広く認める。

「種々の利益の組み合わせは実に多様であるから、それに対応して、そうした利益を規律したり、或いは調整する法律上の規律の網も多種多様である。従って規律の対象に応じて区別する必要があるのであって、そのような区別の必要は、機械的な解決によって扱われてはならない。この領域に存在する数多くの相違は、いずれにしても見かけだけのものであって、実はそういったものは、よく見れば、ラントや場所によって規律の課題は異なるということ、すなわち建築法の内容を規定するラント法や地方条例が果たすべき課題は異なるのだ、ということから説明のつくことである。実際に規律の相違が現れても、多極的な利益の調整が必要な難しい領域においては、それは実に普通のことである。それをいうのであれば、保護規範説を批判する論者が主張するような、［公権を認定する際に］規範から独立した『事実的な関連性』を顧慮することも、法的安定性の向上に資するどころか、法的安定性を損なう方向に赴くのである。様々な相違が生じないとしても、それはあらゆる一般化可能な基準を元々放棄し、全てを『自己の利益』(„eigene Angelegenheit")に関する個別の事案に委ねているからである。そのような個別事案についての判断には、保護規範説に結びつけられた個別規範の判断が優先するのである[70]。」

以上の引用の最後の部分は、本章第二節第二款（一二二頁以下）で扱ったヘンケの説に対する非難である（そのような非難について疑問があることは、既に述べた）。このようにシュミット＝アスマンは、立法者の行う利益の衡量を尊重し、立法者の「形成の自由」を憲法上保障されたものとしているのである。

(67) Schmidt-Aßmann, a.a.O. (Fn. (47)), S. 70.

(68) Schmidt-Aßmann, a.a.O. (Fn. (47)), S. 69. 尚、シュミット＝アスマンのこのような考え方を参照しつつ、我国法の解釈論に説き及ぶものとして、笹田栄司「『裁判を受ける権利』の再生と行政裁判手続」長谷部恭男編『リーディングス・現代の憲法』（平成七年）一七一頁以下、同『裁判制度』（平成九年）一九〇頁以下がある。

(69) Schmidt-Aßmann, a.a.O. (Fn. (47)), S. 71.

(70) Schmidt-Aßmann, a.a.O. (Fn. (47)), S. 71-72.

第五款　保護規範説存立の憲法的条件

以上がシュミット＝アスマンの所説の大要である。以下、若干の補足と検討を行っておくことにしよう。

一　まずシュミット＝アスマンの主張する保護規範説と基本権との関係については、ラムザウアーも同様の主張を行っている。

すなわち、ラムザウアーによれば、まず不利益処分の名宛人の権利について、これを根拠づけるにあたって、基本権や消極的地位、或いは法律の留保や法治国原理を持ち出す必要はないとし、その根拠を処分の根拠法規に求める。ラムザウアー曰く、

「法律の留保が妥当する領域においては、侵害根拠規範（Eingriffsnormen）は、排除機能（Ausschließlichkeitsfunktion）を有する。何となれば、この領域においては侵害作用（Eingriffswirkungen）は、法規範の根拠に基づいて初めてなされ得るからである。……従って典型的な侵害根拠規範は次のような二つの性格を併せもつ。すなわち、侵害根拠規範は、行政に対して負担を課す侵害を授権するけれども、同時に、不利益を課す処分が、確定された事実的要件なしになされることから当事者を保護しているのである。規範定立者は、侵害授権規範について、例えば公衆を危険から保護するといった、公益の保護のみを視野に入れているのではなく、個々の処分によって影響を受ける市民の保護をも視野に入れているのである(71)。」

要するにラムザウアーは、法律の留保の原則に由来する侵害根拠規範の「排除機能」を立論の根拠にするのであるが、この点は第二章第二節（四三頁以下）で自由権の《権利性》否定論を検討した際に述べたように、オットー・マイヤー以来の「法律の留保の原則」における法律の「授権」が持つ性格の一面を適格に捉えているといえよう。要するに名宛人に不利益を与える不利益処分の場合、根拠規範の機能の一つは、この「排除機能」に求めることができるのである。なぜかといえば「かかる主観的公権は、侵害の根拠規範それ自体、そして侵害規範のもつ排除機能（Ausschließlickeitsfunktion）によって成立するからである」。そして「法律がかかる排除機能を持つのは、法律の留保が妥当するからである(72)」。

要するに名宛人についても、処分の根拠規範は保護規範説の枠組みの中で権利の直接の根拠となるのである。そしてラムザウアーは、「第三者」の公権についても、まず第一に保護規範の存否を検討し、第二に憲法適合的解釈（シュミット＝アスマンのいう「基本権の保護規範の枠内における効果」）を尽くし、そして最後に基本法一四条等の憲法規定に求める、という解釈手順を提示するわけである(73)。

二　以上みてきたように、シュミット＝アスマンは、従来の保護規範説を修正しつつ、かつ基本権保護を組み込んだ形で、保護規範説を再構築したといえよう。伝統的保護規範説との違いをまとめれば、次の二点であろう。すなわち第一点は、保護規範の認定にあたって必ずしも立法者の意思に拘泥しない方法を提唱したことである。第二点は、基本権、自由権といった憲法上の規範については、ビューラーは自由権規定を保護規範の一つに挙げたのであるが、シュミット＝アスマンは基本権規定の直接適用は、保護規範の枠外のもの（「保護規範の枠外における効果」）として位置づけた。もっともこれを構造的にみれば、シュミット＝アスマンにおいても基本権は、法律レヴェルの根拠規範を通さない、いわば憲法レヴェルの保護規範として位置づけられているといえるのであって、その意味では基本権の保障範囲が、ビューラーの説よりも――例外的に――広く解されているだけである、とみることもできよう。

シュミット＝アスマンは、第四款で紹介したところからも明らかなように、立法者の形成の自由（立法裁量）を広く認めるが、もっとも素直に考えれば、彼のこのような考え方も、その根幹において疑問の余地がないわけではない。すなわち、このように立法者の「形成の自由」によって立法者は諸利益を比較考量して立法を行うわけである。しかし実際上の保護規範説の適用の場面においては、必ずしも立法者の意思のみに固執するわけではなく、憲法をも含めたいわば法体系全体が考慮の対象になるわけであるから、「形成の自由」の尊重が、保護規範説においてどれ程の重みをもっているのか、実ははっきりしない。おそらく一般論としては、オーソドックスな法治国の考え方に立って、立法機関の決定の所産たる法律を尊重し、その法律の解釈に当たっては、立法者意思以外のもの――とりわけ憲法上の利益――も加味して解釈することによって、憲法と法律の調和を図ったものと解するのが妥当であろう。

第四節　若干の検討

一　以上、現在のドイツにおける基本権理論、公権論についてシュミット＝アスマンの説くところを中心に紹介、検討を行った。このような「再構成された保護規範説」に対しては、ドイツにおいても批判が存在する。すなわち、所詮修正を加えたところで保護規範説においては、その適用のあり方、換言すれば保護される「第三者」の範囲が不明確なのであって、不安定であるというのである(74)。しかしそれに替わる枠組みとなると、これを構築することはなかなか容易なことではない。「第三者」の範囲の確定につき生ずる不明確さが、現時点である意味でやむを得ないものであるとするならば、著者としては少なくとも現時点において、法治国原理の観点から理論的に整合性のある「再構成された保護規範説」の方向が、我国における解釈論の局面においても、さしあたり参照されるべきと考える。

そして前節までの検討を踏まえた上で、我国における解釈論としていえることは次のようなことではないかとおもう。すなわち、処分の根拠規定の解釈によっても、当該規定に「第三者」保護の趣旨が認められない場合、あるいは極めて広い要件裁量しかみとめられていない場合に、当該処分によって重大な基本権的な利益が侵害されるような「第三者」が存在した場合、当該「第三者」には直接基本権の援用を認める余地が存する。そして根拠法規によって保護されない「第三者」が類型的で、かつ多数に及ぶような場合（そして処分の根拠法規制定当時に予測のできなかった事態の場合もあろう。）、――【判例2】で示されたように――抑々処分の根拠法規においてそのような利益が適切に考慮された上で当該規定が定められたか否か、ということが審査されなければならないとおもわれる。そして、その際には問題となっている根拠規定の立法趣旨なども審査の対象になるものとおもわれる。

すなわち以上縷々論じてきたように、保護規範説の憲法的存立条件は、処分の根拠法規において本来の公益と、名宛人及び「第三者」の私益とが、立法者の合理的な立法裁量の範囲内で、適切に調整されているかどうか、ということである。例えば我国において藤田宙靖教授も、「法律の留保の原則」によりつつ、或る処分によって「第三者」の生命、身体（健康）、財産等に重大な被害がもたらされる可能性がある場合、「当人の利益を十分に考慮した上でこれを保護する見地からの要件規定が置かれているのでなければ、そのような処分を行うことは（実体法上――著者）許されない筈である」と主張する。(75)「法律の留保の原則」を根拠とする点はともかく、(76)「第三者」の利益を考慮した要件規定の必要を説く点で、藤田教授の主張と本稿の主張は軌を一にする。

二　そして保護規範説を中心に据え、基本権の援用を補充的に行う、という《基本権援用の補充性》の原則は、我国においても妥当すると考えられる。どのような場合において基本権を直接援用しうるかについて具体例を示すことはなかなか容易ではなく、またドイツにおいても直接基本権を援用して行政行為の取消に成功した例は殆どないといわれている。(77)但し、処分の根拠法規の内容的不備に起因する事案ということになれば、一つの例として、公有水面埋立免許処分にかかる「伊達火力発電所埋立免許事件」（最判昭和六〇年一二月一七日訟務月報三二巻九号二一一一頁）が挙げられよう。すなわちこの事件において最高裁は、原告は、公有水面埋立免許処分にかかる埋立対象水面の周辺水面につき漁業権を有する者であるが、根拠法規である（昭和四八年改正前の）旧公有水面埋立法には、「当該公有水面の周辺の水面において漁業を営む者の権利を保護することを目的として埋め立て免許権又は竣工認可権の行使に制約を課している明文の規定はなく、また、同法の解釈からかかる制約を導くことは困難である」とする。周知のように、昭和四八年改正で同法四条二号において、埋立免許につき、「其ノ埋立ガ環境保全及災害防止ニ付十分配慮セラレタルモノナルコト」なる要件規定が設けられたのである。この規定が設けられた理由の一つは、埋立自体による環境問題である。すなわち、行政実務担当者の解説によれば、「例えば、埋立てを行うことにより、海面が消滅し、自然海岸線が変更され、潮流が変化し、更には、埋立工事により、工事中の濁りが生じ、魚族資源に支障を与えるような例がこれである」。その他に、埋立後に立地が予定される工場等の用途による公害も考えられる。これらは結局、法制定当時（大正一〇年）と昭和四〇年代後半とでは、埋立を取り巻く諸条件が著しく変化したことによるものである。(78) この条項の挿入によって、埋立対象水面の周辺において漁業権を有する者の原告適格は、従前より認められ易くなったといえようが、問題は、旧法下で原告適格を認めることはできなかったか、ということである。この問題は、将来の起こり得る要件規定の不備に対処するためにも、検討しておく価値があろう。

本稿の今までの考察からすれば、立法にあたっての立法者の「形成の自由」は尊重されるべきであるが、「法律上保護された利益説」においてもそれは絶対的なものではなく、最高裁も述べているように、「法律の合理的解釈」により保護規範を認定すべきである、ということになる。しかし繰り返し述べるように、「法律上保護された利益説」の前提には、当該処分の根拠法規において、公益と私益が適切に考慮されている、という前提が存在するのである。そうすると、一種の立法事実というものが問題となってくるが、この旧公有水面埋立法においては、その点の考慮が極めて疑わしいということになろう。そして、根拠法規そのものにおけるかかる考慮の当否を最高裁は問題としていないから、それは憲法上問題が多いといわざるを得ない。

そうすると旧法の場合において、そのような埋立対象水面の周辺の漁業権者に対する配慮が全く定められていないのであれば、そのような根拠法規は「法律上保護された利益説」の前提を満たしていない、ということになり、立法における考慮から漏れ、かつ基本権的な利益に重大な影響を受ける者に対しては、原告適格を認め、さらに本案審理においては、基本権侵害（憲法規範違反）の処分であること（適用違憲）を主張できるものと解すべきであろう。

三　さらに、基本権の直接的援用が問題となる場合としては、所謂「行政権の濫用」に基づく処分に対する取消訴訟が挙げられるが、それについては本節で検討した考え方とは別の理論構成が考えられるので、次の補論（一六九頁以下）において改めて論ずることにする。

(71)　Ulrich Ramsauer. Die Rolle der Grundrechte im System der subjektiven öffentlichen Rechte, AöR. 111 (1986), S. 511f.

(72)　Ramsauer, a.a.O.（Fn.（71））, S. 512.

(73)　Ramsauer, a.a.O.（Fn.（71））, S. 512, 520.

(74)　そのような批判を展開するものとして、Hartmut Bauer, Altes und Neues zur Schutznormtheorie, AöR 113 (1988) S. 592ff. 参照。この論文の概要については、白藤博行教授による紹介（札幌学院法学六巻一号一四七頁以下）があるほか、中川義朗「取消訴訟における『第三者』の原告適格の基準としての基本権適用論序説」手島　孝先生還暦祝賀『公法学の開拓線』（平成五年）二五二頁以下参照。

(75)　藤田宙靖『第三版行政法Ⅰ（総論）』九〇頁以下、三九六頁以下。

(76)　藤田教授は、「法律の留保の原則」を根拠に、「例えば、ある行政活動（行政行為又は事実行為）につき、その名宛人（甲）のどのような利益をどのような場合に侵害し得るかを定める法律上の根拠規定があったとしても、それだけでは、その活動によって同じく自己の利益を侵害される第三者（乙）に対する関係で、このような利益侵害を根拠付ける法律上の規定が存在するということには、当然にはならない」とし、「行政機関が第三者（乙）の『自由と財産』を侵害しても良いことを定める根拠規範の存在が明らかにされるのでない限り、乙に対する侵害は本来許されないのであって、名宛人（甲）に対して公権力行使を許す根拠規範を以て当然に乙に対する利益侵害が根拠付けられたということにはならない」と指摘する（藤田宙靖「行政活動の公権力性と第三者の立場――『法律による行政の原理』の視点からする一試論」雄川一郎献呈『行政法の諸問題上』（平成二年）一七三頁。このような見解は藤田・前掲書注(75)にも踏襲されている。）。以上の見解において、藤田教授は、「侵害」概念を、名宛人についてのみならず、「第三者」についても論じている点が注目される。従来「侵害」の概念は、「目的志向性」（Finalität）を基準として、行政行為の名宛人についてのみ論じられてきたとおもわれる。さらに他方で、「侵害」概念は一般的自由権の範囲を画するものであった（この点について、小早川光郎『行政訴訟の構造分析』一二四頁を参照）。従って、藤田教授の所説は、一般的自由権の拡張論、ないし《一般的自由権中心プラス保護規範説》という枠組みを採るもの、と評することができよう（藤田・前掲書注(75)一九八頁参照）。これに対して、本稿は《保護規範説中心――基本権の補充的援用》という枠組みを採用するのである。

(77)　大西有二「ドイツ公法上の隣人訴訟に関する一考察」北大法学論集四一巻五・六号六〇二頁。

(78)　石井正弘「公有水面埋立ての規制の強化」時の法令八五七号（昭和四九年）八頁。その他昭和四八年改正については、三本木健治「公有水面埋立法の改正とその史料的回顧」自治研究五〇巻七号（昭和四九年）二一三頁以下参照。

おわりに

以上で本稿の考察を一応終える。

本稿での考察は、基本的には憲法規範（基本権・自由権）と非憲法規範（保護規範説）との間の関係如何の問題にその照準を当てたものであったために——またその意味で、本稿冒頭で述べたように《権利論》は勝れて《法源論》でもあるから——、ドイツの自由権理論及び保護規範説の展開を中心に、いわば法体系の骨組みを中心に考察し、以て憲法学と行政法学との間の架橋の一部を構築せんとするにとどまり、血肉をなすべき行政法各論の諸分野——例えば建築法、原子力法、水法、環境法など——における個々具体的な権利救済の問題については十分な考察をすることができなかった。

我国においても、既に周知のように、ドイツにおける建築法上の隣人訴訟の現状や「隣人配慮原則」（Das Gebot der Rücksichtnahme）の問題、或いは特に近時盛んに説かれている「法関係」論[79]などについては詳細な検討、研究、更には我国行政法学への継受の試みがなされつつある。法学が一般に、総論的論題と各論的論題との間を行きつ戻りつしながら発展を期するものであるとすれば、この第一部で行った研究も、各論的研究を行って更に深められて行くものであることは、著者も深く自覚するところである。

従ってそのような各論的な、個別的事例に即した考察などについては著者自身、自らに課された今後の課題と心得、一応第一章で提示した問題について、一通りの比較法的検討を行ったということで、以上の考察によって得られた知見が既存の憲法学・行政法学に些かなりとも寄与するところがあることを願って、本稿を閉じることにしよう。

(79)　ドイツにおける法関係論の動向については、人見 剛「ドイツ行政法学における法関係論の展開とその現状」東京都立大学法学会雑誌三二巻一号（平成三年）一〇五頁、堀内健志『立法理論の主要問題』（昭和六二年）、その他、人見論文所掲諸論稿を参照。また近時、教科書において「法関係論」の説明を行うものとして、村上武則編『基本行政法』（平成四年）、高田敏編著『行政法――法治主義具体化法としての』（平成五年）がある。

補論――行政権の濫用による処分に対する取消訴訟について

第一節　問題の所在

一　行政作用をめぐる紛争の中には、時として、学説が従来余り想定してこなかったような、しかしそれでいて座視することの許されない論点を含んでいるものがある。そしてそのような事例において適切な解決を得ようとするならば、それに関連する法令、判例、さらには学説に関する慎重な考察の上に立ち、なかんずく学説・判例の射程範囲をめぐる慎重な考慮を行うことが必要であって、そういったことを試みることなしに導き出される結論は、所詮単なる「マニュアル思考」の所産(1)との謗りを免れまい。

以下で論じる「行政権の濫用」によって行われた行政処分をめぐる法的問題もまた、かような事例に属するものの一つである。

周知の如くこの問題をめぐっては、昭和五三年に、山形県余目町における所謂「トルコ風呂」事件について二つの最高裁判決（国家賠償請求事件＝最高裁昭和五三年五月二六日判決民集三二巻三号六八九頁・刑事事件＝最高裁昭和五三年六月一六日判決刑集三二巻四号六〇五頁）が下され、事件そのものが異例なものであることもあって、学界および実務界の大きな注目を集めたところであった。すなわちこの事件では、専ら「トルコ風呂」営業を阻止するために、営業予定地の所在する山形県余目町と山形県当局（山形県知事、山形県公安委員会、山形県警察本部など）とが連携し、いわば一体となって児童福祉法上の児童遊園設置認可処分に向けて動いたものであるが、そのような経緯でなされた処分が「行政権の濫用」にあたるとして違法とされたわけである。もっともこの事件で提起されたのは国家賠償請求訴訟と刑事訴訟であって、当該児童遊園設置認可処分に対して直接、取消訴訟ないし無効確認訴訟が提起されたわけではなかった。

しかしながら「トルコ風呂」事件のような場合、後にもみるように、児童福祉法に基づく児童遊園設置認可処分の取消訴訟を第三者が争うとしても、果たして今まで通常いわれてきた判例＝「法律上保護された利益説」を前提に果たして原告適格が認められるのかどうか、すなわち訴訟要件そのものをまずもってクリアーできるのか否かが問題となる。そして児童福祉法上の児童遊園設置認可処分の根拠法規それ自体の解釈としては、当該規定は専ら一定の公益の実現を目的としたものであって、いわゆる「第三者」を保護したものとは認められないということになる可能性が高い(2)。

二　その意味で、札幌地裁平成一二年一〇月三日判決　判例地方自治二一二号六五頁(3)は興味深い素材を提供するものである。まずその事案からみていくことにしよう。

【事実の概要】　X（原告）は、北海道稚内市内の所有地においてぱちんこ店（以下、「本件ぱちんこ店」という。）を建設するために、平成一一年六月八日付けで建築主事より建築確認を受けた。

一方、訴外・社会福祉法人Mは、これに先立つ五月一四日、本件ぱちんこ店に近隣する土地二カ所（宅地と原野）の寄付を受け、それぞれの場所に児童遊園（以下、「本件児童遊園」という。）を建設し、六月六日、開園式を行った。Mは、六月七日、児童福祉法三五条四項に基づき、Y（被告・北海道知事）に対して本件児童遊園にかかる設置認可申請（以下、「本件認可申請」という）を行った。

他方、Xは、六月一四日付けで、北海道旭川方面公安委員会に対し、風俗営業等の規制および義務の適正化等に関する法律（以下、「風営法」という。）二条一項に基づき、ぱちんこ店の営業許可を申請した（以下、「本件営業許可申請」という）。ところが、七月一四日、Mに対して本件児童遊園の設置認可処分がなされたため、北海道旭川方面公安委員会は、八月六日付けで、Xの申請した本件ぱちんこ店の敷地の周囲一〇〇メートル区域内の地域に、児童福祉法七条に規定する児童福祉施設（児童厚生施設・児童遊園）が認可されたことを理由として、本件営業許可申請に対して不許可処分を行った。

これに対してXは、①本件児童遊園は、同じ稚内市内においてぱちんこ遊技場を経営する別のぱちんこ業者らが、Mと共謀の上、Xのぱちんこ店出店阻止を目的に設置したものであり、YはXから本件認可申請に対する処分を留保する等、行政上の裁量によりXの被る損失にも配慮するよう求めたこと等によって、本件認可申請が児童の健全育成と健康増進を図る目的ではなく、専らXのぱちんこ遊技場の出店を阻止するためであることを十分に知悉しながら、Mと共謀した上、あえて本件認可処分を行ったものであり、本件認可処分は、憲法一一条、一二条、及び二九条の保障するXの営業の自由を侵害するもので違法である。②Yは、本件認可申請の目的が、Xに対する営業妨害であることを知った以上、本件認可処分によってXが被るべき損害を未然に防ぐよう行政上の配慮をし、例えば自らが進んでXとMの利害調整に乗り出し、関係する行政処分のそれぞれが合目的的にその効果を達成し得るよう配慮すべきであるのに、これを一顧だにせず本件認可処分をしたのであるから、本件認可処分は、行政権の濫用・怠慢として違法不当である。以上のような理由により、本件認可処分の取消を求めて出訴した。

【判旨】　訴え却下。

（1）　Xの原告適格について　①　「取消訴訟の原告適格について規定する行政事件訴訟法九条にいう当該処分の取消しを求めるにつき『法律上の利益を有する者』とは、当該処分により自己の権利若しくは法律上保護された利益を侵害され又は必然的に侵害されるおそれのある者をいうのであり、当該処分を定めた行政法規が、不特定多数者の具体的利益を専ら一般的公益の中に吸収解消させるにとどめず、それが帰属する個々人の個別的利益としてもこれを保護すべきものとする趣旨を含むと解される場合には、かかる利益も右にいう法律上保護された利益に当たり、当該処分によりこれを侵害され又は必然的に侵害されるおそれのある者は、当該処分の取消訴訟における原告適格を有するものというべきである。そして、当該行政法規が、不特定多数者の具体的利益をそれが帰属する個々人の個別的利益としても保護すべきものとする趣旨を含むか否かは、当該行政法規及びそれと目的を共通する関連法規の関係規定によって形成される法体系の中において、当該処分の根拠規定が、当該処分を通して右のような個々人の個別的利益をも保護すべきものとして位置付けられているとみることができるかどうかによって決すべきである。」（傍線著者。以下同じ）

②　「本件認可処分の根拠規定である〔児童福祉〕法三五条四項は、『国、都道府県及び市町村以外の者は、命令で定めるところにより、都道府県知事の認可を得て、児童福祉施設を設置することができる。』と定めているが、法三五条四項及びこれに基づいて定められた児童福祉法施行規則三七条二項、一項のほか、法全体の条項をみても、右認可に当たり、児童福祉施設の周辺において風俗営業を営もうとする者の営業の自由に配慮すべき趣旨の規定は見あたらず、また、児童福祉施設の周辺において風俗営業を営もうとする者を対象にその営業の自由等の経済的自由権が侵害されない利益を個別的具体的に保護しているとみられる規定も見あたらない。かえって、法一条は、児童が心身ともに健やかに生まれ、かつ、育成されるようにつとめなければならない及びすべての児童がひとしくその生活を保障され、愛護されなければならないことを法の基本理念として定め、法二条は、国及び地方公共団体に児童の保護者とともに児童を心身ともに健やかに育成する責任を負わせ、法七条、四〇条は、児童福祉施設の一つとして揚げられる児童厚生施設は、児童遊園、児童館等児童に健全な遊び場を与えて、その健康を増進し、又は情操をゆたかにすることを目的とする施設とすることとし、法四五条は、児童福祉施設の設置者等に対し、厚生大臣が定める児童福祉施設の設備運営等に係る最低基準の遵守を義務付けているところ、このような法の基本的理念、法の定める児童育成の責任規定及び児童福祉施設の目的を定める規定等の趣旨からすると、法は、都道府県知事が

法三五条四項に基づき児童福祉施設の設置についての認可をするに当たり、当該児童福祉施設が児童厚生施設である場合には、当該施設が児童に健全な遊びを与えて、その健康を増進し、又は情操をゆたかにすることを目的とするものでその設備運営等に係る最低基準を満たすものであるか否か等を審査し、一般的な公益を実現するという見地から当該認可の是非を判断することを要請しているにとどまるものであって、それ以上に当該児童福祉施設の周辺において風俗営業を営もうとする者の営業の自由等の経済的自由を個別的具体的に斟酌することまでは要求していないことが明らかである。」

③　「また、風営法四条二項二号及びこれを受けた本件条例〔=風営法施行条例〕三条一項二号によれば、北海道内において、公安委員会は、法七条の定める児童福祉施設の敷地の周囲一〇〇メートルの区域内の地域では、風俗営業に係る営業所を設けることを許可してはならないこととされているところ、右各規定の適用によって、原告が本件土地に風俗営業に係る営業所を設けることができなくなるとしても、それは、公安委員会が本件児童遊園を〔児童福祉〕法七条の定める児童福祉施設と認め、原告が風俗営業に係る営業所を設けようとしている本件土地が、本件児童遊園の周囲一〇〇メートルの区域内にあると認めることによって生ずる事実上の不利益であって、このような原告の受ける事実上の不利益は、本件認可処分があることによって直ちに生ずるものではないうえ(すなわち、Mによって本件児童遊園が現実に設置され、存続していることによって生ずるものである。)、前示のとおり、本件認可処分の根拠規定が保護している利益に係るものでもない。」

④　「原告は、風営法は、〔児童福祉〕法と目的を共通にする関連法規であり、これらの法体系の中において本件認可処分の根拠規定である法三五条四項は、当該処分によって侵害されるおそれのある個々人の経済的自由といった個別的利益をも保護している旨主張する。

しかし、風営法は、『善良の風俗と清浄な風俗環境を保持し、及び少年の健全な育成に障害を及ぼす行為を防止するため、風俗営業及び性風俗特殊営業等について、営業時間、営業区域等を制限し、及び年少者をこれらの営業所に立ち入らせること等を規制するとともに、風俗営業の健全化に資するため、その業務の適正化を促進する等の措置を講ずることを目的とする』ものであり（同法一条）、法は、児童が心身ともに健やかに生まれ、かつ、育成されるように努めなければならないこと及びすべての児童がひとしくその生活を保障され、愛護されなければならないことを基本的理念とするものであるところ（法一条）、風営法及び法が公共の福祉の実現という抽象的な観点からは共通の目的又は理念を有するものであるといえるとしても、風営法は基本的には風俗営業又は性風俗特殊営業等を営もうとする自由を規制する目的で定められ、法は児童福祉を積極的に推進する理念の下に定められたものであって、その具体的な目的又は理念を異にすることが明らかであるうえ、風営法又は法がこれらの法律中の各法条において定める各種の許認可の対象及び許認可権者が全く異なることなどを併せ考えると、風営法が法と目的を共通にする関連法規であると解することはできない。」

⑤　「また、原告は、［社会福祉］事業法及び風営法は、［児童福祉］法と目的を共通にする関連法規であるところ、事業法三条の二は、社会福祉事業の実施に当たっては地域住民等の理解と協力を得るように努めなければならないと規定しているから、これらの法体系の中において本件認可処分の根拠規定である法三五条四項は、児童福祉施設の近隣で風俗営業を営もうとしている者の利益を個別的利益としても保護している旨主張する。

しかし、風営法が法と目的を共通にする関連法規であるといえないことは前示のとおりである。また、事業法が法と目的を共通にする関連法規であるといえるとしても、事業法三条の二が、『国、地方公共団体、社会福祉法人その他社会福祉事業を経営する者は、社会福祉事業その他の社会福祉を目的とする事業を実施するに当たっては、医療、保健その他関連施策との有機的な連携を図り、地域に即した創意と工夫を行い、及び地域住民等の理解と協力を得るよう努めなければならない。』と定めている趣旨は、社会福祉事業が、関連施策との有機的な連携を図り、地域に即した創意と工夫を行い、及び地域住民等の理解と協力を得ることによって適正、円滑に運営されることを期することにあると解されるところであって、同条が、社会福祉事業（ちなみに、本件児童遊園が属する児童厚生施設を経営する事業は、同法二条三項二号によって、社会福祉事業とされている。）を実施するために設置される施設の近隣で風俗営業を営もうとしている者の利益を個別的利益として保護する趣旨を含むものであるとは解されない。」

したがって、右と見解を異にする原告の右主張は採用できない。

（2） 行政権の濫用について ⑥「……本件認可処分が行政権を濫用してされたものか否かは本案の問題であって、本件認可処分の取消訴訟における原告適格の有無を左右するものではない。」

三 以上が、判決（以下、「札幌地裁判決」という。）の概要である。その判旨は、最高裁判例の従来の枠組みに一見極めて忠実に従ったものであるといえるが、「行政権の濫用」の有無は本案の問題であって、原告適格の有無を左右するものではないという、直ちに肯首しがたい結論となっている。このような判断に対しては、かような考え方に立った場合、「行政権の濫用」に基づく処分に対する法的救済を認めた、所謂「トルコ風呂」事件にかかわる最高裁判例と果たして整合性が図られるかという疑問が、当然ながら提起されるであろう。というのも、おそらくこの札幌地裁判決のような論理に基づくならば、「トルコ風呂」事件において勝訴した業者（民事訴訟原告・刑事訴訟被告人）が、一転して児童遊園設置認可処分の取消訴訟では原告適格なしということになってしまい、その限りで救済の途が閉ざされることになるからである。

確かに取消訴訟の原告適格については、「法律上保護された利益説」と「法的保護に値する利益説」を中心に議論が展開されてきたことは周知のところであって、とりわけ当該処分の根拠規範が原告を保護しているか否かをめぐって、いささか――どころかもう既に相当程度――「解釈論疲れ」[4]現象の様相を呈しているといっても過言ではなかろう。論者によってはこの説は既に「破綻している」とすら断じている。[5]しかしながらそうした錯綜した状況であればあるほど、――立法によって一挙に根本的解決を図るというのであればともかく、そうでないならば――問題となっている議論の原点を踏まえなければならないであろう。さらに原告適格の問題はまさに私人の争訟的地位の問題であるから、それが不当に解釈されることはすなわち「裁判の拒絶」に繋がり、ひいては憲法三二条が保障する「裁判を受ける権利」の否定をも意味することに注意しなければならない。とりわけ憲法三二条にいう「裁判」が「司法権の作用としての裁判」を意味し、憲法七六条一項にいう「司法権」を前提にするとするならば[6]、行政事件訴訟法の規定する抗告訴訟はまさに「司法権の作用としての裁判」＝裁判所三条にいう「法律上の争訟の裁判」を具体化した訴訟類型である。従って、取消訴訟の原告適格の判断にあたっては、裁判実務上最高裁判例の枠組を前提とするにしても、なお個別の具体的事案については慎重な考慮が必要であるということになろう。その意味でも、右に引いた札幌地裁判決のような事案が、本当に裁判による救済の必要ない事件であったのかどうか、正当な権利保護の利益が認められない事件であったのかは、甚だ疑問とされるのである。

（1）　平成一一年以降、学界、法曹界を巻き込んで散々議論されてきた法曹養成制度の改革論議、いわゆる「ロー・スクール（法科大学院）」問題のそもそもの発端の一つは、近年司法修習生や若手法曹に著しくみられる「マニュアル思考」を如何に打破するか、という問題意識であったはずである。

（2）　この点を示唆するものとして、村上義弘「児童遊園設置認可処分と行政権の濫用」民商法雑誌八〇巻三号（昭和五四年）三三六頁、森田寛二「刑事裁判における行政行為の審査権」自治研究六九巻二号（平成二年）一四頁参照。

（3）　本件事件は、本文でも述べるように、第一審では訴え却下の形で原告敗訴に終わったが、その後、平成一三年四月一三日、札幌高裁において控訴棄却の判決が下され、敗訴が確定したとのことである。著者はたまたま、この事件の原告訴訟代理人藤野義昭弁護士（札幌弁護士会）より第一審判決後、原告適格の有無について意見を求められた。本稿で扱う問題については、後にも述べるように、「トルコ風呂」事件を素材に旧稿において若干言及したことがあるが、今回、この札幌地裁判決を機縁として問題を再度考え直し、若干の説の補正（第三節**四**（一八六頁以下）参照）を行ったものである。

（4）この点は高木光教授が、日本公法学会第六五回総会（平成一二年一〇月七日）における報告「司法の現状分析―公法学の影響―行政訴訟」公法研究六三号（平成一三年）九三頁の中で指摘したところである。

（5）芝池義一「取消訴訟の原告適格判断の理論的枠組み」『京都大学法学部創立百周年記念論文集第二巻』（平成一一年）七〇頁以下、阿部泰隆「原告適格判例理論の再検討」（上）（下）判例評論五〇八号（平成一三年）一六四頁、五〇九号（同）一八〇頁以下。なお、取消訴訟の原告適格の問題は、周知のように現在、司法制度改革論議の中で立法論的検討も行われているが（この点については既に公表されている司法制度改革推進本部の行政訴訟検討会の議事録等のほか「行訴法改正の主要論点――行政法研究フォーラムでの検討結果」ジュリスト一二三四号（平成一四年）所収の各論稿参照）、学界においても解釈論的提言が引き続きなされている。本稿初出誌発表後、藤田宙靖「許可処分と第三者の『法律上保護された利益』」塩野宏先生古稀記念『行政法の発展と変革下巻』（平成一三年）二五六頁以下、片山智彦「環境訴訟と裁判を受ける権利――取消訴訟の原告適格について――」ドイツ憲法判例研究会編『未来志向の憲法論』（平成一三年）三一九頁に接した。

（6）佐藤幸治『憲法・第三版』（平成七年）六一二頁。

第二節　最高裁判例＝「法律上保護された利益説」の論理構造

一　上述の如く問われるべき論点は、札幌地裁判決のような事件において、従来の最高裁判例の枠組との関係で当事者には原告適格が認められないのであろうか、という問題である。この問題を考察するにはまず、従来の最高裁判例＝「法律上保護された利益説」[7]の射程範囲を正確に画する必要がある。

二

「法律上保護された利益説」に基づいていわゆる処分の名宛人以外の「第三者」の原告適格について判断した最高裁判決は、『最高裁判所民事判例集』その他の判例集に登載された著名なものでも一〇以上は存在する。[8]そもそもそこで問われてきた問題とはどのような問題であったか。その点について諸判決を詳細に検討してみると、少なくとも次の四つの論点を挙げることができる。

すなわち第一は、「法律上保護された利益」と「反射的利益」との区別である。この点を明らかにしたのは、いわゆる「主婦連ジュース事件最高裁判決」（最高裁昭和五三年三月一四日判決民集三二巻二号二一一頁）である。同判決曰く、

「……右にいう法律上保護された利益とは、行政法規が私人等権利主体の個人的利益を保護することを目的として行政権の行使に制約を課していることにより保障されている利益であって、それは、行政法規が他の目的、特に公益の実現を目的として行政権の行使に制約を課している結果たまたま一定の者が受けることとなる反射的利益とは区別されるものである。」

そして第二は、「法律上保護された利益」というときの「法律」とは具体的に何を意味するのかということである。その点を明らかにしたのはまず第一に上述の「主婦連ジュース事件最高裁判決」であって、すなわちそれは「私人等権利主体の個人的利益を保護することを目的として行政権に制約を課している」「行政法規」（以下、「保護規範」と称する。）であるということである。そしてこれは通常、「処分の根拠法規」であると理解

され、他方でそういった行政法に属する法規以外の憲法や民法などは、「行政権に制約を課す」規範ではないので、原告適格を基礎づけるものではない、すなわち、憲法上保護された利益や民法上保護された利益などは、ここにいう「法律上保護された利益」ではない、という理解が成立した。(9) そしてこのような理解によって、結果として「法律上保護された利益」の範囲はかなり限定されることとなったわけである。但し、本稿との関係で注目しておかなければならないのは、ここでいう「私人等権利主体の個人的利益を保護することを目的として行政権に制約を課している」「行政法規」は必ずしも明文で規定されたものに限らず、不文のものも含まれるということであって、これは最高裁が「伊達火力発電所埋立免許事件」判決(最高裁昭和六〇年一二月一七日判決訟務月報三二巻九号二一一一頁)において明示したところである。判決曰く、

「……したがって、処分の法的効果として自己の権利利益を侵害され又は必然的に侵害されるおそれのある者に限って、行政処分の取消訴訟の原告適格を有するものというべきであるが、処分の法律上の影響を受ける権利利益は、処分がその本来的効果として制限を加える権利利益に限られるものではなく、行政法規が個人の権利利益を保護することを目的として行政権の行使に制約を課していることにより保障されている権利利益もこれに当たり、右の制約に違反して処分が行われ行政法規が個人の権利利益の保護を無視されたものとする者も、当該処分の取消しを訴求することができると解すべきである。そして、右にいう行政法規による行政権の行使の制約とは、明文の規定による制約に限られるものではなく、直接明文の規定はなくとも、法律の合理的解釈により当然に導かれる制約をも含むものである。」

すなわち、右引用部分のうち傍線を付した部分は、後の議論との関係で注意が必要である。

さらに第三の論点として、そこから派生する問題として、それでは一体どのようにして「保護規範」を認定していくかという解釈方法の問題が挙げられる。この点で特に著名なものが「新潟空港訴訟」判決（最高裁平成元年二月一七日判決民集四三巻二号五六頁）であって、保護規範の認定は、

「……当該行政法規及びそれと目的を共通する関連法規の関連規定によって形成される法体系の中において、当該処分の根拠規定が、当該処分を通して右のような個々人の個別的利益をも保護すべきものとして位置付けられているとみるべきかどうかによって決すべきである……」

とし、保護規範の認定を緩和・拡大したことはよく知られている。

最後に第四の論点は、処分の根拠法規が目的とする「一般的公益」と当該法規が保護する「個々人の個別的利益」との関係である。すなわち、ある処分の根拠法規が「個々人の個別的利益」を保護するとして、処分の根拠法規が本来目的とする「一般的公益」とは別に「個々人の個別的利益」を保護しているのか、それとも本来そういった「一般的公益」に含まれる（あるいは同質の）ものではあるけれども、特定個人について特に保護する関係に立つのかが問題となる。前者の例としては、公衆浴場法の距離制限規定に基づく既存業者の保護が挙げられ、これは処分の本来の目的は「公衆衛生」「国民保健」の維持という公益の実現ではあるけれども、それと並んで既存業者の営業上の利益をも保護するというものである（最高裁昭和三七年一月一九日判決民集一六巻一号五七頁）。これに対して後者の例として挙げられるのが、「長沼ナイキ基地事件」判決（最高裁昭和五七年九月九日判決民集三六巻九号一六七九頁）や前出「新潟空港訴訟」判決である。すなわちそこでは、「洪水の防止」や「航空機騒音の防止」というのは一方において当該処分の根拠法規が目指す公益ではあ

るけれども、他方においてそれは一部分、特定私人について特に保護された利益でもあると解するわけである。例えば「長沼ナイキ基地事件」判決では、次のように述べられている。

「公益保護のための私権制限に関する措置についての行政庁の処分が法律の規定に違反し、法の保護する公益を違法に侵害するものであっても、そこに包含される不特定多数者の個別的利益の侵害は単なる法の反射的利益の侵害にとどまり、かかる侵害を受けたにすぎない者は、右処分の取消しを求めるについて行政事件訴訟法九条に定める法律上の利益を有する者には該当しないものと解すべきである。しかしながら、他方、法律が、これらの利益を専ら右のような一般的公益の中に吸収解消せしめるにとどめず、これと並んで、それらの利益の全部又は一部につきそれが帰属する個々人の個別的利益としてもこれを保護すべきものとすることももとより可能であって、特定の法律の規定がこのような趣旨を含むものと解されるときは、右法律の規定に違反してされた行政庁の処分に対し、これらの利益を害されたとする個々人においてその処分の取消しを訴求する原告適格を有するものと解することに、なんら妨げはないというべきである。」

三　以上、最高裁判例＝「法律上保護された利益説」の構造について簡単な分析を加えたが、札幌地裁判決は、判旨①にみられるように、右に挙げた論点のうち第三および第四にかかわる判示、とりわけ新潟空港訴訟最高裁判決における原告適格論の一般的説示をほぼ踏襲している。[10]

しかし著者のみるところ、札幌地裁判決の事件において先例として意味をもつのは、新潟空港訴訟判決ではない。すなわち、右論点のうち第三、第四の論点は、札幌地裁判決の事件においては重要な意味をもたないのである。以上四つの論点のうちこの事件において検討されるべきは、第二の論点、すなわち「法律上保護された利益」という時の「法律」とは具体的に何を意味するのか、という論点であるとおもわれる。とりわけ①「私人等権利主体の個人的利益を保護することを目的として行政権に制約を課している」「行政法規」には如何なる場合にも憲法は含まれないのかという問題と、②「直接明文の規定はなくとも、法律の合理的解釈により当然に導かれる制約」とは何か、という問題である。さらに①と②との関係も問題となりうるのである。

以下では、このことをより詳細に論ずることにしよう。

（7）「法律上保護された利益説」について著者が解説を加えたものとして、神橋一彦「行政訴訟へのアクセス（1）――原告適格」笹田栄司・亘理格・菅原郁夫編『司法制度の現在と未来――しなやかな紛争解決システムを目指して――』（平成一二年）一一一頁以下参照。

（8）阿部・前掲論文注（5）は近時までの先例を改めて紹介し、検討を加える。

（9）三一頁において注（38）の番号を付して引用した宍戸達徳裁判官（当時）の発言はこのことを明確に示すものであった。

（10）これは、原告側の主張が児童遊園設置認可処分の根拠法規である児童福祉法三五条四項の保護規範性を根拠づけるために、専ら新潟空港訴訟判決式の論法を狙って、風営法や社会福祉事業法を根拠法規の関連法規として捉え、以て原告適格を根拠づけようとしたことにもよるであろう。

第三節　「行政権の濫用」による処分と原告適格

一　およそ行政作用の終局目的が公益の実現にあることはいうまでもない。そして個別の行政作用については、それぞれについて具体的な公益の実現がその目的として設定されているのであって、その目的に適わない処分は違法であるといえる。そしてそのような処分をひろく「行政権の（目的外の）濫用」による行為と称することができるであろう。要するに「行政権はその本来の目的に従って、これを行使しなければならない」という規範は、行政作用全般に妥当する根本規範の一つというべきものである。そしてそのような「行政権の（目的外の）濫用の禁止」は、比例原則や平等原則などと並んで、行政法総論の論点の中でも自由裁量論において「裁量権の濫用踰越」（行政事件訴訟法三一条）の一つとして挙げられてきたものである。

いまここに、行政法における根本規範の一つである平等原則及び比例原則の法的根拠を求めるとすれば何処に求めるべきであろうか。平等原則についてはいうまでもなく憲法一四条に明文の規定があるからこの点は明快である。ところが比例原則についてはそのような明文の根拠は存しない。この点について藤田教授は、比例原則の根拠を憲法一三条二文に求め[11]、塩野教授は、「ドイツ行政法において市民的法治国思想を背景に展開されたものが明治憲法時代にわが国に導入され、それが現在まで引き継がれている。」とし、特に憲法典上の根拠に触れることなく、「行政上の法の一般原則」の一つに位置づけている[12]。いずれにしても「自由主義」ないしそれと密接に関連する「市民的法治国思想」に基づく（ないしはそれらを具体化した）原則として、憲法上の原理であることは疑いのないところであろう。ここで確認しておくべきは、平等原則にしても比例原則にしても、ことさらに処分の根拠法規に要件規定として書かれているわけではないけれども、行政規律規範として処分にあたって行政機関が考慮しなければならない規範である、ということである。すなわち行政規律規範には、正確にいえばある種の憲法規範が含まれることは明らかであるし、不文のものも含まれるということである。従って〈私人等権利主体の個人的利益を保護することを目的として行政権に制約を課す行政法規〉には、憲法規範もありうるし、不文の規範もありうるということになる。そして、そのような不文規範の存在可能性については、前述の「伊達火力発電所埋立免許事件」判決（昭和六〇年）もさしあたりこれを認めるところであった。

二　そうだとすれば、「行政権の（目的外）濫用」の禁止という法理についてどのように考えるべきであろうか。この点について著者は、原告適格との関係を視野に入れつつ、その根拠を憲法一三条に求めるべきであると考える。

すなわち憲法一三条二文は、「生命、自由及び幸福追求に対する国民の権利については、公共の福祉に反しない限り、立法その他の国政の上で、最大の尊重を必要とする。」と規定している。国民の「自由」に対する権利は、行政権の行使においても「最大の尊重」が必要とされるわけである。従ってこの規定から、「行政権はその本来の目的に従って、これを行使しなければならない」という規範が導き出されると解される。周知のようにこの規定から如何なる「権利」が導き出されるかについては種々の議論があるが（例えば所謂「新しい権利」論）、本件で問題となっているのは「自由」（＝「営業の自由」）であって、これは規定上明示的に列挙されたものであるから、憲法一三条二文の保障範囲に属することは疑いがない。従って、「行政権の（目的外）濫用」に基づいて、自己の「自由（権）」を侵害された者は、憲法一三条に基づいて原告適格を有すると解される。

そして余目町の「トルコ風呂」事件における業者（民事事件原告・刑事事件被告人）も、憲法一三条に基づいて児童遊園設置認可処分取消訴訟の原告適格を有しうると解される。同様に札幌地裁判決のような事件においても、児童遊園設置認可処分によって法的に自己のぱちんこ店営業許可が不可能になるという関係に立つわけであるから、「行政権の濫用」に基づく処分によって自己の自由を侵害されたと主張することが可能である。さらにいうならば、両事件とも原告の「自由」は「営業の自由」であるから、憲法二二条（＝包括的自由権）に加えて、個別的基本権たる憲法二二条を援用して原告適格を根拠づけることも可能であろう。（但し、「行政権の（目的外）濫用」の禁止という行政規律規範（客観法）は憲法一三条を根拠とするのであるから、あくまでその点を看過してはならない。）そしてこのような原告の立場は、侵害処分における名宛人の立場に類似することになるが、「行政権の濫用」そのものとの関係でいえば、原告がいわば「狙いうち」にされているのであるから、この場合、原告は名宛人そのものではないにしても「名宛人類似の立場」に立つといってよい(13)。

三　最高裁判例はそもそも「当該処分により自己の権利若しくは法律上保護された利益を侵害され又は必然的に侵害されるおそれのある者」が原告適格を有するとしてきたわけであるから、本件の場合は「自由権」という原告の「権利」が侵害されることをもって原告適格が認められることになる。

第二節の**二**（一七八頁以下）においても述べたように、そもそも最高裁判例が「自己の権利」という表現を使いながらも、憲法上の「権利」や民法上の「権利」を根拠に―少なくとも第三者について―原告適格が認められないと考えているのは、憲法規範や民法規範は直接に行政権の行使を制約する規範とは考えられていないからである。そのような捉え方を正当化しうる根拠については、第一部本編において既に論じたところであるからここでは繰り返さないが、憲法規範によっては行政権の行使を直接制約することがありうるということ、そして憲法一四条の他に、少なくとも一三条から一定の行政権の行使を制約する法理が導き出されうることは右に論じた通りである。そしてそのなかで平等原則や比例原則は通常、侵害処分の名宛人が当該処分の取消を求めるにあたり裁量権の濫用踰越の問題として、処分の違法事由において援用されるけれども、この場合、侵害処分の名宛人が原告適格を有することには争いがないので、その限りにおいて原告適格との関係が問題になることはない。しかしながら、「行政権の（目的外の）濫用の禁止」の場合、ここで取り上げたような事件においては、名宛人以外の「第三者」について問題となりうるのである。

四　ところで著者は、旧稿において行政権の濫用に基づく処分に対する取消訴訟について、憲法を直接根拠に原告適格が承認されるべきことを主張した。(14) すなわち「トルコ風呂」事件とそれをめぐる最高裁二判決（国賠・刑事）を念頭に次のように論じたのであった。

「……［国賠訴訟］第二審判決の判示は次のとおりである。

『してみると、山形県知事のなした本件認可処分は、控訴会社が現行法上適法になし得るトルコ風呂営業を阻止、禁止することを直接の動機、主たる目的としてなされたものであることは明らかであり、現今トルコ風呂営業の実態に照らし、その営業を法律上許容すべきかどうかという立法論はともかく、一定の障害事由がない限りこれを許容している現行法制のもとにおいては、右のような動機、目的をもってなされた本件認可処分は、法の下における平等の理念に反するばかりでなく、憲法の保障する営業の自由を含む職業選択の自由ないしは私有財産権を侵害するものであって、行政権の著しい濫用と評価しなければならない。』

ここでまさに憲法上の基本権侵害が問題となっているのである。先に述べたように、この事件に於ては、Xに重大な法益侵害が存在するにもかかわらず、保護規範が存在しないのであるから、直接の基本権侵害を論ずる余地が認められよう。それに侵害の程度も、営業の自由の観点からすれば、トルコ風呂の営業を抑々不可能にするものである。また財産権の見地からすれば、トルコ風呂営業の為に建設した建物が使用不能になるか、若しくは――トルコ風呂と普通の公衆浴場では内装のありようも随分異なるし、また客層も異なり経営的な計画の再検討の必要もあろうから――大幅な模様替えを余儀なくされることになる。そうなると財産権に対する『重大かつ受忍し難い侵害』ということになる。さらに本件の場合、本件認可処分によってXのこのような経済的自由権に関わる利益が侵害されることは充分に予見し得たのであって、基本権を直接援用しても、処分の根拠法規を中心とした法体系全体の安定性や、今まで縷々指摘してきた立法・行政・司法の三権の適正な関係を損なうことはないとおもわれる。[15]」

この主張は、ドイツにおける「保護規範説」の新傾向を参考にしたものであり、基本権に対する「重大かつ受忍し難い侵害」があるときには、保護規範が存在しなくても「基本権の保護規範の枠外に於ける効果」(normexterne Wirkung der Grundrechte) として基本権に直接基づいて原告適格を認めようという考え方を取り入れたものである。[16] すなわち、一応法律レヴェルの保護規範とは別個に憲法上の基本権の援用を認めようというわけである。この場合、基本権は法律の媒介なしに、権利を直接創設するということになる。

しかしながら、ここで取り上げた札幌地裁判決のような事件、さらには余目町のトルコ風呂事件のように「行政権の濫用」が争点になっている事件においては、「基本権の保護規範の枠外における効果」を持ち出すまでもなく、すなわち「重大かつ受忍し難い侵害」とはさしあたり別の観点から、原告適格が認められるべきであろう。[17] 何となれば「行政権の濫用」の事例においては、処分の根拠法規そのものの不備——すなわち、当該処分の根拠法規の規定において考慮ないし調査の対象とされるべき利益が適切に考慮ないし調査の対象にされていないということ——が問題となっているのではなく、行政処分一般について妥当する「行政権はその本来の目的にしたがって行使しなければならない」という行為規範が遵守されないことが問題なのであって、そのような規範が憲法一三条二文によって導かれる以上、それを直接根拠に——「重大かつ受忍し難い侵害」があるか否かはさしあたり問うことなく——原告適格を承認することが許されるとおもわれる。[18]

五　但し、「行政権の濫用」によって基本権侵害があったという主張が行われる場合、どの程度の事実が主張されていなければならないか、という問題がある。すなわち、本案判決と訴訟判決――すなわち、棄却判決と却下判決――の区別はどのようになされるべきか、ということである。

この点については、「行政権の濫用」の評価の下、一応それが疑われる事実の主張がなされていれば、本案審理が行われるべきで、そこでそのような事実が具体的に立証されないというのであれば、棄却判決がなされるべきであろう。仮に「行政権の濫用」を主張していても、それを裏づける事実が原告によって主張されていないというのであれば、却下判決を下すことになるであろう。もっとも他に保護規範が存在していれば別であることはいうまでもない。

この札幌地裁判決の事件においては、原告が自己の営業を妨害する目的に行政機関が関与していると主張しており、「行政権の濫用」を論じる余地があるわけであるから、いずれにしても本案審理においてこのような事実の存否が審査されるべきであろう。

(11)　藤田宙靖『第三版　行政法Ⅰ（総論）再訂版』（平成一二年）一〇〇頁。

(12)　塩野　宏『行政法Ⅰ第二版増補』（平成一一年）五二頁。

(13)　この点については、阿部泰隆「風営法パチンコ出店妨害事件の解決策」自治実務セミナー四一巻七号（平成一四年）四頁以下参照。

(14)　神橋一彦「公権論に於ける基本権の位置づけ―行政行為に於ける憲法と法律の交錯―」（三・完）法学五八巻六号（平成七年）一四〇頁以下。この部分は本書においては削除し、この補論において補正の上、再論している。

(15)　神橋・前掲論文注（14）（三・完）一四五―一四六頁。

(16) 神橋・前掲論文注(14)(三・完)一二三頁以下。
(17) その点、旧稿の見解は若干修正を要する。とりわけ、神橋・前掲論文注(14)(三・完)一四九頁・注(78)の見解は、撤回する。
(18) 但し、おそらくは「トルコ風呂」事件のみならず、札幌地裁判決の事例においても、「重大かつ受忍し難い侵害」があったと主張することも可能であるとおもわれる。

第四節　具体的実体判断の必要性について

一　以上検討してきたように、札幌地裁判決の如き事件においては原告適格が認められるべきであり、本案審理が行われなければならないというべきであろう。以下において本案審理で問題となりうる法的問題点を幾つか指摘し、併せて本案審理の必要性を補強する論拠にしたいとおもう。この問題を考える際に参考となるのは、やはり「行政権の濫用」についてのリーディング・ケースである「トルコ風呂」事件二判決である。

まず刑事上告審は、次のように認定している。

「ところで、原判決は、余目町が山形県の関係部局、同県警察本部と協議し、その示唆を受けて被告会社のトルコ風呂の規制をさしあたっての主たる動機、目的として本件認可の申請をしたこと及び山形県知事もその経緯を知りつつ本件認可処分をしたことを認定しながら、若竹児童遊園を認可施設にする必要性、緊急性の有無については具体的な判断を示すことなく、公共の福祉による営業の自由の制限に依拠して本件認可処分の適法性、有効性を肯定している。また、記録を精査しても、本件当時余目町において、被告会社のトルコぶろ営業の規制以外に、若竹児童遊園を無認可施設から認可施設に整備する必要性、緊急性があったことをうかがわせる事情は認められない。」

また国賠第二審は、次のようにいう。

「しかしながら、前記認定によると、山形県及び余目町当局は、余目町が条例による指定禁止区域に該当しない現状においては、控訴会社の本件トルコ風呂営業が適法なものとして許容されることになる関係上、右トルコ風呂営業を阻止するという共通の目的をもって、間接的な手段を用いて右営業をなしえない状態を作り出すべく、本件児童遊園の児童福祉施設への昇格という方法を案出した。そして余目町としては早急にこれを児童福祉施設とすべき具体的必要性は全くなかったのに、山形県は余目町に対し積極的に指導、働きかけを行い、余目町当局もこれに呼応して本件認可申請に及んだものであり、結局山形県知事は余目町と意思相通じて、控訴会社の計画していたトルコ風呂営業を阻止、禁止すべく、本件児童遊園を児童福祉施設として認可したものというべきである（なお、右認定の経過に照らすとき、余目町がその形式はともかく実質的に全く独自の立場において本件認可申請に及んだものとは到底認められない。）」

以上のような判示をみるとき、①処分庁が、当該処分が本来の公益目的以外のためになされることを知っていたということ、②またこれと表裏一体の問題として、当該児童福祉施設の設置につき、「具体的必要性」や「緊急性」などが認められるかどうか、といったことが「行政権の濫用」を判断する際のポイントとなるであろう。

すなわち、児童福祉施設設置認可申請があった場合、処分庁たる都道府県知事がいかなる基準に照らし認可の許否を審査すべきかについては、児童福祉施設最低基準に適合しているかどうかのほか、「児童福祉施設の性質上立地条件その他の事情を考慮に入れて認可すべきかどうかをある程度幅広く裁量して決することができる」と解され、上記の最高裁判決もそのような見解に立っているのである。[19] そもそも、行政実務上、風俗営業許可処分に比べて児童福祉施設設置認可は短期間になされうるといわれ、そのようないわば「タイムラグ」を利用した営業妨害的な行為は、常に可能性がありうるわけである。[20]

二　そうすると本件の場合においても、行政庁が裁量権の範囲内で如何なる対処をすることができるか、また事情によっては行政庁にある種の調査義務ないし調整義務が生ずるのか否かといった論点が問題になるとおもわれ、[21] その点についての裁判所の判断が必要であるといえよう。

確かに同じ「行政権の濫用」が問題となる事件といっても、札幌地裁判決の事件と「トルコ風呂」事件とでは事案を異にする面があることは否めない。すなわち「トルコ風呂」事件の場合は、処分庁・山形県知事、名宛人・余目町、原告・「トルコ風呂」業者という関係であって、いわば山形県当局が一体になって行政権の濫用を行ったといえる事件である。これに対して、札幌地裁判決の事件の場合は、処分庁・北海道知事、名宛人・社会福祉法人、そして原告・ぱちんこ業者であって、ある意味で紛争の本質は、ぱちんこ業者相互間の紛争にあるといえよう。しかしながらこういった事案の差異は、当該処分が裁量権の濫用踰越にあたるか否かの判断をめぐって考慮されるべきことがらであって、それこそ原告適格の判断を左右するものでないことはいうまでもない。

(19)　石井健吾「判解」『最高裁判所判例解説民事編昭和五三年度』二〇五頁以下参照。

(20)　この点につき大西有二教授は、「一般的には、児童遊園設置には二ヶ月ほどの工期があれば足り、児童福祉法上の認可は、申請後一ヶ月余で与えられる。これに対して、パチンコ店の新築には、規模にもよろうが、通常、建築確認申請からでも数ヶ月かかり、また、パチンコ店営業に必要な風営適正化法上の営業許可は、店舗完成後、所定の検査を経てから与えられる。つまり、一般的には、パチンコ店の営業許可を手に入れる方が、児童遊園認可よりも時間がかかると思われる。」と指摘する（大西有二「パチンコ店経営者の防衛手段・救済手段――突如登場する児童遊園等に経営者は対抗できるのか？――」北海学園論集一〇九号（平成一四年）四一頁以下）。さらに、後掲の注（22）で取り上げる事件も参照。

（21）　この点につき大西・前掲論文注（20）は、具体的に論点を挙げ、解釈論・立法論に論及する。

第五節　おわりに

一　そもそも行政訴訟（とりわけ抗告訴訟）の目的は何かと問えば、それは第一に違法な行政作用に対する国民の権利救済であり、そのことを通じて行政活動の適法性を保障することにあるとされている。かかる制度目的に照らして、訴訟要件は、およそ無用の訴訟を早期に排除し、訴訟制度の効率的な運営を図るために解釈適用されるべきものである。そして以上の考察から、札幌地裁判決の事件における当事者の原告適格は、事案の特殊性を考慮しつつ、従来の最高裁判例との整合性にも配慮した上でこれを根拠づけることができるというべきであろう。

二　もっともこの事件において、原告は本来、営業不許可処分取消訴訟を起こすべきであったという指摘もありうるであろう。しかし、それは第一次的には原告の訴訟方法の選択の問題であって、児童遊園設置認可処分取消訴訟自体の適法性とは直接の関係はない。また、営業許可処分申請中で未だ行政庁の処分が下されていない時点であれば、児童遊園設置認可処分取消訴訟を提起することも考えられるであろう。

そしてもし児童遊園設置認可処分に対する取消訴訟を提起したとすれば、勝訴判決を受けて改めて営業許可処分を申請することになる。これに対して、営業不許可処分取消訴訟を直ちに起こした場合、児童遊園設置認可処分は行政権の濫用によってなされたものであって「無効」であるという前提の下、当該営業不許可処分を取消すべし、ということになるであろう[22]。そしてもし請求認容判決＝取消判決が下された場合、判決の拘束力（行訴法三三条）により、都道府県知事は関係行政庁として児童遊園設置認可処分を取消す義務が生ずるか否か問題となるであろう。行政行為をめぐる法関係を統一的に規律するという公益上の要請を考慮すれば、児童遊園と風俗営業が併存するという事態が望ましくないことは明らかである。

三　我国において判例に「法源」としての地位を認めるか否かについては、従来から議論のあるところではあるけれども、実際の裁判において、とりわけ最高裁判所の判例のもつ権威については、これを疑う余地はない。従って、実際の裁判判決にあたっては既存の判例法理を前提に判断が行われることは当然としても、それには個別の事案について適切な区別distinctionのなされることが必要である。そうでなければ、本稿の冒頭で述べた「マニュアル思考」の所産と何らかわりがない[23]。

本稿で展開した見解が、当を得たものであるか否かについては、大方の批判を仰ぐ他ないけれども、問題考察の掘り下げにいささかなりとも寄与するところがあれば幸いである。

(22)　ぱちんこ屋の出店予定地の近隣において、本件のような児童福祉施設の他、学校、図書館、病院及び診療所などのいわゆる「保護対象施設」の設置認可申請がなされ、結果として設置認可処分がなされたために、当該ぱちんこ屋の出店が不可能になった事例は他にもある。例えば、最高裁平成八年四月一一日判決判例集未登載は、原告X（控訴人・上告人）がぱちんこ屋を営業することを計画して、被告Y（＝東京都公安委員会　被控訴人・被上告人）に対し、営業の許可を申請したが、他方で近隣の建物においてぱちんこ屋を営む訴外Aが、Xのぱちんこ屋開設計画段階で、同じ建物にただ同然の賃料で歯科診療所を開設させたために、結果としてXの許可申請が不許可となった事件である。この事件で原告Xは、自己に対する営業不許可処分の取消を求めて出訴したのであるが、そこでの主張はもっぱら、訴外Aや歯科診療所の開設者にXの出店に対する妨害の意図があった、という点であって、行政庁が出店妨害に加担したということは主張されていない。この点が、本文で取り上げた札幌地裁判決の事件と異なる点である（この判決の存在については、阿部泰隆教授のご教示による）。同判決は次のように述べている。

「［風俗営業等の規制及び業務の適正化等に関する法律――「法」と略す。］四条二項二号は、風俗営業を許可してはならない場合の一つとして、『営業所が、良好な風俗環境を保全するため特にその設置を制限する必要があるものとして政令で定める基準に従い都道府県の条例で定める地域内にあるとき』と定め、右規定を受けた［施行］令六条一号ロ、二号が、風俗営業の営業所の設置を制限する地域の指定は、『学校その他の施設で特にその周辺における良好な風俗環境を保全する必要がある施設として都道府県の条例で定めるものの周辺の地域』について、『当該施設の敷地（これらの用に供するものと決定した土地を含む。）の周囲百メートル以内の地域』を制限地域と指定し、ただし、近隣商業地域及び商業地域のうち規則で定める地域に該当する部分を除くものとしており、風俗営業等の規制及び業務の適正化等に関する法律施行条例の施行に関する規則（昭和六〇年公安委員会規則第一号）二条一項及び二項により、条例の指定する制限地域から、近隣商業地域にある大学、病院、診療所等の敷地から距離が五〇メートル以上の区域等が除かれている。なお、条例にいう診療所とは、患者の収容施設を有するものに限るものとされている（条例一条四号）。これらの規定に基づく風俗営業の規制の趣旨は、条例三条一項二号所定の施設（以下「保護対象施設」という。）がその設置目的を十分に達成することができるようにするため、その施設の周辺の静穏や清浄な風俗環境を保持することにあり、ここでは、静穏な環境の下で円滑に保護対象施設における業務を運営するという保護対象施設の開設者等の個別の利益とともに、保護対象施設の不特定多数の利用者のために保護対象施設周辺の清浄な風俗環境を保全するという公益が図られているものと解するのが相当である（最高裁平成四年（行ツ）第一〇九号同六年九月二七日第三小法廷判決・裁判集民事一七三号一一一頁参照）。

上告人の許可申請に係るぱちんこ屋の営業所は、近隣商業地域にある歯科診療所（以下、「本件診療所」という。）の敷地の周囲五〇メートル以内の地域にあるところ、本件診療所は、患者収容施設を有する歯科診療所として既に使用されており、患者の入院実績も認められ、その患者収容施設が実体を欠くものとはいえないとした原審の事実認定は、原判決挙示の証拠関係に照らし、是認し得ないものではなく、その過程に所論の違法があるとはいえない。被上告人が法四条二項二号、令六条一号ロ、二号、条例三条一項二号に基づいてした本件処分に違法の点はないとした原審の判断は、正当として是認することができる。そして、右各規定に基づく風俗営業の規制の措置は、前記のような公益の保護をも目的とするものであるから、本件診療所の患者収容施設がその実体を欠くものとはいえない以上、開設者がこれを設けた動機、目的によって、右判断が左右されるものではない。」

(23)　森田教授は、行政行為論の基礎概念である「許可」「公企業の特許」概念の再構成を試みた論稿の結語において、次のように指摘する。

「幹があって枝がある。けれども幹的な事柄の解明・説明、そして幹的な事柄との結びつきのなかでの枝的な事柄の説明は容易ではない。否、多大の努力を要する。教育の難しさは、そこに関係する。……幹的な事柄の解明なくして、教育・研究のレヴェルの向上はないし、学生の学力レヴェルの向上もない。」（森田寛二「許可・公企業の特許などの合理的再構成――『自由』に関する『法律学』的研究・第一部」（下）自治研究七八巻八号

（平成一四年）二七頁）

第二部　純粋法学における「権利」概念

――一般的法理論（Allgemeine Rechtslehre）の可能性と限界――

序

法秩序の中で「権利」なる概念を理論的に如何に位置づけるか——この問題は、法学の中でもひとり法理学によってのみ探求されるべき問題では勿論なく、各個別領域を通して、抽象的・具体的種々のレヴェルにおいて、さまざまな形で問題になりうる。

近代法の法理論全体に基礎理論を提供している民法学において、「権利」の問題が中心的地位を占めるのは勿論のことであるが、私法学の理論枠組を継受する形で成立した公法（憲法・行政法）学もまた、この「権利」の問題を避けて通ることはできない(1)。憲法における人権論（或いは地位論）、行政法における公権論(2)がそれである。更にいえば行政法学の基本問題たる行政行為論、なかんずく行政行為の分類論についても、周知のように通説的見解は所謂「法律行為的行政行為」につき、「命令的行政行為」「形成的行政行為」という二分論を採用しているが、この二分論も「権利」概念を如何に解するか、という問題をその基礎に秘めている(3)。また訴訟法学も、《訴訟とは権利を保障するものなのか、或いは権利を創造するものなのか》といった、訴訟観の根本に関わるところで既に、「権利」の位置づけという問題と取り組まざるをえない。

「権利」論については実にさまざまなアプローチがありうるであろう。その中で本稿（第二部）では特に、法秩序全体を理論的に体系化しようと試みる純粋法学（Reine Rechtslehre）が「権利」概念を如何に捉えているか・また純粋法学の理論枠組の中で「権利」概念は如何に位置づけられうるか、という問題を、ハンス・ケルゼン（Hans Kelsen）の「権利」論を読み解くことによって考察する。

著者は、もとよりここで具体的な法解釈論上の問題に答えようとするものではない。すなわち本稿は「権利」論及び純粋法学に関する著者の研究ノートたる意味をもつにとどまる。にもかかわらず、敢えてこれを公にする意義があるとすれば、次の二つであろう。

第一は、「権利」論の観点からの意義である。現代のように法の個別領域が拡大・複雑化すると、もはや法体系全体を見渡した「権利」概念の構築は不可能である、という考え方もありうる。しかし他方で、国内法のみならず国際法をも取り込んだ体系的で allgemein な法理論を構築しようとしたケルゼンの「権利」論は、検討の対象とされてしかるべきであろう。

第二は、純粋法学の研究という観点からの意義である。ケルゼンの純粋法学は、周知のように、法体系を強制規範秩序として考察・構築する極めてユニークな考え方であり、我国公法学に与えた影響、刺激には多大のものがある。そして「権利」概念についても、後に述べるように従来の通説を根底から批判するような位置づけが与えられている。さらに「権利」概念をめぐっては、概念それ自体を考察の対象として事足れりというものではなく、裁判など他の制度をも含めた法体系全体との関係で如何に整合的に位置づけられうるか、という観点からの検討が必要不可欠である。従って純粋法学における「権利」概念の位置づけを問うことは、その視点から純粋法学のプログラム全体を検討することに他ならない。かように「権利」概念は純粋法学においても、さまざまな論点に関連する重要な概念であるが、しかし現在に至るまで「権利」概念という観点からする純粋法学の研究[4]は余りなされていないようにおもわれる[5]。

以上のような企図の下、ケルゼンの「権利」論について検討していくが、ケルゼンは、一九一一年の教授資格請求論文『国法学の主要問題』から『一般国家学』、『純粋法学〈第一版〉』、『法と国家の一般理論』を経て、一九六〇年の『純粋法学〈第二版〉』に至るまで純粋法学の体系書の中で縷々「権利」について論及している。そしてその主張内容は、著者のみるところ、一貫したものを語ることができるように思われる。(6) 従って、以下では、『純粋法学〈第二版〉』を中心に据えながら、必要に応じて、他の著作における見解にも触れつつ、ケルゼンの「権利」論に関する主張を明らかにしていくことにしたい。尚、以下の叙述においてケルゼンの著作の引用は、次のような略記を用いることにする（なお、訳書を引用する場合も、用語統一等の必要から若干の修正を加えた）。

HSL＝Hauptprobleme der Staatsrechtslehre, 2. Aufl., 1923.（本稿では『国法学の主要問題』と呼ぶ。）
ASL＝Allgemeine Staatslehre, 1925（清宮・訳＝清宮四郎訳『一般国家学』（昭和四六年））
RRLI＝Reine Rechtslehre, 1. Aufl., 1934.（横田・訳＝横田喜三郎訳『純粋法学』（昭和一〇年））（本稿では『純粋法学〈第一版〉』と呼ぶ。）
GT＝General Theory of Law and State, 1945.（尾吹・訳＝尾吹善人訳『法と国家の一般理論』（平成三年））
RRLII＝Reine Rechtslehre, 2. Aufl., 1960.（本稿では『純粋法学〈第二版〉』と呼ぶ。）

（1）　私法学において「権利」論に関わる問題はそれこそ枚挙に暇がないであろうが、公法学の理論枠組に影響を与えた問題としては、例えば「物権」「債権」（或いは「絶対権」「相対権」）の峻別論がある。この問題は例えば自由権の権利としての性格をどのように考えるか、という問題に関わる。本稿は民法学の議論について本格的な検討を行うものではないので、民法学全般の文献の渉猟には限界があるが、この「物権」「債権」峻別論については、民法学において近時、例えば赤松教授による一連の研究（赤松秀岳『物権・債権峻別論とその周辺』（平成元年））がある他、一例として、留置権と同時履行の抗弁権の関係につき物権と債権の峻別論を問題にする尾島教授の論稿がある（尾島茂樹「契約当事者以外の者に対する同時履行の抗弁権」金沢法学三八巻一・

二号（平成八年）二四一頁以下）。

（2）　第一部ではケルゼンなどの純粋法学派の議論には殆ど論及することができなかった。その意味で第二部はその補完をなすものである。

（3）　「命令的行為」と「形成的行為」を中心とする行政行為の分類論に関する通説的見解は、美濃部達吉教授の所説に遡るものである。美濃部教授は、憲法及び行政法の両方を通じて、「義務法」（ないし「命令的規律」「命令的の法」と「権利法」（ないし「能力的規律」「形成的の法」）の区別を強調している（例えば、美濃部達吉『憲法撮要〈改訂第五版〉』（昭和七年）四頁以下、同『日本行政法』（昭和一一年）二〇二頁以下参照）。この区別については教授の単著『法の本質』（昭和一〇年）において更に詳細に論じられているが、行政行為の分類に関していえば、「命令的行為」が「義務法」に対応し、「形成的行為」が「権利法」に対応している。その後美濃部教授の分類論は、田中二郎教授を経て、種々の批判を受けながらも、今日なお行政行為の分類論の基礎をなしている。

（4）　この第二部の原論文を初出誌・金沢法学四〇巻一号（平成一〇年）に公表した時期と相前後して新　正幸教授の「ケルゼンの権利論・基本権論」（一）～（四・未完）関東学園大学法学紀要一六、一七、二一、二二号（平成一〇年～一三年）、「憲法的自由の構造――二つの自由権」菅野喜八郎先生古稀記念『公法の思想と制度』（平成一一年）五五頁以下、「ケルゼンの基本権論」（一）金沢法学四五巻二号（平成一五年）が発表されている。いずれも教授の純粋法学に関する多年にわたる研究の上に立つ鋭利かつ重厚な論稿である。

さらに我国における純粋法学研究の蓄積については、山下威士「ハンス・ケルゼン関係邦語文献年表―一九二〇～一九八五年―」（昭和六一年）同『憲法学と憲法』（昭和六二年）三〇九頁以下参照。また日本法学に与えたケルゼンの影響については、ケルゼン生誕一〇〇年を記念して編集された長尾龍一・新　正幸・高橋広次・土屋恵一郎編『新ケルゼン研究』（昭和五六年）に寄せられた諸論稿が参照されるべきである。そこでは、美濃部達吉（長尾龍一「美濃部達吉のケルゼン論」）、宮沢俊義（森田寛二「宮沢俊義とケルゼン」）、清宮四郎（新正幸「清宮憲法学と純粋法学」）、黒田 覚（山下威士「黒田 覚とケルゼン」）、浅井 清（古野豊秋「浅井 清と純粋法学」）、柳瀬良幹（藤田宙靖「柳瀬良幹とケルゼン」）等の諸家を中心にケルゼンの与えた影響が分析されている。おそらく我国のみならずドイツ、スイスなどにおいても、私法学において純粋法学に注目し、応用しようとした試みは少ないとおもわれる。ドイツ語圏（ドイツ、スイスなど）において、私法学者がケルゼンの純粋法学と対話しようとする——数少ない——試みがあらわれるのは、第二章でも若干論及するように、ケルゼン自身が私法学の諸問題について論及した『法と国家の一般理論』（一九四五年）や『純粋法学〈第二版〉』（一九六〇年）以降のことであって、とりわけ一九六〇年代以降のことといえる。

（5） トマス主義に立脚するダバン（Jean Dabin）との比較においてケルゼンの「権利」論を検討する研究として水波 朗「ダバンとケルゼン」同『トマス主義の憲法学—国法学論文選』（昭和六二年）三八一頁以下がある。水波教授は、ケルゼンもダバンもともに「批判的法実証主義」に属するものとした上で、「両者を根本的に異ならしめるのは、ケルゼンが実定法の自然法倫理的基礎を否定し、この基礎を論理的なものに変質するマールブルヒ学派的新カント主義に依拠するのにたいし、ダバンが新トマス主義によって実定法の自然法倫理的基礎づけをその法実証主義と矛盾することなく行っていることである」と指摘する（四一五頁）。本稿における考察は、ケルゼンの「権利」論の論理内在的理解を示すにとどまり、形而上学的な基礎づけ等の問題に及ぶことができない。なお、ダバンの「権利」論については、水波教授による翻訳（ジャン・ダバン『権利論』（昭和五二年））があるほか、水波 朗「権利の存在論的考察——J・ダバンの権利論に因んで」（昭和五九年）同『トマス主義の法哲学——法哲学論文選』（昭和六二年）四八七頁以下がある。

（6） 本稿で論ずるケルゼンの「権利」論は、初期の『国法学の主要問題』から後期の『純粋法学〈第二版〉』まで一貫したものを——主として『純粋法学〈第二版〉』を中心に——叙述するものとなっている。もっとも、ケルゼンの諸著作の間に「権利」の位置づけをめぐってその所説に変遷がみられる、という指摘もなされている（山本隆司『行政上の主観法と法関係』（平成一二年）一三〇頁以下参照）。この点を分析するためには、確かにケルゼン理論全体の形成・変遷過程を精査することが必要であろう。著者のみるところ、『純粋法学〈第二版〉』はケルゼンの純粋法学の決定版であり、民事法の諸問題にも論及した著作であるが、反面、その所説の根拠となった既存学説への評価に関する言及に乏しい。その点については『国法学の主要問題』の論述にまで遡る必要があり、ケルゼンのその後の所説の根源の多くをそこに見出すことができる。

第一章　序説―「規範創設への参与資格」としての「権利」概念

一　ケルゼンは、純粋法学の体系の中で「権利」概念を如何に捉え、如何に位置づけているのであろうか。この問題に対する彼の一応の答えは明快である。すなわちケルゼンによれば、「権利」の本質は「規範創設への参与資格」という点に求められる。或る意味で以下本稿で縷々検討の対象とするケルゼンの「権利」論は、この明快なる概念を如何に整合的な形で貫徹させるかの試みであるといってよい。換言すれば、ケルゼンの「権利」論の成否は、かかる概念構成が法秩序の認識にとって適合的なものであるかどうかに懸かっているともいえよう。従って以下ではまず、この「規範創設への参与資格」としての「権利」概念の含意について検討する。

「権利」の本質を「規範創設への参与資格」に求めるというケルゼンの考え方は、『一般国家学』の中にその説明がみられる。すなわちそこでケルゼンは、ゲオルグ・イエリネックの「地位」論（Statuslehre）を再構成し[7]、「国民の法秩序との関係」を論ずる。

「人間の行態は、法秩序に対して三重の関係に立ちうる。すなわち人間は規範に服従するか、或いは規範を創設する、すなわち何らかの方法で規範の創設に参与するか、ないしは規範から自由、すなわち規範とは何らかの関係ももたないかの何れかである。……人間の関係づけは、第一の場合は受動的関係であり、第二の場合は能動的関係で

あり、第二の場合は消極的関係である。」（ASL, S. 150.（清宮・訳二五一頁））

そしてケルゼンによれば、「受動的関係」は「義務」の概念に対応し、「能動的関係」は「権利」の概念に対応し、さらに「消極的関係」は「自由」の概念に対応する（ASL, S. 151. 清宮・訳二五二―二五三頁）。すなわち、人間の行態のうち、規範の創設に参与する行態＝「受動的関係」は「権利」という概念で表現されることになるわけである。

二　この「規範創設への参与資格」としての「権利」概念に関して、その特質について――純粋法学に関してもはや常識と化したともいえるその理論的前提との関連で――さらに次の三点をここで説明しておく必要がある。

まず第一点は、ケルゼンの「法の動態的考察」＝「法段階」説との関連である[8]。よく知られているように、ケルゼンは純粋法学における法の考察を、「静態的考察」（Statik）と「動態的考察」（Dynamik）とに分けるが[9]、憲法―法律―行政行為・裁判判決―強制行為という法の創設段階において、上位規範の適用は、同時に下位規範の創設という意味をもつ。

「伝統的学説が法適用と位置づけ、法創造としての立法との関係で絶対的に対立するものとして捉えられていた司法（Rechtsprechung）がそれ自体法創造であるのと同様に、立法それ自体もまたひるがえって、法適用である。裁判判決が法適用であるのは、裁判判決と、判決が決定される際に根拠となる法律というヨリ上位段階との関係が考慮される限りにおいてである。判決が法の創造、すなわち法的規範づけであるのは、判決と、例えば強制執行行為のように判決に基づいてなされなければならない法行為との間の関係が考慮される場合、或いは判決とその具体的義務が判決によって課される当事者との関係が問題となる限りにおいてである。そこで、判決に対しては法創設である法律は、ひるがえってまた、法律を決定する規範をそのうちにもつ上位段階に対しては、法適用なのである。(ASL, S. 234.(清宮・訳三八九頁))

「裁判判決が―判決によって適用される―法律によって決定されるように、立法手続が憲法の規定によって決定される限りは、法律において憲法が適用される。」(ASL, S. 234.(清宮・訳三九一頁))

すなわち法律の創設は憲法の適用であり、裁判判決の創設は法律の適用に他ならない、ということになる。従って、規範の創設には一般的規範たる法律の定立と個別的規範たる裁判判決の定立という、少なくとも二つの段階がありうることになる[(10)]。そうすると「規範創設への参与資格」もこれに対応することになるから、一般的規範たる法律の創設過程への参与と個別的規範たる裁判判決の定立過程への参与が区別され、それに応じて「権利」も二つの種類に区別されることになる。後に詳しく説明するが、法律の創設過程への参与に関する「権利」として「政治的権利」(politische Rechte)があり、裁判判決の定立過程への参与に関する「権利」として「技術的意味の権利」(subjektives Recht im technischen Sinne)がある。(「技術的意味の権利」には民法などの私法における「技術的意味の私法上の権利」がある他、後に第三章第二節(二七一頁以下)において検討する、裁判所の違憲立法審査における私人の参与についても問題となりうる。以下で主として議論の対象になるのは、「技術的意味の私法上の権利」である。)

第二に指摘しておくべきことは、ケルゼンの「法秩序」(Rechtsordnung)観との関係である。ケルゼンは、「法秩序」を「強制秩序」(Zwangsordnung)として捉える[(11)]。そこでは「強制行為(強制執行・刑罰)を定立する規範」こそが「第一次規範」（primäre Norm）とされ、所謂「行為規範」は「強制回避的行態を規定する規範」として「第二次規範」（sekundäre Norm）として位置づけられる。これは、「行為規範」を「第一次規範」とし、「強制規範」を「第二次規範」とする通常の見方とは逆である。従って「違法行為」（Unrecht）は、強制行為の要件であって、決して「法の否定」ではないということになる（ASL, S. 51f.（清宮・訳八五頁以下））。そして純粋法学における法の認識は、ケルゼンの独特のRechtssatz（法記述命題）[12]、すなわち「一定の、すなわち法秩序によって定められた諸条件の下に、一定の、すなわち法秩序によって定められた強制行為が定立されるべきである（……Zwangsakte gesetzt werden sollen）」という命題において定式化され（RRLII, S. 59. GT, p. 45.（尾吹・訳一〇一頁）[13]、或いは「人間の行態をM、しかも作為をM^h、不作為をM^u、事件をE、効果要件の強制行為をZで示せば、法規の平準的図式として、次のようなものが生じる＝M^h＋E（またはM^u＋E）ならば、Z→Mである」という定式化がなされることになる（ASL, S. 49.（清宮・訳八二頁）[14]）。

さらに「法的義務」の概念（すなわち「受動的関係」）も強制行為と結びつけられた形で構成される。すなわち、「或る個人は一定の行態につき法的に義務づけられている。」という言明は、「法規範は或る個人の特定の行態を命じている。法秩序は、その反対の行為にサンクションとしての強制行為を結びつけることによって、一定の行態を命ずる。」という命題と同旨である。そして「その行態によって不法（Unrecht）、すなわち違法行為（Delikt）を行い、不法の効果（Unrechtsfolge）たるサンクションを生ぜしめることのできる個人は、法的に義務づけられている」ということになる（RRLII, S. 121.）。要するに「サンクションなき法的義務」というものは存在しないし、法秩序ないし法規で法的義務を定めないものは考えられないのである（ASL, S. 60.（清宮・訳一〇二頁））。反対に「消極的関係」＝「自由」は、義務によって拘束されない状態をいう、ということになる。

ケルゼンによれば、法秩序が人間（Menschen）を把握し、人間について妥当する（gelten）というときには、狭い意味でいうときと広い意味でいうときとがある。すなわち狭い意味で「法秩序が人間について妥当する」というのは、人間が法的義務によって拘束される場合であって、「義務」＝「受動的関係」を指す。これに対して、広い意味で「法秩序が人間について妥当する」というのは、人間が規範の定立に何らかの参与をする場合であって、「権利」＝「能動的関係」を指すことになる。従って、「自由」＝「消極的関係」というのは、この二つのgeltenのいずれにもあたらない。すなわち法秩序と無関係な関係を指すことになるのである（ASL, S. 150f.（清宮・訳二五一頁以下））。

第三に指摘しておくべきことは、ケルゼンの構築しようとした「一般的法理論」（Allgemeine Rechtslehre）との関係である。すなわちケルゼンの純粋法学において語られる諸概念は、例えば日本国の法秩序であるとか国際連合憲章を中心とする現行国際法秩序とかいった個別実定法秩序における概念ではない。それは実定法一般についての概念、すなわち「一般的法理論」のレヴェルにおける概念である。従って、「権利」とか「法律」という個別実定法秩序においても用いられている用語が純粋法学においても用いられているが、それは個別実定法秩序の概念ではなく、「一般的法理論」のレヴェルの概念であるということに注意する必要がある。

「権利」の概念については以下において縷々検討するとして、例えば「法律」の概念についてみると、純粋法学における「法律」概念は、法創設段階との関係で「一般的規範」と定義づけられ、議会のみならず絶対君主も「法律」を制定しうるとされる（ASL, S. 231f.（清宮・訳三八五頁以下）Vgl. ASL, S. 235f.（清宮・訳三九二頁以下））。かかる「法律」概念は、通常憲法学でいわれている「実質的意味の法律」、「形式的意味の法律」のいずれともその意味を異にするのである。従って、ケルゼンの「権利」概念を考察する際にも、個別実定法上の「権利」概念に引きずられないよう注意する必要がある。[15]『純粋法学』の冒頭において曰く、

「純粋法学は、実定法の理論である。すなわち実定法一般の理論であって、個別特定の法秩序に関する理論ではない。また純粋法学は一般的法理論（allgemeine Rechtslehre）であって、特定の国内法ないし国際法に属する法規範の解釈ではない。」（RRLI, S. 1.（横田・訳一頁）RRLI, S. 1.）

要するに純粋法学における諸概念は、「一般的法理論」を構築する上で合目的的に構成され、その上で理論体系の中に位置づけられたものである。

「……法実証主義の見地からすると、全ての国家は、それが法秩序として資格づけられる秩序を実現するが故に、またその限りにおいて、全ての国家行為は法行為であるという意味においてRechtsstaatでなければならない。」（ASL, S. 44.（清宮・訳七四頁））

「……だからと言って、ふつう『法』と呼ばれるすべての現象をカバーしない法の概念を組み立てることが不当だというわけではない。われわれは、知的作業のなかで道具として用いたいとおもうさまざまの述語を任意に定義してかまわない。問題は、そのために定義した所の理論的目的にそれらの定義が役立つかどうかだけである。ずっと狭い種類の現象にしかあてはまらない概念よりも——他の点で事情が等しければ——その範囲が大体通常の用法と合致するような法の概念を選びとるべきことは明らかである。一例を挙げよう。ボルシェヴィズム、国家社会主義、ファッシズムの興隆の後でさえ、人はロシア、ドイツ、イタリア『法』を口にしている。ところで、われわれの法秩序の定義に一定最小限の個人的自由と私有財産の可能性を取り込むことを妨げる何物もないであろう。このよう

な定義を採用することの一つの結果は、現にロシア、イタリア、ドイツで行われている社会秩序が、民主主義的—資本主義的社会秩序と非常に重要な諸要素を共通しているにもかかわらず、もはや法秩序とは認められなくなるということであろう。」(GT, p. 4-5.(尾吹・訳四四頁))

ケルゼンの法理論が、例えば古代ローマや中世の我国の法制度を分析するのに有益であるかどうかはともかくとして、少なくとも近代以降の諸国家をそのイデオロギー体制の如何に拘わらず分析しようとしていることは窺える。そうだとすると、ケルゼンのいう「規範創設への参与資格」としての「権利」概念は、一方で実定法秩序及び学説にみられる種々の「権利」なる概念の、いわば最大公約数的なもの——その意味での「本質」——をめざしつつ、かつ他方で彼の「法段階」説の中に整合的に位置づけようとしたものといえるであろう。そして、後に述べることであるが、ケルゼンは、かかる一般的な「権利」概念との関係で、「物権」だとか「債権」といった現実の実定法秩序における「権利」概念の歴史的被制約性ないし相対性を明らかにしようとするのである。すなわち、純粋法学のイデオロギー批判としての側面がそこにみられるわけである。(16)

三　以上がケルゼンの「規範創設への参与資格」としての「権利」概念の内容であるが、右で述べた「一般的法理論」における「権利」概念という点については、純粋法学に強い影響を受けたスイスの私法学者オイゲン・ブーハーが、その性格について比較的詳細に論じているので、ここでその点についても触れておきたい。

ブーハーは、ケルゼンとの間に若干の方法論上の相違点を有するものの、「方法的純粋性の要請」や法段階説を自己の法理論に取り込み、「一般法理論」の構築を志向している点において、私法学における純粋法学派の徒と評することができる。[17] そしてブーハーは「権利」概念について、「法形式的概念」(Rechtsformbegriff) と「法内容的概念」(Rechtsinhaltsbegriff) とを区別し、「一般的法理論」における「権利」概念は、「権利」の「法形式的概念」であるとし、個別実定法秩序に関わる「権利」概念は、「権利」の「法内容的概念」であるとする。[18] すなわち「法内容的概念」は、法制史的研究や個別実定法の研究について問題となるものである。

「現に妥当している法を論じる際に、実定法秩序の構成部分をなす諸概念が見出される場合も、その概念形成にあたっては、対象に拘束されることになる。すなわちそこで立法者は、立法者の側でそれらの概念に一定の(明示的に定義づけられていたり、或いは解釈によって伝えられる)内容を付与しているのである。そのような直接対象によって規定される概念は、通常、具体的な(歴史的ないし今日現に妥当している)法的指図(Anordnung)の構成部分であって、またそれは、そのような具体的指図を叙述することを、合目的的にその使命とする。それ故に、ひとは法内容的概念について語りうるわけである。[19]」

これに対して「法形式的概念」は、特定の個別的実定法秩序を越えて妥当するallgemeinな概念である。

「これに対して、一般的に妥当し(allgemeingültig)、その内容がどんなものであれ、あらゆる法秩序について示すことができる法的概念がありうる。そのような概念、これをそれが法の内容から独立しているが故に法形式的概念と名付けることができるが、かかる概念は余り多くはない。まず最初にそのような概念に属するものとしては、規範(Norm)の概念であるとか、当為(Sollen)の概念があり、さらにこのような基礎的概念に含意される観念としては、規範の妥当(Normgeltung)だとか規範の違反(Normverletzung)といったものがある。また規範の分類については一般的規範と個別的規範、抽象的規範と具体的規範、間接的規範と直接的規範、第一次的規範と第二次的規範、一般的規範と特殊的規範の分類があるし、一定の行態の自由の概念をかかる行態の規律の否定と捉えることがある。[20]」

ケルゼンの「権利」概念は、「法形式的概念」として位置づけられるであろうし、[21] ブーハーも、「法形式的概念」としての「権利」概念を論ずる。[22]

そしてこの「法内容的概念」と「法形式的概念」の両者には一定の関連はあるけれども、常に区別することを要する。

「もっとも法内容的概念と法形式的概念の対立は、必ずしも常に絶対的なものではなく、両者の要素が重なりあうことは考えられる。しかしその際、無批判な考察をすればともに重なりあう二つの相異なる概念ではあるが、厳密に考えると、区別されるべきものなのである。大部分の法内容的概念の基礎には、共通して妥当し、種々の法秩序において同じ形式で見い出される、またそうであってはじめて類似する法制度の法内容的比較を可能ならしめる、そのような基本的な考え方というものが存在する。財産権の概念についていえば、可能な対象、取得及び喪失の諸要件、或いは所有者の権能等々に関して法秩序ごとに違いがみられるところであるが、『所有権』として描かれる事実に達するためには、ただ唯一の規範的な途があるのみであって、その途というのは、例えば、全ての第三者をその者から排除し、同時に存する自由についていえば権利者の側においてその物について事実として処分しうる所有者の権能として記述しうる、そのような途である。或いは『担保』という名称と一般的な観念が結びつけられるのであって、その結果ひとは古代バビロン法と現代スペイン法における担保権設定について同時に語ることができ、個別の担保制度の形態が異なるにも拘わらず同じものを考えるのである。そのような観念については、法形式的で一般的に妥当する核とその実定法的形態という二つの異なる概念が区別され得るのである。例えば、単なる占有保護権（Besitzschutzrecht）の概念とスイス民法典にいう占有保護権の概念の例がこれにあたる。[23]」

ブーハーによれば法形式的概念は、法内容的概念が現れる際の「形式」（Form）を表現するものである。そして「実定法によって使用される概念を概念的に把握する際に、必然的に当該法秩序の構成部分でない別の概念に遡らなければならない。法形式的概念は、法内容的概念との関係でしばしば、後者の［法内容的概念の］定義にあたっての上位概念として現れることになるのである」。もっとも法形式的概念が上位概念であるというのは、あくまで論理的意味において法内容的概念に先行するという意味なのであって、本来的には歴史的に先行するという意味ではない。寧ろ歴史的には具体的な法的現象が集積してそこからの抽象化（Abstraktion）によって一定の概念が形成されることになるのである。

「この意味で規範（Norm）の概念と権利の概念は、人間の共同生活についての私法上の規律の現象の集積から最終的に抽象化したものである。規範の概念の場合、そのような抽象化は、規範服従者が法共同体のサンクションを回避しようとするならば遵守しなければならないのは常に一定の行態であって、それ故にかかる行態は、法共同体によって規定され、命じられたものとして妥当しなければならない、という一般的な考察と繋がっているのである。権利の場合、その概念構成は、しばしば法的に規定された行態は、個々の法的構成員（Rechtsgenossen）の意思に依存し、かかる意思の優越的地位は、独立の現象（すなわち主観的意味の法）として認識される、という事実から出発するのである。[24]」

かようにして包括的なカテゴリーが形成され、素材となったそれぞれの現象に共通するメルクマールというものが明らかになっていく。そしてかような抽象化によって構築された概念に従って新たな法的制度が構築されることになれば、法形式的概念のもつ上位概念としての論理的先行性は、次第に歴史的な先行性たる性格をも帯びてくる。その意味では法形式的概念が法内容的概念に影響を与えることがあるわけである。

「法形式的概念というのは、抽象化がそのような程度までなされ、一定の法秩序のメルクマールは残っておらず、あらゆる法秩序のうちの一つのメルクマールのみが残るに至った概念であって、それは個別の法秩序の段階における法内容的概念の形成にとって概念上の道具を表すものである。法形式的概念の理論の構築は、すなわち概念的道具の洗練化であるが、それは法内容的概念の形成に役立たなければならないし、実定法秩序の表現とさらなる形成を容易ならしめなければならないのである。実定法が現れる際の形式の理論は、法が内容的に良く、正しいものであるべきであるならば、それは如何にして形成されるべきか、ということを示すものではない。しかしそのような形式の理論は、それが法形成の道具を育てることによって、この法形成それ自体と学問的叙述を容易ならしめるのである。そしてそれは、その意図が良いものであるか悪いものであるかに関わりなく、立法者の役に立つし、その対象が正しいものであるかそうでないものであるかに関わりなく、実定法秩序に関する学問に資するのである。法の形式、すなわち法の叙述にあたっての概念的道具、これは価値中立的（wertfrei）であり、このような道具の学問もまた価値中立的である。またこれは、法の内容を捨象するが故に法哲学でもなく、具体的な法秩序に関連を有しないが故に、実定法の理論でもない。このような法形式的概念による学問、これを一般的法理論と呼ぶのである。」(25)

以上がブーハーの「法形式的概念」、「法内容的概念」及び「一般的法理論」に関する説明である。かかる所説が、ケルゼンの法理論と完全に一致するかどうかはともかく、個別実定法秩序に直接関わらない「一般的法理論」レヴェルでの概念の形成と役割についての理解に資するものであることは確かであろう。

四　以上、ケルゼンの「権利」論における総論的部分＝「規範創設への参与資格」としての「権利」概念と、それを支える序論的部分＝純粋法学の理論的な諸前提について述べた。これを踏まえ次の第二章以下では、ケルゼンが従来の「権利」論を如何に批判し、以て彼独自の「権利」論を構築したかについて検討することにしよう。

（7）周知のように、ケルゼンの「国民の国法に対する関係」論は、宮沢教授の人権の分類論に影響を与えている（宮沢俊義『憲法〔新版〕』（昭和四六年）八八頁以下参照）。宮沢教授の議論の問題点については、第一部第二章第五節七（九七頁以下）参照。イエリネックの公権論に対するケルゼンの批判については、『国法学の主要問題』にその詳細な論述をみることができる（Vgl. HSL, S. 629ff. usw.）。なお、イエリネックの公権論は立憲理論として構築されたものであり、一般法学として構築されたケルゼンの理論とは、その限りで一線を画するものであることを指摘するものとして堀内健志「現代人権論の構造」（平成三年）同『続・立憲主義の主要問題』（平成九年）三五頁以下参照。またケルゼンの「国民の国法に対する関係」の理論は、イエリネックの「地位」論の修正であるとする宮沢教授の捉え方に対して根本的疑問を呈した上で、ケルゼンの所説はイエリネックの「地位」論の「修正」どころか「否定」の上に成り立っている、とする新教授の注目すべき主張がある（新正幸「地位理論の『修正』？——ケルゼンの『国民の国法に対する関係』の理論」比較憲法学研究九号（平成九年）三一頁以下）。

（8）法段階説の内容の詳細については、菅野喜八郎『国権の限界問題』（昭和五三年）一五五頁以下参照。

（9）法の「静態的考察」と「動態的考察」について、ケルゼンは次のようにいう。

「もしわれわれが静態的見地をとり、つまり、もしわれわれが法秩序をその完成した姿または休止の状態でのみ考察するばらば、われわれは諸法的行為を規定する諸規範しか見ない。他方、もしわれわれが動態的視野をとり、それを通じて法秩序が創設され執行される過程を考察するなら、われわれはもっぱら法—創設行為と法

一執行為を見ることになる。」（GT, p. 39.（尾吹・訳九二頁））

(10) 法律の段階と裁判判決の段階の中間には契約締結行為が挿入されうるが、これについては改めて後で（第四章第三節（二九七頁以下））論ずる。

(11) ケルゼンの「強制秩序」概念の理解については、菅野喜八郎「ケルゼンの強制秩序概念と授権規範論」（昭和五三年）同『続・国権の限界問題』（昭和六三年）一〇五頁以下参照。

(12) Rechtssatzは「法規」ないし、「法記述命題」と訳される。本稿では、Rechtssatzという原語で表記することにする。

(13) die Zwangsakte statuierenを「強制行為を定める」と訳し、die Zwangsakte setzen（「強制行為を定立する」）と訳し分けることについては、夙に菅野教授の指摘がある。すなわち「『強制行為を定める』とは法的効果Rechtsfolgeとして強制行為を規定するという意味であり、これに対し、『強制行為を定立する』は、法定の強制行為の実現として強制行為を規定するという意味であって、両者は全く異なるとみられるからである」（菅野前掲書注(11)一〇六頁、一一七頁・注（α））。

(14) もっともケルゼンのRechtssatz概念に変遷がみられることについて夙に新教授による詳細な検討があるが（新　正幸「ケルゼンにおけるRechtssatz概念の変遷」（昭和四六年）同『純粋法学と憲法理論』（平成三年）一〇頁以下）、Rechtssatzにつきその論理的形式を仮言的判断であるとする点においては一貫している。『純粋法学〈第二版〉』では、Rechtssatzは、仮言的判断を論理的形式とし、法規範（Rechtsnorm）ならびにそれによって規律される諸要件を記述する、法学によって作られる命題であるとされる（同六二頁以下）。なお、『法と国家の一般理論』では、legal ruleが仮言的判断を示す点において内容的にRechtssatz概念に対応する（同六一頁）。

(15) もっとも抑々法的概念は相対的なものであって、実定法が法令上用いている用語と講学上の用語とが同一であっても、その意味するところが異なる、ということは何も実定法と純粋法学の関係に限ったことではない。法令上の「許可」と行政法学のいう「許可」が必ずしも一致しない、といった例など、随所にそういった例はみられる。

(16)　ケルゼンが何故にかかる「一般的法理論」Allgemeine Rechtslehreを構築しようとしたのか、という問題については、幾つかの答えが可能であろう。ケルゼンが、認識と実践を区別し、Allgemeine Rechtslehreをallgemeingültigな・普遍妥当すべきRechtについての理論としてではなく（＝自然法論の否定）、Rechtを認識するにあたって一般的に妥当する理論として構築しようとしたことは明らかである。一つには、このような「一般的法理論」を構築することによって——本文でも述べたように——ケルゼンは、各個別実定法秩序や、或る程度個別実定法秩序を横断して通用する「法思想」（例えば近代立憲主義など）のもつイデオロギー性、歴史的被制約性を明らかにしようとした、ということがいえるであろう。すなわち「法の純粋理論は、イデオロギー批判を法学に適用したものに他ならない」（ハンス・ケルゼン／E・トーピッチュ序・長尾龍一訳『神と国家　イデオロギー批判論集』（昭和五二年）二四五頁以下＝「訳者あとがき」）のである。さらにケルゼンが何故に「法」なり、「国家」なりをかように「突き放した」形で捉えたのかについては、ケルゼンと美濃部達吉を対照させた長尾教授の分析が、著者には興味深い。すなわち教授によれば、「美濃部の法哲学は、幸福な国の幸福な人格に由来し、ケルゼンの法哲学は不幸な国の不幸な人格に由来する。美濃部は、『少数の奇人を除いては日本人は皆日本教徒だ』と信じて疑わない典型的日本人であり、ケルゼンは民族・宗教・階級・言語、その他あらゆる対立の激流の中にあったオーストリア・ハンガリー帝国の末期的症状の中で、そのあらゆる対立集団から少数派として疎外されて育ったユダヤ人である」（長尾・前掲論文注（4）二一二頁）。

もっとも著者の「一般的法理論」への興味は、「権利」概念の論理的分析を、最終的には憲法・行政法における解釈論の精緻化に役立てることにある。夙に柳瀬教授は、まず私法を基礎として「契約」の観念を定め、公法関係の本質とこの「契約」との関係を考察するという手法で「公法上の契約の一般的可能及び自由」の問題を論じた。教授は、ここにいう「契約」の観念はそれ自身としては公法上のものでもなければ、私法上のものでもない「一般法律学上の観念として、純粋に形式的性質のものである」とし、Kelsen, Zur Lehre von öffentlichen Rechtsgeschäft の参照を求めている（柳瀬良幹「公法上における契約の可能及不自由」（昭和一一年）同『行政法の基礎理論（一）』（昭和一五年）二二〇頁以下）。

(17) Eugen Bucher, Das subjektive Recht als Normsetzungsbefugnis, 1965, S. 13f.

(18) ケルゼンは「国家機関」について「法形式的概念」（Rechtsformbegriff）と「法内容的概念」（Rechtsinhaltbegriff）」とを区別している（ASL, S. 262ff.（清宮・訳四三六頁以下））が、「権利」概念についてはこの区別を語ってはいない。

(19) Bucher, a.a.O.（Fn.（17））, S. 36-37.

(20) Bucher, a.a.O.（Fn.（17））, S. 37.

(21) ブーハー曰く、「ケルゼンと同様、著者も権利の概念を一般的形式的法概念として捉えるのであって、実定法の概念として捉えるものではない。」（Bucher, a.a.O.（Fn.（17））, S. 14.）

(22) Bucher, a.a.O.（Fn.（17））, S. 1ff., 37.

(23) Bucher, a.a.O.（Fn.（17））, S. 37-38.

(24) Bucher, a.a.O.（Fn.（17））, S. 39.

(25) Bucher, a.a.O.（Fn.（17））, S. 40.

第二章　伝統的「権利」論に対する批判

第一節　「法的義務の反射」としての「権利」概念と「技術的意味の私法上の権利」概念

一　ケルゼンは伝統的「権利」論をどのように捉えているのであろうか。よく知られているように彼は、「法的義務」とは独立した存在としての「権利」概念を否定している。すなわち「権利」とは多義的な語であるが、ケルゼンによれば、通常「義務」に対応していわれている「権利」とは「法的義務の反射」（Reflex einer Rechtspflicht）＝「反射権」（Reflexrecht）（RRLII, S. 133 u.s.w.）、換言すれば「義務の相関物」（the Correlative of Duty）（GT, p. 77.（尾吹・訳一四七頁））に過ぎない。その意味でケルゼンの所説は、一貫して「権利」「義務」の二元的対立の否定論であるといえよう（HSL, S. 570ff. ASL, S. 60.（清宮・訳一〇一頁以下）RRLI, S. 46.（横田・訳七八頁以下）GT, p. 75ff.（尾吹・訳一四三頁以下））。然らばかかる《権利・義務の二元的対立否定論》の意味するところは何か。これが以下において検討すべき問題である。

ケルゼンは、「権利」「義務」という二つの対立概念の関係について次のように述べる。

「或る個人の義務づけられた行態に対応する他の者の行態は、多かれ少なかれ一貫した用語の使用において、『権利』(Recht)の内容であるとか、義務に対応する『請求権』(Anspruch)と呼ばれている。或る個人の義務づけられた行態に対応する他者の行態、とりわけその義務づけられた行態の請求(Beanspruchung)のことをひとは、権利の行使(Ausübung eines Rechtes)と呼ぶ。……このような個人の『権利』ないし『請求権』と呼ばれる事実は、しかしながら、他者の義務に他ならない。かような場合、ひとが個人の主観的権利ないし請求権について、それがあたかも他者の義務とは別個の何等かのものかであるように語るとすれば、ひとは、本当は唯一つのものしかないにも拘わらず、二つの何か法的に意味のある事実があるかの如き外観を創り出すことになるのである。問題となっている事実は、個人(ないし個々人)の、他の個人に対して一定の態様で行態をなすべし、という法的義務で以て余すところなく記述することができるのである。個人が一定の行態をなすべく義務づけられるということは、その反対の行態をなした場合にはサンクションが科されるべし、ということを意味する。換言すれば、当該個人の義務は、反対の行態にサンクションを結びつけることによって、当該行態を命ずる規範である。……或る他の個人に対して一定の行態をなすべしと義務づけられた個人と、その義務の相手方たる当該個人との間の関係を『権利』と呼ぶならば、この権利は、そのような義務の反射に過ぎない。」(RRI II, S. 132-133. 傍線著者。以下同じ。)

かようにしてケルゼンにおいて主観法(権利)・客観法の二元論は否定され、一般に「権利」という語の下に記述される事実は、全て「法的義務」の概念の下に解消されることになる。そしてケルゼンは、このような「義務」に対応する形で観念される「権利」を、単なる「義務の反射」という意味で「反射権」と呼んでいるのである。

二　それでは単なる「義務の反射」としての「反射権」とは、具体的にはどういうことを意味するのであろうか。「権利」といえば、まずその典型として挙げられるのは私法上の債権や物権である。ケルゼンもこの債権や物権の性質について、この「反射権」との関連で論じている。まずケルゼンは私法上の「権利」論、なかんずく「対人権」(Personrechte, jus in personam) と「対物権」(Sachenrechte, jus in rem) の区別について批判を加える。すなわちケルゼンによれば、「対人権」と「対物権」の区別は、「対物権」が最終的には「対人権」に解消される形で否定されることになる。

「ひとが対物権と対人権との区別を維持しようとして、前者、すなわち対物権を以て一定の物を何等かの形で処分する権利であると定義するとすれば、それは、かかる権利は単に、他の個人は、このような処分行為を受忍すべしということを義務づけられているのであり、それはとりもなおさず、かかる処分行為を妨害したり、その他の形で侵害してはならないことを義務づけられている、ということをいうに過ぎないのだ、ということを見過ごしている。すなわち、対物権は、対人権でもあるということを看過しているのである。」(RRLII, S. 135)

そして対物権の典型たる所有権について次のように述べる。

「社会秩序としての法は、人間の行態を他の人間との間の——直接ないし間接の——関係において規律するものであるから、所有権もまた法的には或る人間と他の人間との間の関係において存するのである。換言すれば、一定の物についての自己の処分行為を他人に対して妨害したり、その他の方法で侵害してはならない、という義務において存するのである。」(RRLII, S. 135-136.)

かかる考え方に基づけば、絶対権と相対権の区別も解消される。そして所有権は、「一定の物について一定の個人に対して不特定多数の者が負う多数の義務の反射」であるのに対して、債権は「一定の個人が他の一定の個人に対して負う義務の反射」ということになる（RRLII, S. 137.）[26]。

三　以上がケルゼンにおける「権利」＝「反射権」概念についての所説である。これに関連してさしあたり、以下の三点を指摘しておかなければならない。

まず第一点であるが、以上述べたようにケルゼンは、「権利」は「義務の反射」に過ぎない、とするのであるが、義務の不履行（伝統的な用語法でいえば《権利侵害》ということになろう。）から生ずる或る種の「請求権」までを「反射権」としているわけではない。

「或る法行為において主張される『請求権』が存在するのは、義務の不履行が訴訟（Klage）によって主張されうるときである。その場合には単なる反射権とは全く異なる事実が存する。」（RRLII, S. 134.）

「所有権が、権利を有する者以外の全ての者を一定の物についての処分から排除する法的力とするのであるなら、もはや単なる反射権の関係するところではない。このような法的力を個人が有するに至るのは、法秩序が当該個人に対して、一定の物についての自らの処分行為を妨げないという義務違反を裁判上の訴えにおいて主張する場合に限られる。」（RRLII, S. 137.）

このような「法的力」をケルゼンは、「技術的意味の私法上の権利」と呼んでいる（Vgl. RRLII, S. 139ff.）が、この「技術的意味の私法上の権利」は、裁判判決という法創設段階に参与することを授権する点にその意義がある。或いはこれを換言するに、「サンクションを起動せしめる法的可能性」ということもできる（GT, p. 81（尾吹・訳一五二頁））。要するに、「規範創設への参与資格」としての「権利」概念の裁判判決段階における展開が、ここにみられるわけである。従って、同じ「請求権」といっても物権に基づく物権的請求権の如きは、一定の物権に対する侵害を理由として、当該物権を侵害した特定の個人に対して一定の行態を義務づけるものであるから、ケルゼンによればやはり、「義務の反射」にとどまるのであり、「技術的意味の私法上の権利」とは異なるものである。

第二点は、ケルゼンの「権利」＝「反射権」概念と伝統的「権利」概念との間の関係である。このことは特に「所有権」概念について問題となろう。通常、民法において「所有権」とは、「法令ノ制限内ニ於テ自由ニ其所有物ノ使用、収益及ビ処分ヲ為ス権利」（日本民法二〇六条）とされる。しかし具体的に一定の所有物を使用したり（例えば、自己の所有に属する書籍を読んだり、或いは赤線をその本に引っ張ったりする）、或いは収益したり（例えば、その書籍を他人に貸して賃料をとる）、或いは処分したりする（例えば、その書籍を他人に売ったり、或いは破って廃棄する）行為自体は、「権利の行使」ではなく、抑々「法行為」とは無縁の法的にirrelevantな行為に過ぎない（Vgl. HSL, S. 571.）。すなわち長尾龍一教授も指摘するように、「物を使用・収益する権利が物権の『本体』であり、物権的請求権はその一の現象形態にすぎないとなすのは実体化思考であって、物権は物権的請求権の束であり、物を使用・収益する権利なるものはこの物権的請求権によって保障された事実上の自由にすぎない」ということになる。(27) もっともかかる「権利」（特に物権的請求権など）の位置づけが、私法的法関係を記述するのに適合的か否かについては、後に述べるように、問題となるところである。

次に第三点であるが、以上述べたようなケルゼンの《権利・義務の二元的対立否定論》は専ら、法学における「権利」概念の有用性に対する懐疑から出たものである。

「権利とは法的義務の単なる反射であるとするこのような権利の概念、換言すれば反射権の概念は、補助概念

(Hilfsbegriff）として法的事実の記述を容易にすることはあるかもしれない。しかし、法的事実を科学的に正確に記述するという見地からすれば、かかる概念は不必要なものである。すなわちこのことは、法的義務の全ての場合について主観的反射権が想定されるわけではない、ということにおいて既に示されている。」(RRLII, S. 133.)

確かに兵役義務などに対応する形で（個人的権利ではない）国家的公権を想定することはできるにしても、例えば動植物や歴史的な記念物などを傷つけてはならない、といった法的義務の場合、それに対応する主観的反射権が想定されるわけではない（RRLII, S. 133.）。結局、「権利」概念において「義務」の反射以上の要素が見出されず、「権利」概念によって記述されていた事実が全て法的義務によって記述されるのであれば、「権利」概念の有用性というものはない、というのがケルゼンの主張である。（この点は、第二節一において触れるケルゼンの「利益」説批判においても繰り返し述べられている。）そしてケルゼンによれば、伝統的な権利・義務二元論＝「権利先行説」は、寧ろ自然法論に基づいてのみ正当化可能であり、そこには一定のイデオロギー的な主張が存在するというのである（RRLII, S. 134-135.）。[28][29]

四　このようにケルゼンは「義務」に対応する意味での「権利」概念の有用性を否定し、債権や物権といった実体法上の「権利」を「義務の反射」＝「反射権」に過ぎないとする。すなわち、ケルゼンは伝統的学説が「権利」と呼んでいるものの中の、いわば実体法的請求の部分（＝他の個人に対して「一定の行態をなすべし」と請求する部分）を単なる「法的義務の反射」であるとして、「権利」の内容から除外するのである。従ってケルゼンにおいて「権利」は「義務」以上の存在ではない。否、「義務」と完全に等しいものでもない。何となれば先にのべたように、全ての「義務」に「権利」が対応するわけではないからである。要するに一定の法関係を記述するに「権利」なる語を用いることは論者の任意によるとしても、そこで論ぜられることは全て「義務」の概念で以て表現されうるわけであるから、それはとりたてて意味のあることではない、ということになるわけである。そして義務不履行を訴訟において主張する法的力としての「技術的意味の私法上の権利」のみが、「義務の相関物以上の権利」としていわば真正の「権利」として位置づけられることになる。

もっともここで一つの問題が生じる。すなわち、ケルゼンのかような考え方は、アクチオ(actio)体系の克服の後、請求権(Anspruch)概念の成立を経て実体法体系の確立に至る、という経過を経て成立した、実体法上の権利と訴訟法上の訴権との区別を前提とする近代的「権利」論（特に公法的訴権説の確立）とどのような関係に立つのか[30]、という問題である。よく知られているように、ローマ法の体系は、私法的内容をもった訴訟法の体系（アクチオの体系）であるとされ、かかるローマ法の体系はドイツ普通法（Gemeines Recht）へと継受されたが、その後訴訟法と実体法が分離され、現在の実体法体系としての民法の体系へと変遷を遂げたとされている。なかんずくヴィントシャイトは、アクチオの概念に代わって、「請求権」（Anspruch）の概念を形成した点で、私法学では学説史上重要な位置を占めているとされる[31]。すなわち、「請求権概念の私法学体系への導入は、実体法体系の概念的整備・確立とそれに伴う実体法と訴訟法の分化、および、訴訟法学の独立を導くことになった[32]」のである。そして奥田昌道教授が指摘するところによれば、「アクチオは、今日のいわゆる権利保護請求権あるいは本案判決請求権（アクチオの訴権としての側面）と特定の『請求』（アクチオの実体的側面）との結合したもの」とされる[33]。

いまここでケルゼンの思考に従って、「義務」に対応する意味での「権利」は「法的義務の反射」に過ぎないとして、この概念を我々の思考から追放してみよう。その上で例えば債権(貸金債権)を例に考えてみると、

《甲は乙に対して貸金債権を持つ。》という命題は《乙は甲に対して借金を返済する法的義務を負う。》という命題と同じであるということになる。他方、ケルゼンにおいては「技術的意味の私法上の権利」というものが想定されるわけであるが、《乙は甲に対して借金を返済する法的義務を負う。》という命題からだけでは、それでは一体誰が乙の義務不履行を訴訟において主張し得るのか、換言すれば、誰が「技術的意味の私法上の権利」をもつのか、という問題に対する答え、例えば《甲は乙の義務不履行を民事訴訟において主張しうる。》とか《全く無関係の丙は乙の義務不履行を民事訴訟において主張し得ない。》といった命題は——少なくともストレートには——出てこないのではあるまいか。勿論、実際の民法・民事訴訟法において、——大雑把にいえば——甲は民事訴訟において乙の義務不履行を主張することができるが、丙はこれをすることができない。すなわち甲の訴訟は本案審理の対象になるが、丙の訴訟は不適法であり却下（換言すれば、少なくともサンクション発動の有無につき判断する本案判決への関与が拒否される）ということになる。これは、甲には給付請求権がある（ヨリ正確には、甲は給付請求権があると主張している）ので（公法上の権利であるところの）「訴権」が認められることになり、丙には抑々給付請求権がない（ヨリ正確には給付請求権を主張しえない）から「訴権」が認められないことの結果である。要するにこの場合、実体法上の「権利」の（主張の）存否は、訴訟法上の「訴権」の存否を決定する際の前提条件となっているのである。[34] すなわちその限りにおいて、単に「法的義務」（すなわち、《借金を返済すべし。》という当為命題）に留まらない意味をもっているといえよう。ところがケルゼンのように「法的義務」に対応する「権利」概念に固有の意義を認めないとすると、《乙は甲に対して一定の法的義務を負う。》という命題から当然に、《甲は乙の義務不履行を訴訟において主張することができる。》という命題は出てこないのではないか、というわけである。この点をどのように考えたらよいであろうか。

おそらく《乙は甲に対して借金の返済について法的義務（＝債務）を負う。》という命題から《甲は乙の当該義務不履行を訴訟において主張することができる。》という命題が導き出される論理的必然性はないとおもわれる。債権が単なる「法的義務の反射」に過ぎないとすれば、右の貸金債権の例において甲が「技術的意味の私法上の権利」を有し、丙はこれを有しないということは、一つの立法政策上の問題であって、法制度によっては、乙の義務不履行を甲のみならず乙以外の全ての人が訴訟において主張できる制度も可能だといえば可能である。或いは現行の刑事訴訟のように私法においても、私人の出訴を認めず、債務不履行は検察官のみが訴訟で主張できるという制度もありうるであろう（同じ「規範創設への参与」である一般的規範＝法律の定立への参与としての選挙の場合、誰に選挙権を認めるかは、まさに立法政策の問題であるというのと同じことだ、ともいえよう）。ケルゼンは、そのような制度があれば、それはありうるとして、自己の法理論の中で説明可能である、まさにallgemeinな法理論だ、とでも考えているのであろうか。実は、かかる推測を裏打ちするような叙述をケルゼンはしばしば行っているのである。例えば、『一般国家学』において曰く、

「たとえ権利（Berechtigung）の概念を如何に理解しても、常に或る者の権利は他人の義務を前提とする。自分の利益が保護されるのは、他人が自分に利害関係のある行態をする法的義務があることによるのである。自分の意思が法的に保障されるのは、他人が自分の意思通りの行態をする義務を負うことによってである。或る人の権利は、他人の義務の効果に過ぎない。そしてそれは必然的な結果でもない。もとよりあらゆる法規は義務を規定するけれども、そのことによって必ずしも常に、（客観法の意味で）十分に具体的で個別的な個人の利益が保護されるとは限らないし、義務の内容が、法秩序によって委任された当事者の意思表示によって決まることもある。否、それどこ

ろか当該法秩序が抑々当事者の個人的意思に何らの拘束力も認めないが故に、特別に技術的な意味での権利を何ら規定しない法秩序もありうるであろう。権利としての主観法が最も明白に現れる形式、すなわち強制行為の条件中に、当事者の意思もしくは最終的には強制行為を目標とする意思表示（訴え、訴願）もまた採用されるような形式において主観法は、殊に、主観法は全く特別な、歴史的にのみ制約された法技術、すなわち私有財産制に基づく交換経済の法技術を表現することになる。義務だけを定め権利を規定しない法秩序の例は、刑事法が今日の形態においてたしかにそれである（もっとも、私人訴追罪については別である。刑罰がそれを目標とする検察官の公訴をまってのみ科される限りは、刑事法がその訴訟技術において、権利を規定する民事法に倣っていることは、その外面に過ぎない。なぜなら、罰すべき要件を認める際は公訴を提起するのが検察官の法的義務であるから。）法秩序あるいはたんなる法規でも、法的義務を定めないものは考えられない。何となれば、法的に義務づけることは法的に拘束することに他ならないし、この法的拘束または結びつきは、法秩序全体並びに各個別法規の本質であるからである。」（ASL, S. 60.（清宮・訳一〇二頁））

さらに『純粋法学〈第二版〉』において曰く、

「そのような技術的意味の権利を定めることは、——法的義務を定めるのとは異なって——客観法が営む本質的な作用ではない。技術的意味の権利は、客観法が採る一つの可能な内容的形態ではあっても、決して必要不可欠な内容的形態を表すものではない。すなわち、それは法が用いることができる一つの特別の技術ではあっても、必ずしも法が用いなければならないものではないのである。技術的意味の権利が私有財産制度を保障し、それ故に個人的利益を特別に配慮するものである限り、それは資本主義的法秩序に特殊な技術である。それも資本主義的法秩序の全ての部分を支配するのではなく、完全に展開したとしてもせいぜい所謂私法と呼ばれる領域と行政法の一部の部分において用いられている技術に過ぎないのである。既に現代の刑事法は、このような技術を用いていないか、或いは用いていたとしても例外的に用いるにとどまる。例えば謀殺や故殺の場合、こういった場合は、そのような刑法上の行態が行われてもその相手方たる個人は、存在するのをやめてしまっているわけであるから、抑々訴えを起こすことができないわけである。そういった場合のみならず、その他刑法上禁止された行態の多くの場合、職務としてサンクションの執行へ至る手続を発動する国家機関が、このような個人にとって替わることになるのである。従って、私法にとって特徴的な特殊技術的な意味での権利の本質は何処にあるかといえば、それは、法秩序が、共同体の『機関』として位置づけられるのではなく、伝統的な法理論においては『私人』とされる個人、それも通常は他人が一定の行態を義務づけられている際にその相手方となるそういった個人に対し、その義務の不履行を訴訟において主張しうる法的力を与える、という点にあるのである。そしてそのような法的力とは、換言すれば、義務違反に対する反応として具体的なサンクションを定める裁判判決へと導く手続を発動させる法的力である。」(RRLII, S. 141.)

要するに「一般的法理論」のレヴェルでは、《乙は甲に対して借金の返済について法的義務を負う。》という命題から当然に、《甲は乙の当該義務不履行を訴訟において主張することができる。》という命題は導き出せないということである。このような結論が導き出されるとすれば、それは私有財産制度を保障する資本主義的法秩序の「法的技術」が二つの命題の間に介在しているからに他ならない。すなわちケルゼンの目指す「実定法の一般理論」と、彼がそれと区別する「個別特定の法秩序に関する理論」の中間に、「資本主義的法秩序の法的技術」が位置しているわけである。従ってケルゼンにおいて、「債権」や「物権」といった実体法上の「権利」の中にかかる「法的技術」の要素がどのような形で見出されうるかが問題となるのである。

ここで近代的「権利」論（公法的訴権説の確立）の構造と、ケルゼンの「権利」論の問題設定を比較すると次のようになろう。

近代的「権利」論

actio ─┬─ 実体法（私法）上の権利（請求権）＝Anspruch
　　　 └─（公法上の）訴権

ケルゼンの「権利」論

「権利」─┬─「法的義務の反射」
　　　　 └─「技術的意味の私法上の権利」

五　さらに――今までの検討で明らかになったところの繰り返しにもなるが――ケルゼンの「権利」論の論理的構造の特質を指摘するならば、「権利」があるから「訴権」が認められるという近代的「権利」論とは異なり、「法的義務」に「技術的意味の権利」が付加されてはじめて、通常にいう「権利」となる、という構成がとられているのである。換言すれば、そうして初めて客観法が「主観化」されることになるのである。『法と国家の一般理論』の次の一節はそれを示している。

「ある契約当事者が他方当事者に対し権利をもつのは、後者が前者に対し一定の仕方で行動する法的義務を負う場合に限り、そして後者が前者に対し一定の仕方で行動する法的義務を負うのは、法秩序が反対の行動のさいサンクションを定めている場合に限る。だが、これだけでは他方当事者の法的権利を構成するには十分ではない。一方の契約当事者が他方当事者に対して法的権利をもつのは、法秩序がサンクションの執行を、契約が締結され、ある当事者がそれを履行しなかったという事実だけではなく、反対の当事者が違法行為者に対しサンクションが執行されることを求める意思を表明することにも係らしめるからである。当事者は、裁判所に他方当事者を相手どって出訴することによって、かような意思を表明する。こうすることにより、原告は法の強制機構を起動させる裁判所によって違法行為、すなわち契約違反が確認され、サンクションが発せられる手続が開始されうるのは、もっぱらこのような訴訟による。これは民法の特殊な技術の一部である。他のいろいろな条件のなかで、サンクションは一当事者が上述の手続が開始されるべきだとの彼の意思を表明したという意味をもつ、一当事者の出訴という事実に係らしめられる。当事者には、サンクションを定める関連法規範の適用を招く法的可能性が開かれている。それゆえ、この意味で、この規範は『彼の』法、すなわち、彼の『権利』である。もっぱらある個人が法規範に対してこのような関係に立つ場合、もっぱら法規範の適用、サンクションの執行がこの目標をめざすある個人の意思の表明に依存する場合、もっぱら法がある個人の処分にゆだねられている場合に限って、法は『彼の』法、主観的法、すなわち『権利』と考えられうる。この場合にのみ、権利の概念に含意されている法の主観化、客観的法規範を個人の主観的権利と説明することが正当化される。」（GT, p. 82.（尾吹・訳一五三―一五四頁））

要するにケルゼンにおいては、

「法的義務」＋「技術的意味の権利」＝「権利」（＝「主観化された客観法」・「彼の」法・主観的法）

という図式になる。これがとりもなおさず、「客観法の主観化」の図式である。従って、

「権利」（＝「主観化された客観法」・「彼の」法・主観的法）－「技術的意味の権利」＝「法的義務」

ということになるから、「技術的意味の権利」を控除すれば、「権利」は「法的義務の反射」であるというこ

とになるわけである。以下では、「法的義務の反射」としての「権利」＝「反射権」と区別するために、この「法的義務」に「技術的意味の権利」が付加されて構成される「権利」（＝「彼の」法・主観的法）のことを「主観化された客観法」と呼んで区別することにしよう。

六　このような「客観法の主観化」について、ケルゼンは『国法学の主要問題』においても、「狭義の法規（Rechtssatz im engeren Sinne）からの主観法の導出」というテーマの下に、法規概念との関係で取り扱っている。周知のようにケルゼンは、『国法学の主要問題』においてRechtssatzを「狭義のRechtssatz」（＝「臣民Untertanを義務づけるRechtssatz」）と「広義のRechtssatz」（＝「国家を義務づけるRechtssatz」）とに区分している（HSL, S. 189ff., 245ff.）。すなわち「狭義のRechtssatz」とは、「特定の事態（人間の特定の行態）の下で国家は或る行為（刑罰を科し強制執行を行うという不法効果）を定立することを意欲する」と定式化され[35]、後の『一般国家学』においてRechtssatzとされるのは、この「狭義のRechtssatz」である[36]。先の**五**で紹介した『法と国家の一般理論』における議論と軌を一にするものであるが、「法の主観化」や「技術的意味の私法上の権利」についての理解に資するのでここで取り上げてみたい。

実はケルゼンは『国法学の主要問題』において「技術的意味の私法上の権利」という概念を用いていない。そこで用いられているのは「訴訟」（ないし「出訴可能性」）をあらわすactioという語だけである。ケルゼン曰く、

「さしあたり狭義のRechtssatz、すなわち強制執行ないし刑罰に対する国家の意思を含み、臣民の法的義務を定めるRechtssatzのみを視野に入れるならば、自らが訴訟を提起すること（アクチオ）によって、Rechtssatzにおいて

表明され、不法要件に結びつけられる不法の効果の実現がなされる、そのような者全ての権利がこのRechtssatzによって定められることになる。かような訴訟は、不法の構成要件と並んで、いま一つの国家意思を条件づける要因として付け加わることになる。従って、Rechtssatzは例えば次のようになるであろう。すなわち、或る者が貸金を受領し、それを適時に返還せず、貸した側が貸金の返還について訴訟を起こした場合、国家は強制執行を意欲する、と。国家の強制執行の意思が貸した者の提起する訴訟に係らしめられるが故に、またその限りにおいて、貸金返還の法的義務を定める法規全体が、貸した者の法と呼ばれうることになるのである。そして、Rechtssatzがその主観的発現形態（Erscheinungsform）の一つとして義務として表される限りにおいて、或る者の義務は、他人の（法規の第二の主観的発現形態である）権利なのである。」（HSL, S. 619-620.）

ケルゼンは更に続けて、「義務はRechtssatzの必然的な主観的発現形態であるが、権利は一つの可能な主観的発現形態に過ぎない」とする。そしてかかるRechtssatzは、臣民の義務と国家の義務という二つの義務を定めるものである。

「狭義のRechtssatzは二重の義務を定める。すなわち一方では、義務に適った行態を行うべしという臣民の義務があり、また他方では、かかる義務に適った行態が行われない場合に不法の効果を科すべしという国家の義務が存するのである。従って、権利は、一つの権利が定められると、この両方に向けられることになる。そうすると、貸金を貸した者は、貸金を受領した者に対して貸金の返還を求める権利を有するのみならず、国家に対して強制執行を求める権利をも有する。これはもちろん、二つのそれぞれ異なる権利ではなく、貸金を貸した者は、他方の権利をもつことによって一方の権利をも有することになるのである。すなわちそれは同一のRechtssatzであり、それ故に同一の権利が二つの異なる関係において存するということなのである。」（HSL, S. 620.）

「不法の効果に対する国家の意思を条件づける要件としてRechtssatzの中にactioを取り入れることによって、国家の義務のみならず臣民の義務をも定めるRechtssatz全体が、actioを有する人に主観化されることが可能になるのである。」（HSL, S. 625.）

「ここで権利（das subjektive Recht）は、Rechtssatzにおいて表明された不法の効果に対する国家の意思の実現がその任意に係らしめられているところの人との関係におけるRechtssatzである。そこで直ちに、相対する義務を負う者の適法な行為を求め、併せて国家による不法の効果の実現を求める一つの権利の可能性が与えられるのである。そしてこのような権利は、——ローマ法学者のいうように——アクチオが発生してはじめて存在するのではなく、既にそれより先に存在するものである。例えば、貸金の返還を求める権利は、その貸金が渡されることによって既に存在しているのであって、弁済期日を以て存在するに至るのではないのである。何となれば、貸金の返還を求める権利を有するということは、返還がない場合actioを行使することによって、不法の効果の実現をもたらしうる、ということに他ならないからである。」（HSL, S. 625-626.）

右に引いた議論における「アクチオ」の中に、後の「技術的意味の私法上の権利」という考え方の根源を見出すことができるであろう。

七　以上の考察から、ケルゼンは、債権や物権といった普通、実体法上の「権利」と考えられているものの中に、「技術的意味の私法上の権利」＝私有財産制を保障する資本主義的法秩序に特殊な技術を見出していることが明らかになった。然らば、ケルゼンは伝統的「権利」論を如何に再構成してかかる結論を導き出したのであろうか。周知のように、伝統的「権利」論には、「利益」説、「意思」説という大きな二つの流れがある。これらの学説をケルゼンはどのように捉えているのであろうか。これが以下において検討すべき問題である。

(26) もっとも対人権・相対権と対世権・絶対権の区別は、厳密に債権・物権の区別には対応しない。長尾教授が指摘するように、無体財産権等の如く「物」に関する権利以外にも対世権は存在する（長尾龍一「法理論における真理と価値」（四）国家学会雑誌七八巻九・一〇号（昭和四〇年）一〇四頁、同『ケルゼン研究Ｉ』（平成一一年）二〇〇頁）。

(27) 長尾・前掲論文注(26)国家学会雑誌七八巻九・一〇号一〇五頁、前掲書注(26)二〇〇頁。

(28) 「権利先行説」によれば、「……はじめに、権利が成立する。わけても、権利の原型である所有権が成立する(しかも、原始的取得の方法によって)。やっとその後になって、法から独立している権利を保護し、承認し、保障するように、国家的秩序として法が権利に付加してくる」というのである。これは一九世紀の法実証主義を創始したばかりでなく、一般法学の概念形成も根本的に規定した「歴史法学派」の見解であるが、その代表者としてケルゼンはデルンブルグ（Heinrich Dernburg）を挙げ批判する（RRLI, S. 40（横田・訳七一頁）, Vgl. GT, p. 79（尾吹・訳一四九頁）, RRLII, S. 134-135.）。

(29) 『国法学の主要問題』においてケルゼンは、本来「拘束」（Bindung oder Gebunenheit）を意味する筈の「法」（Recht）が、自然法論において「自由」（Freiheit）に意味変化していく過程について論じている。すなわち、自然法論における用語法は、自然法論が対抗した絶対主義警察国家（das absolute Polizeistaat）の時代に遡るものであり、それは多分に政治的要求の要素を含むものであった。

「私人の生活に深く干渉し、禁止と命令の網を密に張り巡らすことによって個人を把握する国家に対抗するにあたって、人間は生来、前国家的状態においては『自由』であるが、国家はその個人からこの自由の大部分を奪っており、このように自由を奪うことは、その国家が自由の残余の部分を保護することによってのみ正当化される、ということが、理論の衣をまとった政治的要求として主張されたのである。かような――基本的に国家とその法とに向けられた――理論が、この当の国家やその法によって危険にさらされる、生来の、前国家的ないし国家の外にある自由を『権利』(Recht) ないし、『自然権』(natürliches Recht) と称し、それらは、国家や法という要素によってなにか創造されるものではなく、単に制限されうるのみである、とする所以は、まさにかような自然法論の有する優れて倫理的・政治的性格を踏まえてはじめて納得が行くのである。『自然法』の概念は、元々主観的な概念であって、現代の法理論において、専ら唯一客観的意味の『法』であるとかいいうるもの、すなわち実定法に対して意識的に対抗する性質をもつものである。」(HSL, S. 569.)

そしてケルゼンによれば、或る一定の用語がその元々の意味を失って、それとは正反対の意味を得るということは、学問の歴史の中で他にないわけではない。そしてRechtということばが「自由」を意味するようになる意味変化の過程は、心理的な観点から説明可能である。

「というのも、国家と国家の法によって個人の人格が広範に制限されていた時代、すなわち主観的な意識において国家によって命令ないし禁止されていた範囲が、個人の国家から自由な領域よりも広く感じられうる状態にあっては、国家と法に向けられた考察は、次のような問題を投げかけるということは当然のことだからである。すなわち、国家秩序によって命じられたり禁じられないことは何か?国家とその秩序から自由であるものは何か?という問題が投げかけられることになるのである。しかし実定法によってのみ定立される法的義務の現象にとっては、そのような考察をする余地はない。何となれば、そのような考察というのは、制限に向けられるのではなくて、制限される方に向けられるのであり、換言すれば保護がその対象になるのではなくて、保護されるべきものがその対象になるからである。またそのような考察は、実定法秩序によって設定された限界という形式的な要素をその思弁の対象とするのではなく、この限界の含むものは何かという実質的な要素を対象とするのである。」(HSL, S. 569-570.)

このように自然法の法概念は、実質的・政治的なものであり、形式的・法学的なものではない。そしてケルゼンによれば、現在の「権利」論にも自然法の本質的な特性がみられる。すなわち「法的義務の反射」にすぎないものを「権利」と称するのもそのためだという。

「法秩序によって、当該主体（die Subjekte）は一定の行態、すなわち或る作為ないし不作為について義務づけられる。このような法的義務の定立に、当該法秩序が与える保護が存在する。すなわち、法秩序によって定立された義務は、一方においては義務の拘束が存在し、他方ではその他全ての『自由』ないし『保護されたもの』（Geschütztheit）が存在する、その間の境界ないし限界を意味する。そして形式的・法学的考察にとってはもはや把握することができない法的義務の実質的な反射だけが、或る人が或る作為ないし不作為について法的に義務づけられることから、一人ないし多数の人について生ずる状態の中に見出されるのである。このような法的義務の実体的反射を『権利』とよぶことは、あらゆる法的義務をそれに対応する補完的な『権利』に対応させる学説が行うところであるが、もしそうするとなると、ひとは、全ての現象のうち一方の形式的な面だけが法的概念において考慮されるのに、まさに法学的構成にとって意味のない実質的な裏側の面を把握するという方法論的な誤りを犯すことになるのである。一つの例を挙げれば、以上述べたことが明らかとなろう。すなわち、窃盗の不作為を義務づける法的義務によって、保護された一つの状態（ein Zustand der Geschütztheit）というものが創り出される。盗まれない『権利』というものが意味するのは、単に、利益を受けるものの観点からなされる、全ての者は盗んではならないという既存の法的義務の通俗的な書換えにすぎないのである。法学的に意味があるのは、特徴を描き出すべき事実という点で、以上挙げた法的義務だけなのである。同じものの実質的な否定が以上で述べた用語の中に表現されているのである。実際、現代の理論家の中で、自分以外の全ての人の側で違法行為をしないという不作為を求めるそのような万人の権利を想定するような者は殆ど見出せない。しかし民事法の領域では事情が異なる。権利として妥当している所有権は、さしあたりこれも、一定の財に対して影響を与えない民事法上の法的義務の実質的な反射にすぎないのである。たいてい所有権の消極的な内容と呼ばれる、他の全ての人をその当該財産から排除する『権利』というのは、これを法学上正確に表現すれば、これら他の者が負う特定の法的義務に過ぎないのである。これに対して所有権の所謂積極的な内容、すなわちその物を任意に処分する『権利』――すなわち権利の享受（Rechtsgenuß）は、法的に意味のない事実であるということは、既に文献においても十分に認められているところであるが、しかし未だ必ずしもすべての範囲において理解されているわけではない。自然法は、『権利』（Recht）を国家秩序から自由にされている領域、すなわち命令や禁止がなされていないこと――換言すれば、何々すべしと命ぜられず（Nichtgesollte）、何かをなしうる（Gedurfte）と同じものとしてきたのであるが、まさに、以上述べたような形で自らの行為（Tun oder Lassen）に対する『権利』を観念すること、そして権利を『なしうること』（dürfen）と理解することの中に自然法の特別な基本的誤りが潜んでいるのである。このような実質的な観念方法から完全に自由になることこそが、正確な法学的概念形成に導くのである。」（HSL, S. 270-571）

(30) アクチオ体系の克服により請求権概念が成立した過程については、兼子一『実体法と訴訟法』（昭和三二年）、奥田昌道『請求権概念の生成と展開』（昭和五四年）参照。さらに請求権概念の成立と密接に関係する「訴権」論については、三ケ月章「権利保護の資格と利益」（昭和二九年）同『民事訴訟法研究　第一巻』（昭和三七年）一頁以下、富樫貞夫「ドイツ訴権論の成立過程」民事訴訟雑誌一一号（昭和三九年）九八頁以下、同「権利保護請求権説の形成」熊本法学四号（昭和四一年）一頁以下、同「権利保護要件論について」熊本法学三二号（昭和五七年）四一頁以下、兼子一・松浦馨・新堂幸司・竹下守夫『条解　民事訴訟法』（昭和六一年）七五八頁以下（竹下執筆）、山本弘「権利保護の利益概念の研究」（一）～（三・完）法学協会雑誌一〇六巻（昭和六三年）二号一頁以下、三号六八頁以下、九号一頁以下、海老原明夫「公権としての権利保護請求権」法学協会雑誌一〇八巻（平成二年）一号一頁以下参照。一般的には「訴権論は、まず私法的訴権論として現われ、つづいてそれを克服するものとして公法的訴権説が登場する。そうして、それ以後のいわゆる訴権論争は主として公法的訴権論のなかの権利保護請求権説（具体的訴権説）をめぐって展開し、抽象的訴権説、本案判決請求説、司法請求権説などの対立をもたらしつつ今日にいたっている。公法的訴権説の内部におけるこれらの対立のうち、司法請求権説は抽象的訴権説の亜種として位置づけられ、本案判決請求権説は具体的訴権説と抽象的訴権説の折衷説と考えられている」（富樫前掲論文「ドイツ訴権論の成立過程」一〇一頁）。（もっとも富樫教授は、かかる学説展開の図式は、現実の論争過程を反映したものではなく、「対立する訴権学説についての学説類型」を示すものに過ぎない、とする。）この問題についての独自の学説史的研究は、著者の能力の到底及ぶところではないので、本稿はこれらの業績に負うところが大きい。従って、ヴィントシャイトやイエーリングなどの民事法諸学説に関するケルゼンの理解が正当なものであるか否かについての検討も、本稿では行わない。

(31)　近代法における実体法と訴訟法の分離は、私法的訴権説から公法的訴権説への移行という経過を辿ることになるが、ヴィントシャイトの『アクチオ論』そのものは、「私法的訴権説」の段階にとどまっている（奥田昌道「ヴィントシャイトの『アクチオ論』」（昭和三二年）同・前掲書注(30)四六頁。その点については、後に改めて第二章第三節で言及する。

(32)　奥田・前掲書注(30)三一五頁。

(33)　奥田・前掲書注(30)三九―四〇頁。奥田教授は、ヴィントシャイトによる「アクチオ」概念の理解を次のように要約する。

「普通法学説においては、訴権とは、権利侵害により、侵害された権利から生ずるところの、裁判上の保護を求める権利であると理解されていた（私法的訴権説）。したがってまた、普通法学説の理解するローマ法上のアクチオは、そのような訴権であった。そして、アクチオが権利侵害以前にも存在することを考慮して、次のように考える。アクチオはすべての権利に附着するところの、権利が侵害された場合に裁判上の保護を求める権能であり、権利侵害以前にも存在するが、侵害によってはじめて現実化するものである（潜在的訴権と現実的訴権）、と。アクチオと権利との関係については、アクチオは、あるいは、権利への附加物ないしは構成部分であるといい、あるいは、権利自身がその活動において、自ら主張するもの（権利自身の変容態）にほかならないと説く。これに対し、ヴィントシャイトは、アクチオのこのような把握は、権利が第一次的なものであり、訴権は権利の産出物であるとの現代の法観を、ローマ法の中へ不当に持ち込むものであって、アクチオの正しい把握ではないとし、アクチオは、権利からの派正物ではなくして、権利とは別個独立の存在であることを主張する。……ヴィントシャイトによれば、アクチオとは、このように『個人の意思を裁判上の追行により貫徹する権能』であった。そして、『法秩序は、個人に対し、このような裁判上の追行を許容することによって、権利を与えた。それゆえ、アクチオは、権利からの派生物ではなく、本源的のもの、独立のものであった。』」（奥田・前掲書注(30)一九―二〇頁。）

そして「ヴィントシャイトは、普通法学説に対して、アクチオの実体法的側面をも正しく把握すべきことを主張し、これを請求権なる概念で表示した」のである（奥田・前掲書注(30)二二頁）。

(34)　従来「権利保護の資格と利益」の問題として論ぜられてきたところである。この問題の「実体法」と「訴訟法」との関係を如何に捉えるかに関わる重要問題であるが、これについては三ケ月・前掲論文注(30)参照。

(35)　新・前掲書注(14)一八頁。

(36)　新・前掲書注(14)四〇頁。

第二節　伝統的「権利」論との関係（一）―「利益」説

一

『純粋法学〈第二版〉』においてケルゼンは、「法的義務の反射」としての「権利」＝「反射権」概念について論じた後、伝統的な権利論である「利益説」と「意思説」について検討している。この第二節以下では、この『純粋法学〈第二版〉』における伝統的「権利」論に対する批判を中心にし、更に伝統的「権利」論に対して相当詳細な批判がなされている『国法学の主要問題』における見解に言及しながら、ケルゼンの「権利」論の展開を検討することにしよう[37]。

まず、「権利」の本質を「利益」に求め、「権利」概念を以て「法的に保護された利益」と定義する考え方は、周知のようにイェーリング以来の系譜をもつものである。「権利」を「法的に保護された利益」であるとし、その上で裁判をかかる「権利」救済の場とみて、訴権は権利利益の保護を請求する法的手段である、というのは我々の常識に沿った考え方であろう。しかしケルゼンはイェーリング以来の「利益」説に対して根本的な批判を加えている。まずこの『純粋法学〈第二版〉』におけるケルゼンの所説をみてみよう。

「他人の法的義務の反対に過ぎない権利には、伝統的法律学においてしばしば主張される定義、すなわち権利は法的に保護された利益であると規定する定義が関連する。このような規定がなされるとき、伝統的法律学にとって特徴的な二元論、すなわち主観的意味の権利を客観的意味の法に対立させる二元論がとりわけ明らかに現れてくることになる。しかしながらこのような二元論は解き難い矛盾を含んでいる。客観的意味の法が規範、或いは規範の体系ないし規範的秩序であって、主観的意味の権利がそれとは完全に異なる別の何か、例えば利益であるとすれば、客観法と主観法は、共通の上位概念の下には包摂され得ないことになる。そしてこのような矛盾は、客観法と主観法との間に主観法は客観法によって保護された利益であると規定する関係を認めたとしても排除されるものではない。規範ないし規範の体系としての法に目を向けた考察という見地からすれば、権利は――法によって保護された――利益ではありえず、客観法において存する利益の保護ということになる。そしてこの利益の保護は、法秩序がこのような利益の毀損にサンクションを結びつける場合、換言すれば、当該利益を毀損すべからずという法的義務を定める場合になされる。例えば、債権者に対して当該債権者から受領した借金を返済する債務者の法的義務を定める、といった場合である。そのような債権者の権利は――利益説に従えば――借金の返済について債務者の法的義務によって保護された利益ということになるのである。しかしながらそのような権利は――反射権であって――債務者のかかる法的義務以外の何物でもない。」（RRLII, S. 137-138.）

このようにケルゼンは、主観法＝「権利」を「客観法によって保護された利益」であるとし、以て「客観法」とは別個のものと考える二元論的立場を批判する。右に引いた叙述から明らかなように、ケルゼンは、「法によって保護された利益」（ein durch das Recht geschütztes Interesse）ではなく、「客観法において存するかかる利益の保護」（der in dem objektiven Recht bestehende Schutz dieses Interesses）があるだけだ、といっている。この叙述は少々難解であるが、おそらくケルゼンの「客観法」観、「法秩序」観が反映されているものとおもわれる。すなわち、既に述べたようにケルゼンにおいては、強制規範が「第一次規範」であって、行為規範は「強制回避的行態を規定する規範」であり「第二次規範」であるので、「利益」という要素もかかる「法秩序」観との関係で位置づけられるのであろう。要するに、「法によって保護された利益」といってもケルゼンにおける「法」＝「客観法」とは、《強制秩序としての法》であるから、それは《サンクションによって保護された利益》と言い換えることができよう。しかしかような考え方からすると、「法的義務」が存するということによって記述されるのは、「サンクション」によって一定の「利益」が保護される、ということにとどまり、先の本章第一節から問題にしている、《如何にしてサンクションを発動するか》、すなわち「サンクションを起動せしめる法的可能性」たる「技術的意味の私法上の権利」は誰に帰属するのか、という問題には何ら答えを与えるものではない。すなわち、当該法的義務の相手方が「技術的意味の権利」を持とうが、或いは検察官が「技術的意味の権利」を持とうが、サンクションが行われる限りは《サンクションによって保護された利益》は存在するからである。またかように「利益」の要素が「客観法」↓「法的義務」↓「強制行為」の概念の中に取り込まれてしまうと、「利益」ということを以て「法的義務」の概念以上の「権利」概念を構成することもできなくなる、ということになる。従って、やはりこの点では「権利」は「法的義務の反射」に過ぎないということになる。

さらに義務の履行によって利益がもたらされる場合が以上の如くであるとすれば、義務の履行によって不利益がもたらされるような場合はどうであろうか。ケルゼンは次のようにいう。

「或る者が他の者に対して義務づけられる作為が、その他者に対して何か不利益（Übel）を与えるものであることがある。すなわちそのような作為が、法秩序によって定立されるサンクションたる性格を有し、サンクションの指図（Anordnung）とその執行が法適用機関の職務義務の内容とされる場合がそれにあたるが、そういった場合反射権を想定することは、利益説の観点からすれば可能でないようである。誰だって――通常は――不利益の受忍に対して利益を有することはない。或る利益がここに存する義務によって保護される場合、サンクションが向けられる個人の利益は存し得ない。例えば先に述べた例でいえば、債務者の利益もなければそれ故に債務者の権利もないことになる。すなわち債権者の利益と権利が当該債権者に借金を返済すべしという債務者の義務によって保護されるのである。刑罰によるサンクションの場合、法適用機関が負っている当該犯罪者を罰する法的義務によって保護されるのは、犯罪者の利益とか権利ではありえない。にもかかわらず――しばしばなされるように――そのような権利を想定すれば、犯罪者は罰せられる権利を有する、法によって規定された刑罰を求める請求権、すなわち自らを罰する義務を履行する請求権を有するということになる。もしそうだとするとそれは、不法に対してサンクションを以て応じることについて共同体が有している利益を、当該違法行為者の利益として——すなわち当該違法行為の『自明の』利益（wohlverstandenes Interesse）として——解釈する、ということに基づくということになる。しかしかかる共同体の利益、より正しくは法適用機関の職務義務によるかかる利益の保護は、通常、主観的反射権とはいわない。ここで想起すべきは、通常の言語の使用において、必ずしも全ての法的義務についてそれに対応する反射権が語られるわけではない、ということである。）（RRLII, S. 138-139.）

確かに通常の感覚からすれば、義務の履行によって不利益がもたらされるような場合、そこに「権利」なる概念が語られる余地はないようにおもわれる。しかしケルゼンが『国法学の主要問題』の中で「刑罰への権利」（das Recht auf Strafe）なる観念を構成した論者として挙げるフィヒテの「自然法」論は、そうした通念に反するものである。すなわちフィヒテは、「公共の安全と両立可能であるかぎり、侵犯したからといって国家から追放するわけではなく、この刑罰［＝国家からの追放］を別の仕方で弁済することで違反者を許そう、というような万人が万人と約束する」「贖罪契約」ないし「弁済契約」（Abbüssungsvertrag）なるものを想定する。その上で次のようにいう。

「この契約は万人（国家全体）にとっても、各個人にとっても有益な契約である。これによって全体のほうは、益が害よりまさるような市民を保全する見込みを得るし、弁済を課す拘束力も得るであろう。個人のほうは、より大きな刑罰を加えられる代わりにこの弁済を引き受ける、というように要求する完全な権利を得ることになる。処罰される、という市民の権利、きわめて有用な権利が存在するのである。この契約は、国家の法律になり、執行権はそれに義務づけられている。[38]」

そしてここで「刑罰に対する権利」が構成される。しかしかかる犯罪人の利益なるものは、所詮フィクションであって、勿論利益説においても採られない考え方である（HSL, S. 230-231.）[39]。かように（また、第二章第一節三（二二四頁以下）においても述べたことであるが）、結局「権利」概念において「義務」の反射以上の要素が見出されず、「権利」概念によって記述されていた事実が全て法的義務によって記述されるのであれば、「権利」概念の有用性はないということになる。

二　以上が『純粋法学〈第二版〉』におけるケルゼンの「利益」説批判の要旨である。専ら「権利」概念の有用性を否定するところに論述の力点が置かれているが、「利益」説に対する更に詳細なる批判は、『国法学の主要問題』や『法と国家の一般理論』などにおいてこれをみることができる。

まずもってケルゼンは、イエーリングの理論[40]の方法論的誤謬を指摘する。すなわち、イエーリングの主張する「目的」（Zweck）という要素は、形式的法概念の構成要素にはなり得ない、ということである。そしてケルゼンは「まさに目的理論を基礎としてイエーリングによって創られた権利の概念が如何に根拠なきもので、それ自体矛盾に充ちたものであるか」ということを主張する（HSL, S. 572.）[41]。

抑々「利益」とは何か。この問題は視点の据え方次第で、答えが異なってきうるものである。右に述べたフィヒテの如く、不利益の最たるものである刑罰ですら、みようによっては、「利益」であるとする見解があるくらいである。この点ケルゼンによれば、「利益」とは、一つの「心理的状態」ないし「精神的態度」として捉えられる。しかしそのような心理的事実のあるなしによって「権利」の存否が決せられるとすれば、それはとうてい受け容れることのできない結果を導くことになる。すなわち、そうだとすると「ひとは、或る物について心理的な利益を有する限りにおいて、その物の所有権を持つことになるし、もうそれに対して利益を失ったとか、利益を持っていないというのであれば、貸金の返還に対する主観的権利は持たない」ということになる。これは、法学的・規範的な方法と心理学的・説明的な方法との混同でもある（HSL, S. 573-574, GT, p. 80-81（尾吹・訳一五一－一五二頁））。

しかしかかる批判に対しては、「利益」説の側からすれば、当然反論が出てくるであろう。すなわち、「利益」といってもそれは個々の権利者の個別の状態をいっているのではなくて、立法者が想定し、法秩序において保護される「平均的利益」（Durchschnittsinteresse）こそが「利益」なのだ、というわけである。しかしケルゼンによれば、「平均的利益」なる「利益」は現実には存在しない。

「利益の要素を権利概念に取り入れることを、明らかに利益がないとされる事例に対しても正当化しようとして、そのような場合は原則からの例外であることを強調し、具体的な個別の利益ではなくて、平均的な利益を考えることによって正当化できると考えるならば、それは……錯覚である。何となれば、存在するのは具体的で個別的な利益のみであって、『平均的』利益なる言葉は、一定の利益が通常存在するという事実についての関係に過ぎないからである。従って、平均的利益なるものの意味するところはそれ故に、利益ではなくて一つの関係に過ぎず、それは『全体意思』が意思ではなく一つの関係概念に過ぎないのと同様、利益についての一つの関係を表現したものに過ぎないのである。そうであるから、法秩序によって保護されうるのは或る利益であって、決して平均的利益が保護されるということはあり得ないのである。しかし仮に後者の表現、すなわち平均的利益という表現を用いるとしても、それは、法秩序が与える保護から通常、或いは平均的には利益（すなわち個別的利益）が生じるのであるけれども、例外的にはそうではないこともあって、利益は法秩序によって与えられた保護とは必然的には結びつかない、という考えを不正確に表現しているに過ぎないのである。そうした保護を権利の存在部分として捉えるならば、利益は最早決して権利概念の本質的メルクマールではあり得ないということになる！……概念は、本質的なメルクマールのみをもつのであり、それなしでも当該概念がその本質を失うことがないような要素を有し得ないということを法理論家がおもいださなければならない、というのは悲しむべきことである。（HSL, S. 576-577.）

もっともイエーリングにおいても必ずしも全ての「法的に保護された利益」が「権利」になるわけではない。所謂「反射的効果」（Reflexwirkung）の問題があるからである。ケルゼンは、イエーリングの「権利」の定義は、右に述べたように、具体的利益が対応しないような権利が説明できないだけでなく、「彼は、必ずしも全ての法によって保護された利益が権利として主張されうると考えているわけではない、ということを以てしても彼独自の定義を放棄している」とする。すなわちイエーリングは、利益を保護する全ての法律が利益関係者に主観的意味の権利を与えるのではない、とした上で、主観的意味の権利を「かかる保護の付与に対する法的請求権（Rechtsanspruch）」とするわけである。そのことを示す著名な例が、関税によって保護される事業者の利益であって、一定の製造部門の利益のために関税を導入する法律は、事業者を保護するけれども、何らの権利も与えるものではない、というものである。すなわちこのような関税によって保護される事業者の利益は、「反射的効果」だというわけである。ケルゼンによれば、イエーリングのいう「保護を求める法的請求権」の下に、訴訟ないしアクチオを理解するとするならば、「利益」というイエーリング独自の定義に反することになる。しかし権利である法的に保護された利益と、権利でない法的に保護された利益との間の区別は、保護の形式にあるのであって、その保護を私人の側で訴えをなしうるか否かに懸からしめるほかない、すなわち訴えをなしうるか否かが権利の本質だということにならざるをえない、というのである（HSL,

S. 578-581.）[42]。

もっともケルゼンによれば、イエーリングは当初、「権利」の本質を訴訟による利益保護に求めるかかる考え方を事実上支持していたが、後の著作では、権利の概念をアクチオから解放する公法理論の影響を受けて、この見地を放棄するに至ったという（HSL, S. 579-580.）[43]。

三　要するにケルゼンによれば、イエーリングの「利益」説においても、「利益」の要素は「権利」の本質をなすものとはいえず、結局は「権利」の本質をwollen、すなわち訴えにおいて保護を求めるか否かという点に求めざるを得ないのである。寧ろかかる考え方は、「利益」説に対抗する「意思」説に近似するものである。そこで節を改め、「意思」説に対するケルゼンの所説を検討することにしよう。

（37）　伝統的「権利」論には、「利益」説と「意思」説の他に、所謂折衷（結合）説（Kombinationstheorie）がある。ベルナチックやゲオルグ・イエリネックが主唱者であり、論者の所説については、ケルゼンも『国法学の主要問題』において批判を加えている（HSL, S. 593ff.）。ケルゼンの折衷（結合）説批判は、イエリネックの公権論批判と密接に関係するものであるが、その点については新・前掲論文注（4）「ケルゼンの権利論・基本権論」（二）一四三頁以下において詳論されている。

（38）　フィヒテ／藤沢賢一郎・訳「知識学の原理による自然法の基礎」（Johan Gottlieb Fichte, Grundlage des Naturrechts nach Principien der Wissenschaftslehre, 1796. の翻訳）『フィヒテ全集第六巻』（平成七年）三〇七―三〇八頁。なおこの訳では、Abbüssungsvertragを「弁済契約」と訳している。ここでは訳書のみを参看しえたにとどまるので、訳書のとおり引用しておく。

（39）　フィヒテの「刑罰に対する権利」は、国家からの追放という究極の刑罰を免れるために刑罰を求める権利であって、構成要件と科刑を法律で定め、以て刑罰に対する予測可能性と人身の自由の保護を図る罪刑法定主義などとは、次元の違う概念であるとおもわれる。

(40)　イエーリングの「権利」論については、末川 博「イエーリングの権利論」(昭和三年)同『権利侵害と権利濫用―末川博法律論文集Ⅱ』(昭和四五年)三五頁以下参照。末川教授によれば、イエーリングは最初から「利益」説を確立、主張したのではなく、初期においては「意思」説的な所説を主張していたが、その後「利益」説を主張するに至っても、完全に「意思」説を排斥することはできなかったという。

(41)　ケルゼンは、法概念を構成する場合において目的契機(Zweckmoment)を用いてはならない、ということを法学構成上の公理とする(新・前掲論文注(14)二二頁以下参照)。『国法学の主要問題』の中でケルゼンは、イエーリングの「法における目的」論を批判している(HSL, S. 57ff. III Kapitel. Das Verhältnis von kausaler, teleologischer und normativer Betrachtung. —Der Zweck im Recht.)。

(42)　この点について末川教授は次のように述べる。

「斯うして権利をその保護の形式としての訴権から切り離して来たイエーリングは、更に新な問題すなわち権利たる利益と権利たり得ない法規の反射作用とをいかに区別するかといふ問題に答へねばならなくなった。かれはこれについて『私はこの区別の標識を個別的な権利侵害の確認の可能性(Möglichkeit der Constatierung einer induviduellen Rechtsverletzung)に求める。保護関税が正当に行はれぬ場合において、その為めに苦むのは特定の企業家又は農業家ではなくすべての人である、——法規の欠陥ある取扱の結果は全体の不特定なものに帰する。ところが、人がその選挙権の行使を妨げられたとか自由を剝奪されたとかいふやうな場合には、これと全然ちがって、権利侵害の向けられるものは特定の人である』(『ローマ法の精神』第五版〔第四巻〕三五三頁)と答へてゐる。しかし、こゝに権利侵害を云為したことは、少なくとも文字の上からいへば、循環論法の誤に陥ってゐるものといはねばなるまい。蓋しいつ権利が認められるかといふ問に対して権利が侵害され得るときにと答へたにすぎぬからである。けれども、かれが個別的な権利侵害といったのは――保護関税や選挙権行使の例からいって――個別的な利益侵害（Interessenverletzung）を意味しようとしたのではあるまいかと考へられる。尤もそれにしても、ケルゼンが指摘するやうに、個別的な利益侵害といふことは事実上の問題であるから、そこには粗雑な擬制が潜むものといはねばならぬ。」（末川・前掲論文注(40)四六頁）

(43)　末川・前掲論文注(40)四五頁参照。

第三節　伝統的「権利」論との関係（二）――「意思」説

一　「意思」説は、「権利」の本質を「客観法によって承認された意思力」、すなわち「意欲しうること」（Wollendürfen）に求める見解であり、ヴィントシャイト（Windscheid）がその主唱者であるとされる。既に第一節においてみてきたように、ケルゼンは「利益」説に批判的であるが、「意思」説については、これを「技術的意味の私法上の権利」への契機と捉えている。すなわち「客観法によって承認された意思力」を「訴訟において義務の不履行を主張する法的力」へと発展させるわけである。

ケルゼンは『国法学の主要問題』の中でヴィントシャイトの所説を詳細に分析している。それによると、ヴィントシャイトは、「権利」の概念を「法秩序によって付与された意思力ないし意思の支配」と定義するが、それは「自己の行態に対する権利」（Rechte auf ein Verhalten anderer Personen）と「他人の行態に対する権利（Rechte auf eigenes Verhalten）とに分かたれる。「権利」の第一の類型たる「自己の行態に対する権利」の下にヴィントシャイトは、「権利保護の可能性ないし――イエーリングの用語を用いると――利益の自己保護（Selbstschutz des Interesses）」、換言すれば「訴えることを意欲しうること」（Klagenwollen-dürfen）のみならず、「相対する主体の義務に適合した行態を求める権利者の意思」を理解する。すなわち、貸金返還請求権を例にとると、（一）「返還を意欲しうること」（二）「適時の返還がない場合、訴えることを意欲しうること」という二つの権利が含まれることになる（HSL, S. 584-585.）。[44] ケルゼンは、「意思」説のいう「適時の返還がない場合、訴えることを意欲しうる」権利を、「技術的意味の私法上の権利」に発展させたものとおもわれる。ケルゼンは、『純粋法学〈第二版〉』において曰く、

「伝統的法律学において利益説に対して、所謂意思説が対立している。この意思説によれば、権利は法秩序によって与えられた意思力であるということになる。しかしながらそれによって、利益説が関連するのとは別の対象が明らかになる。すなわち、それは一つの授権、換言すれば法秩序によって個人に与えられた法的力というものである。かかる法的力が存するのは、法的義務を構成するサンクションという条件の下、通常は義務の履行の相手方たる個人の行う、サンクションの執行に向けて訴訟という形式で法適用機関に向けて行われる行為が想定されるときである。さらにこうした機関が、それによって適用されるべき一般的法規範を適用し、そしてその当該機関によって確定された具体的な不法の要件に具体的な不法の効果を結びつける個別的法規範を定立しうるのは、授権された個人――すなわち原告――に、法適用機関の手続――とりわけ裁判手続――を最初に発動せしめる当該機関を相手方とする申立てが存在するときに限られる。そうなると法、すなわち法機関（Rechtsorgan）によって適用される一般的法規範が、一定の個人、通常は他者が一定の行態を義務づけられる際の相手方たる個人の処分に委ねられることになる。そしてこの意味において、――客観的な――法は、実際にその個人の法なのである。このような事実を記述するにあたり、反射権という補助概念を用いるならば、権利（Berechtigung）――これは法的義務の反射に過ぎない――は、この反射権、すなわちその反射が権利にあたるところの義務の不履行を訴訟において主張しうる法的力を備えることになる、ということができる。」（RRLII, S. 139.）

そしてこのような事実は、「法的義務の反射」ということでは捉え尽くすことのできないものである。それが「技術的意味の私法上の権利」、すなわち「法的義務の不履行を訴訟において主張する法的力」である。そして続けてケルゼンは次のようにいう。

「伝統的な理論によれば、あらゆる個人の権利には、他人の行態に対する『請求』（Anspruch）が含まれている。しかもその請求とは、その他人が権利を有する当該個人に対して義務づけられている行態に対する請求であり、換言すれば、反射権と同一のものとされている法的義務の内容をなす行態に対する請求である。しかし法的に意味のある『請求』とは、反射権が技術的意味の権利たりうるために備えなければならない法的力の行使において初めて行われるのである。或る他の個人が一定の行態について義務づけられている際に相手方となる個人が、当該義務の不履行につき訴訟で主張しうる法的力を有しないならば、その個人が義務の履行を要求する行為というものは、何ら法的効力を有しないということになるわけであって、それ故にそのような行為は――それが法的に禁止されていないということを度外視すれば――法的に意味のない行為だということになる。それ故に法的に有効な行為としての『請求』は、技術的意味の権利、換言すれば、自らについて存在する法的義務の不履行を訴訟において主張する、当該個人の法的力があって初めて存在することになるのである。」（RRLII, S. 140.）

既に述べたように（第二章第一節**四**（二二六頁以下））、「法的義務」に「技術的意味の私法上の権利」が加わってはじめて「主観化された客観法」（＝「『彼の』法」・「主観的法」）になるわけであるが、右の叙述はそのことを説明したものである。

二　このようにケルゼンは、伝統的「権利」概念の中の「意思」説的要素を重視して、「技術的意味の私法上の権利」を構成するわけであるが、これは実体法上の「権利」から訴訟に関わる権利（＝「訴訟において義務の不履行を主張する法的力」）を導き出すことであり、これは、さしあたりその限りで、かつての「私法的訴権説」に近似するものがあるのではないか、という疑問が生じる。ケルゼンは、『国法学の主要問題』の中で「意思」説の代表者としてヴィントシャイトを挙げているが、ケルゼンの「意思」説理解が、このヴィントシャイトに由来するということは、十分にありうるところであろう。ところで、ヴィントシャイトは「請求権」概念の提唱者として著名ではあるが、他方において、訴権を実体権の延長線上において捉える「私法的訴権説」の段階にとどまっていることも、亦夙に指摘されているとおりである。[45] 既に述べたように（第二章第一節六（二三四頁以下））、『国法学の主要問題』においてケルゼンは、「権利」を、Rechtssatzとの関係で「義務に適った行態をなすべし」という臣民（＝相手方）の義務と、「かかる義務に適った行態が行われない場合に不法の効果を科すべし」という国家の義務が併せ存するものとして捉えている。これは、貸金債権を例にとり、そこには相手方に「返還を意欲しうること」と、「適時の返還がない場合、訴えることを意欲すること」が併存している、とする――ケルゼンが引用する――ヴィントシャイトの所説に対応するものといえまいか。後にも述べるように（第三章第一節（二六一頁以下））、ケルゼンは『純粋法学〈第二版〉』で「技術的意味の私法上の権利」の範囲をかなり広く捉え、上訴権をもその範疇に含めるのであるが、かような構成のあり方も含めて、「技術的意味の私法上の権利」概念には、「私法的訴権説」について論ぜられたのと似たような問題点が存するのである（後述、第四章第二節（二八四頁以下）参照）。

三　従って以上述べたようなケルゼンの理論構成を捉えて、それは実体法と訴訟法が完全に分離されていない、という意味で「アクチオ的」であるというのであれば、ケルゼンの「権利」論は、「アクチオ的」だと評することもできるであろう。

ブーハーの整理するところによれば、私法の体系はアクチオの体系と権利の体系とに二分され、アクチオの体系は、訴訟上の可能性が一体として問題になるのに対して、権利の体系は、行態規範(Verhaltensnormen)が集まったものであるとされる。そして、アクチオの体系が「一定の要件事実が実現されたならば、訴訟において相手側に一定の行態をなさしめることを貫徹することが可能である。(そしてその行態を対象として権利が存在する。)」と定式化されるのに対して、権利の体系は、「一定の要件事実が実現されたならば、相手方の一定の行態に対する権利が存在する。(そしてその権利が、必要な場合は訴訟によって貫徹しうることになる。)」と定式化されることになる。(46)

近代的な「権利」論(「公法的訴権説」の確立)とケルゼンの所説との間に存する構造的な違いについては、既に論及したところであるが(第二章第一節四(二二六頁以下))、この問題は、「国家の強制装置によって保護されない権利がありうるか」という形で論じられる。『国法学の主要問題』においてケルゼンは、「Rechtの概念における保護の契機は、さまざまな態様で段階づけられるのであり、訴権を付与することは保護のうちで最高の段階を意味するに過ぎない」とするベルナチック(Bernatzik)の所説に対して次のように述べる。

「[このようなベルナチックの所説に対しては、]法秩序が或る利益に対して付与する保護は、専ら唯一、権利者の利益に対応する形で、利益客体の給付や利益妨害の不作為についての義務を定めることに存するのであって、アクチオに存するのではない、ということを指摘しなければならない。アクチオの有する意味というのは、法的義務を定める国家の意思が、不法の効果について、それを権利者のアクチオによらしめることによって、利益を享受する者にかかる保護を自らの意思で利用する可能性を与えることに過ぎないのである。アクチオの付与なくしても、その主体の利益は、法的義務を定める法秩序によって優れて保護されているのであり、何故私人による訴え(Privatklage)

の可能性が法秩序の保護を高めるのかが理解できない。勿論臣民の法的義務は、不法の効果に関する国家の条件づけられた意思による以外に定められうるかどうかについては、別のところで論ずべき問題である。しかし――ベルナチックの如く――命令説の立場から、適法な行態を命ずる裸の、サンクションなき命令に――それが法律形式においてのみ表現された場合――義務づける力を認めるとしても、何らかの命令によって保護された利益が如何にして権利になりうるのか、という問題がなお残るに違いない。何となれば、利益の実現のためになされる意思行為(Willensdispositionen)に結びつけられる『法的効果』は、――命令説の見地からすれば――他人の法的義務――すなわち命令――の中にあるのであり、それ故に、法学的には決して、命令ないし法的義務によって保護された利益以外の事実があるようにはみえないからである。命令説の見地からしても、客観法から主観法を導き出すこと、すなわち規範を主観法へと主観化することが、可能になるとすればそれはアクチオによるほかなく、すなわち命令を行うか否かが当該主体に委ねられることによることになるわけであり、それはトーン(Thon)の理論の中で命令説が貫かれる中で示されている。」(HSL, S. 599-600.)

おそらく右の記述などからしても、ケルゼンの「権利」論は――少なくとも形式上は[47]――アクチオ的発想に近い「権利」論ということができるであろう。

四　ケルゼンは、「技術的意味の私法上の権利」を「訴訟において義務の不履行を主張する法的力」と捉え、訴訟における義務不履行の主張に考察の重点を置いている。それでは一定の法的義務の履行の相手方(＝権利を有する者)が、その義務を負っている他人に対して当該義務の履行を訴訟以外の場において主張(要求)する行為はどのように捉えられるのであろうか。例えば、貸金債権を有する者が訴訟以外の場において、債務者に対して債務の履行を請求する行為、これなどはケルゼンによれば如何に評価されるのであろうか。この点についてケルゼンは言明するところがないようであるが、ケルゼンにとって「規範」(Norm)とは、一つの「解釈図式」(Deutungsschema)であるから(Vgl. RRLII, S. 3f.)、要はこのような行為に法秩序が如何なる法的効果を結びつけているかにかかるであろう。そして後に述べるように(第三章第一節)ケルゼンのいう「授権」概念はかなり特殊であるが、彼のいう広義の「授権」(Ermächtigung)概念は、「不法行為を除いて法により規定された人間行態」にかかわるものである。従って、訴訟外における権利者の請求の有無に拘わらず義務の履行があった場合、その義務の履行は「自己の行態によってサンクションを回避する」という消極的な「法的効果」をもたらすが故に、ここにいう広義の「授権」に基づく行為ということになるのである。

(44)　もっとも「意思」説も、細かくみていくと、「意思」とは何ぞやという問題、そこにいう「意思」とは生の心理的事実としての意思なのか、或いは意思無能力者も権利を持ちうるのは何故か、などの問題が存する(Vgl. HSL, S. 586ff.)。

(45)　奥田・前掲書注(30)四五頁以下参照。奥田教授は、ヴィントシャイトの所説が「私法的訴権論」に属することについて、次のように述べる。

「……訴権論に関しては、権利侵害からまずその除去を求める請求権を生じ、その請求権の不履行によって請求権は訴権となるとの彼[=ヴィントシャイト]の説明から知りうるように、彼は、権利・請求権・訴権を、同一権利の発展諸段階として、いわば一直線的関係において捉えている。訴訟において保護を受けるのは、彼の見解からは訴権であるが、この訴権は、実は、権利の発展形相(実体権の延長)なのであるから、実は、権利自体が保護されることになる。まさに、私法的訴権論といわれるゆえんである。」(同四六頁)

もっともかかる一般的な捉え方に対しては、ヴィントシャイトのいうKlagerechtとは、内容的には「請求権」

と同じものであり、「訴権」を意味するものではない、従ってヴィントシャイトの「私法的訴権説」なるものは存在しない、とする富樫教授の批判がある（富樫「ドイツ訴権論の成立過程」前掲注(30)一一六頁以下)。

(46) Bucher, a.a. O. (Fn. (17)), S. 30.

(47) ケルゼンの「権利」論が、アクチオの体系と、歴史的・社会的背景において共通性ないし関連性があったかどうか、といった問題は考察の範囲外とする。抑々ブーハーのいう「アクチオの体系」「権利の体系」自体が、(ローマ法であるとか、ドイツ民法典BGB以降のドイツ法といった)歴史的個別的な法秩序の存在から離れた一般的法理論上の概念であるといえよう。

第四節　まとめ

一　これまで第二節及び第三節を通して、伝統的「権利」論――すなわち「利益」説と「意思」説――に関するケルゼンの所説を検討してきた。

以上の検討から著者がこの第二章の第一節**四**（二二六頁以下）で提示した問題に一定の解答を提示することができるとおもわれる。すなわちそこで著者は、《乙は甲に対して借金の返済について法的義務（＝債務）を負う。》という命題から《甲は乙の当該義務不履行を訴訟において主張することができる。》という命題は直ちに論理的には導出されない、という例を引き、ケルゼンは「技術的意味の私法上の権利」の帰属の問題を立法政策＝「私有財産制を保障する資本主義的法秩序に特殊な技術」にかかる問題として捉えているのではないか、という推論を提示した。この章を閉じるにあたって、この推論は正当であったと考えるし、また「権利」＝「法的義務の反射」と「技術的意味の私法上の権利」の帰属の問題を切り離したところに、ケルゼンの

「一般的法理論」の特色があるとおもわれる。またかように捉えることによってこそ、『法と国家の一般理論』における次のような叙述も理解できるのである。ケルゼンは、「技術的意味の私法上の権利（「サンクションを起動せしめる法的可能性としての権利」）の説明に続けて次のようにいう。

「かくして、権利とは、サンクションが執行されるためにはその旨の意志を表示しなければならない個人との関係における法規範である。権利の主体は、サンクションに向けられるその意志の表示が、すなわち、その出訴がサンクションの一条件であるような個人である。もしわれわれが、法秩序が出訴の可能性を付与する個人を潜在的原告と呼ぶとすれば、権利の主体は常に潜在的原告である。法秩序はふつうこの可能性を、サンクションにある利益をもつと立法者が推定する個人に付与する。だが、もし法秩序がその可能性をある個人に与えるならば、この個人は、たとい、具体的な場合に、かような利益をもたず、したがって、サンクションが執行さるべきだとの『意志』をもたないとしても、権利を有する。権利がそれの属する個人の利益または意志でないことは、義務づけられる個人の精神内部のサンクションのおそれや強制でないのと同様である。法的義務同様、法的権利は、規範によって指定された個人、すなわち潜在的原告との関係における法規範である。」（GT, p. 83.（尾吹・訳一五四―一五五頁））

二　第二節で述べたようにケルゼンにおいて「利益」は、基本的に一つの「心理的状態」ないし「精神的態度」として捉えられ、「権利」概念を構成する要素としては認められていない。このことは所謂「平均的利益」についても同様である。結局、立法者の想定する「平均的利益」は、「技術的意味の私法上の権利」を誰に付与するかに関する立法政策上の一考慮事由に過ぎないということになる。換言すれば、立法者は通常、「技術的意味の私法上の権利」を「サンクションに或る種の利益をもつと立法者が推定する個人に付与する」という一つの傾向が示されるに過ぎないのである。

第三章　「権利」論の具体的展開

この章では、第二章で検討したケルゼンの「権利」論の基本的な考え方が具体的に如何に展開されているかについて、付随する諸問題の検討をも含めて論じることにしよう。

第一節　「技術的意味の私法上の権利」

一　「技術的意味の私法上の権利」については既に、第二章においてかなり詳しく論じた。すなわちそれは、「訴訟において義務の不履行を主張することができる法的力」であり、終局的には民事訴訟を経て強制執行へと至る一連の過程を考慮に入れれば、それは「サンクションを起動せしめる法的可能性」ということになる。そしてそれはケルゼンの「法創設段階への参与資格」としての「権利」概念の裁判判決段階への適用に他ならない。しかし「技術的意味の私法上の権利」は法秩序に必然的なものではなく、私有財産制度を保障する資本主義的法秩序に特殊な技術であり、その限りで歴史的に相対的な存在である。以下では、「技術的意味の私法上の権利」に付随する幾つかの問題について検討を加える。

二　このように「技術的意味の権利」は、裁判判決という個別的法規範定立手続――更にはその結果としてのサンクション――を発動するための一つの「技術」である、という点にその本質を有する。従ってケルゼンの議論にあっては、実体法上の「権利」は「義務」の概念に吸収され、専ら訴訟に関わる「技術的意味の私法上の権利」のみが前面に出てくることになる。そしてさらにケルゼンによれば、「技術的意味の権利」の内容には、上訴権も含まれることになる。

「このような個人に付与された法的力には、通常、当該個人に対して不利益な裁判判決が出た場合、所謂上訴手続によって、当該判決は法に違背するとの理由から控訴を行い、その控訴によって、不服の対象となる判決の取消とそれに替わる判決に導きうる手続を始めることについての授権も含まれる。そのような法的力は、主張される義務の相手方とされる個人に認められるのみならず、主張される義務の主体にも認められる。すなわち現在の訴訟法の規定によれば、原告のみならず被告もまた自己に不利益な判決に対して控訴することができることになる。しかしこのような法的力の行使は、法的義務を主張するためになされるのではなく、逆に、主張されてはいるが被告の見解によれば存在しないか、或いは存在していても主張されている程度ではない法的義務の成立を妨げるためになされるのである。このような法的力は、反射権と結びつくものではないから、——通常の用語法によれば——何ら権利は存在しないことになる。」(RRLII, S. 142.)

もっともここで注目に値するのは、右に引いた叙述に続いて、ケルゼンは行政法においても同様のことがあてはまるとし、不服申立(訴願)や抗告訴訟を、裁判における第一審に擬せられた原行政処分に対するいわば控訴審として位置づけることができる、としている点である。

「現代の行政法によれば、類似の権利は、自己の見解によると法的に根拠づけられない行政命令、すなわち行政官庁によって定立され、当該個人に対して一定の行態を規定する個別的規範に向けられた個人にも帰属する。すなわちそのような形で関係する個人は、当該行政命令に対して、訴願 (Beschwerde) ないしその他の名称の法的手段を執り、それとともに最初の命令を取り消したり、修正したりする別の個別的規範の定立に導きうる手続を開始することを授権されるのである。このような場合についてもひとは権利について語らないのが普通である。」(RRLII, S. 142.)

しかしこのように一方において上訴権までを「技術的意味の私法上の権利」の内容に含め、他方において行政法上の不服申立や抗告訴訟を、第一審に擬せられた原処分に対する「控訴」として捉えることには、次のような疑問が生じうる。すなわち、後にも述べるように(本章第二節一(二七一頁以下)参照)、「技術的意味の私法上の権利」の目的は、あくまで自らを履行の相手方とする法的義務の不履行を主張することにある。これに対して所謂「政治的権利」においては誰某の義務の不履行を主張することが目的なのではなく、端的に一般的法規範の創設=法律制定への参与が目的である。上訴審が、一方において原審に引き続き義務の不履行を主張する場であると同時に、他方においては原判決の取消・変更を導く場であると捉えられるとすれば、後者の原判決の取消・変更は、裁判官の職務義務違反の追求を目的とするものではないから、これを抑々何人かの義務不履行の主張を授権する「技術的意味の私法上の権利」の内容として捉えることには無理があるであろう。寧ろ原判決の取消・変更を請求することは端的に、上訴審判決という個別的規範定立への参与ではあるまいか。上訴権を「政治的権利」とすることは固よりできないが、かといって「技術的意味の私法上の権利」として捉えつくすこともできないとおもわれる。ましてや被告の上訴権の法的根拠づけについては不明である。既に指摘したように(第二章第三節(二五二頁以下))、ケルゼンの「技術的意味の私法上の権利」概念には「私法的訴権説」に類似の構造がみられるとおもわれるが、ここにその問題性の一端があらわれているようにおもわれる。

三　ケルゼンの「法的義務」の概念は、サンクションと不可分の概念であり、「技術的意味の私法上の権利」は、「サンクションを起動せしめる法的可能性」として位置づけられる。ここでそれに関連して「サンクションを伴わない法的義務」(sanktionlose Rechtspflichten)というものがありうるのではないか、という問題について論及しておこう。

そこで念頭に浮かぶのが、「その履行を訴訟において主張することができず、その不履行が強制執行の条件とはならない」、所謂「自然債務」(Naturalobligation)[48]を如何に考えるかであろう。ケルゼンによれば、自然債務はサンクションを定立する規範の効力が制限される場合に過ぎず、「サンクションを伴わない義務」ではないとする。すなわち、自然債務について「給付を行う法的義務」を語るのは、一旦なされた給付について不当利得の故に返還請求の対象にならないようにするためである。

「このことが意味するのは、次のことに他ならない。すなわち、給付する者が法的に義務づけられていない給付を行ったが、その給付を受領した者が、その給付された物を返還しない場合、訴訟に基づいてその受領者の財産に強制執行が行われるべし、という一般的規範が妥当するけれども、このような強制行為について定める規範の妥当が、法秩序によって定められた一定の事件について制限される[＝その限りで強制執行がおこなわれない]、ということである。」(RRLII, S. 53.,［　］内は著者による補足。以下、同じ。)

従って「自然債務」は、「サンクションを伴わない法的義務」を想定しなくても説明可能である。ケルゼンは「自然債務否定論」に立っているといえようか。[49]

四　「技術的意味の権利」に関するケルゼンの以上のような考え方は、私法学の基本的概念枠組に対する原理的批判に及ぶものである。すなわちケルゼンは以上のような「権利」観に基づいて私法学における「権利能力」(Rechtsfähigkeit) と「行為能力」(Handlungsfähigkeit) の区別を批判している。

この問題に論及する前に、ケルゼンのいう「能力」(Fähigkeit)とか、或いはその基礎にあるとみられる「授権」(Ermächtigung) の概念について少し説明をしておく必要がある。抑々ケルゼンにおいて「能力」の概念は、「授権」と結びつけられた概念である。そして「能力」の概念のうちでケルゼンの法理論にとって重要な意味をもつのは、「不法行為能力」(Deliktsfähigkeit)、(広義の)「行為能力」(Handlungsfähigkeit)、及び(狭義の)「行為能力」(Geschäftsfähigkeit) の三つである。[50] この三つの「能力」概念は、ケルゼンのいう三つの「授権」概念、すなわち最広義の「授権」概念、広義の「授権」概念、及び最狭義の「授権」概念に或る意味において対応するものである。

すなわち最広義の「授権」概念は、法規範を創設する法的力のみならず「個人の行態が法的効果、すなわちなされるべきものとして定立される強制行為についての間接的、直接的条件となったり、或いはこのような強制行為を表す行態そのものである場合」にも関わるものである (RRLII, S. 150.)。要するに「法によって条件若しくは効果として定められている人間行態の全て」がここに含まれることになる。[51] ケルゼンにおいて違法行為はまさに強制行為という法的効果の要件であるから、違法行為も《法秩序によって授権された行態》ということになる。従ってここにいう「授権」された行為だからといって、それが法的に是認された行為であるということを意味するものではないのである。そして違法行為が強制行為の要件たりうるための条件、換言すれば《強制行為の要件たる違法行為を行うための能力》、これが「不法行為能力」である。不法行為法や刑法にいう「責任能力」概念がこれにあたるといってよいであろう。[52] 従って、最広義の「授権」概念に対応するのは、この「不法行為能力」と次に挙げる（広義の）「行為能力」ということになる。

これに対して広義の「授権」概念は、「法的に是認された行為」に限るものであり、最広義の「授権」概念から違法行為が除かれたものである。すなわち違法行為以外で、法的効果に結びつけられている行態に関わるものである。そしてここにいう「法的効果」は強制行為に限られない。要するに「不法行為を除いて法により規定された人間行態[53]」が、この広義の「授権」に関する行態であるといえるであろう。法の定立・適用のみならず、許可された行為や命令された行為も、「義務の履行」＝「自己の行態によってサンクションを回避する」という消極的な「法的効果」をもたらすが故に、ここにいう「授権」に関わるものである。訴訟の提起↓判決↓強制執行に至る前に任意に債務を履行する行為の如きも同様であろう（第二章第三節**四**（二五七頁以下）参照）。そしてこの広義の「授権」概念に対応するのが、（広義の）「行為能力」である。すなわち、《サンクションが結びつけられる違法行為以外の行態で、法秩序が一定の法的効果を結びつける行態をなしうる能力》であるといえよう（RRLII, S. 151.）。

更に最狭義の「授権」概念は、「法規範を創設し適用する法的力、すなわち能力を付与すること」である。（狭義の）「行為能力」は、「法秩序によって個人に付与された能力で、立法ないし慣習によって創設された一般的法規範に基づいてより下位の段階の法規範を創設し、裁判所によって創設されるべき個別的法規範の創設に参与する能力」をいう（RRLII, S. 152.）。訴え及び控訴によって裁判手続に影響を与える能力である「訴訟能力」（Prozeßfähigkeit）も、この意味での「行為能力」の一つである（RRLII, S. 151.）。

このようにケルゼンのいう「授権」概念は、最広義の「授権」概念も含めれば、我々が法律学において通常用いている「授権」概念よりはかなり広い、かつ独特のものであるといえるであろう。

さて以上のような「行為能力」概念を踏まえて、ケルゼンが「権利能力」と「行為能力」の区別をどのように考えているかについて検討する。周知のように、子どもや精神病者が違法行為を行っても刑事責任を問われることはない。ケルゼンの理論枠組からすれば、「子どもや精神病者は、不法行為能力がなく、それ故に義務能力がない（nicht verpflichtungsfähig）」、「従ってこれらの人々の行態は、サンクションの条件にはならない」ということになる（RRLII, S. 162.）。そうだとすると行為無能力者と法定代理人（gesetzlicher Stellvertreter）との関係をどのように考えたらよいのであろうか。ケルゼンの法理論において「行為無能力者」や「権利能力」の概念は、殆ど意味のある役割をもたない。まず、ケルゼンは、行為無能力者はどのように位置づけているのであろうか。ケルゼン曰く、

「権利の下に、法秩序が或る個人に対して賦与した法的力、すなわち能力であって、他者が自己に対して有している法的義務の不履行を訴訟において主張しうる能力であると理解するならば、行為無能力者は権利を有することができない。当該行為無能力者の法定代理人のみが、かかる能力を有することになる。すなわち法秩序がこのような力を与えているのは、法定代理人であって、子どもなり精神病者ではないのである。」（RRLII, S. 164.）

以上のことは、ケルゼンの「権利」概念＝「規範創設への参与資格」からする当然の帰結である。然らば法定代理人の地位を如何に考えるか。ケルゼンは続けて次のようにいう。

「しかし法定代理人は、このような権利を行使するにあたり当該法定代理人によって代理されるところの行為無能力者の利益に適うように行使するように義務づけられる。所有権が問題となる場合、訴訟において法定代理人の側がその毀損を主張する義務というのは、所有権の存する物の処分が帰属する当該法定代理人に対する義務である。

他の全ての者はこの処分を受忍するよう義務づけられるのであって、換言すれば処分を妨害したり、その他の方法で侵害しないよう義務づけられるわけである。しかし法定代理人はその物を処分するにあたり、当該法定代理人によって代理されるところの行為無能力者の利益に適うように処分すること、とりわけ当該物の使用及び消費を――権限の及ぶ範囲内で――当該行為無能力者に委ねることを義務づけられるのである。債権が給付義務の反射として存在する場合、法定代理人に対して給付がなされるべきであるが、法定代理人には、給付を自らが代理する行為無能力者の利益に適うように受領する義務がある。このような法定代理人に課された制限が、伝統的学説において法定代理人を当該権利の主体とせず、当該権利を行為無能力者の権利として名義を書き換える所以なのである。しかし権利の概念を以て、法的力ではなく利益として定義づけるとすれば、法定代理人が彼に委ねられた法的力を行使する際にその利益を考慮しなければならない行為無能力者について、これを何らの擬制的な名義の書換えなしに権利の主体とし、権利能力を有する者（rechtsfähig）と看做すことはできるであろう。しかし、このような見解の前提、すなわち権利を以て法的に保護された利益であるとする考え方は、本書において示された種々の理由から与することができないものである。」（RRLII, S. 164-165.）。

要するに権利能力の概念は、利益説的な考え方に立った上で初めて正当化可能なのであり、既に述べたように（第二章第二節（二四二頁以下））利益説を批判するケルゼンの理論においては、存在意義を失うことになる。

抑々ケルゼンにおいては次の二つの命題が前提条件として存在していたのである。すなわち第一に、一定の行態について法的に義務づけられたというためには、自己がなした当該義務に反する行態によって義務に違反したり、或いは自己がなした当該義務に沿う行態によって義務を履行することのできる者であって、要するに（広義の）行為能力を有する者でなければならない、ということである。そして第二に、法的力としての権利を有するのは、この（広義の）行為能力を有する者に限られるということである。かかる前提に立つとき、問題となっている義務及び権利は、法定代理人の義務及び権利であると解釈され、法定代理人は本人たる行為無能力者の利益に適うように義務を履行したり、権利を行使したりしなければならない、と記述されることになる。そのように記述すれば、権利は当該行為無能力者本人にある、といった「擬制的な名義の書換え」（fiktive Zuschreibung）をしなくて済むわけである。ケルゼンによれば結局、「権利能力」の概念は、《主体のない義務及び権利》を避けるために引き合いに出される概念である。

「法定代理人には自己が代理している行為無能力者の利益に適うように義務を履行し、或いは権利を行使しなければならないという制限が課されているので、問題となっている義務及び権利が、法定代理人の義務及び権利であると解釈されないとすれば、こうした義務及び権利は、主体のない義務及び権利（subjektlose Pflichten und Rechten）とされるにとどまる可能性がある。まさにかかる帰結を回避するために、伝統的理論は、このような義務や権利を権利無能力者のものとして名義を書き換えるのである。」（RRLII, S. 165-166.）[54]

そしてかかる権利無能力者と法定代理人との関係は、この《名義書換の擬制》を用いて表現されている点で、共同体（Gemeinschaft）と機関（Organschaft）[55]との関係とアナロジーに捉えることができる。

「法定代理人と機関は、親和性のある概念である。一定の個人が共同体の機関と看做されるのは、当該共同体がその当該個人を通じて事実上その個人が行っている権能を自ら行っているかのように事実を表現するからである。そして一定の個人が行為無能力者の法定代理人と看做されるのは、確かに行為無能力者自らが義務を履行するのではなく、この法定代理人とされる個人によって義務が履行されるのに、あたかも義務を履行するのはその当該行為無能力者であるかのように、事実を表現するからである。すなわち当該行為無能力者がその権利主体とされる財産に対し、サンクションとして向けられる強制行為の要件が定められていて、その反対の行為がかかる強制行為の要件となっている行態を明らかにすることができるのである。また財産をなす反射権と同一の義務の不履行を主張するための法的力を行使するのは、確かに行為無能力者ではなく、それを授権された個人なのであるが、行為無能力者があたかもそうした法的力を行使しているかのように表現するわけである。さらに、行為無能力者の義務及び権利である義務と権利が創設される根拠となる法律行為を行うのは行為無能力者自身なのではなく、法定代理人なのに、あたかも行為無能力者がそうした行為を行うかのように表現するのである。このような形で事実を記述するところに法定代理の本質が現れているのであるが、かかる記述は機関（Organschaft）の場合における事実の記述と同様に、擬制に基づくものである。すなわち［本来の法定代理人から行為無能力者へ、或いは機関から共同体へ、といった名義の］書換えの擬制である。何となれば、法的に意味のある行為を行うのが実際には共同体ではなく、機関とよばれる個人であるのと同様に、やはり法的意味のある行為を行うのは、行為無能力者ではなくその法定代理人であるからである。要するにかかる擬制の助けを借りてはじめて、行為無能力者は行為能力があり、それに伴い権利能力があり、さらに義務と権利の主体であると看做されうるのである。」（RRLII, S. 166.）

このようにケルゼンは、法定代理人から行為無能力者への《名義書換の擬制》を暴露することによって、伝統的法理論を批判するのである。

（48）「自然債務」については、我妻 栄『新訂債権総論』（昭和三九年）六七頁以下参照。
（49）「自然債務」に関する近時の文献として、大久保邦彦「自然債務否定論」奥田昌道先生還暦記念『民事法理論の諸問題上巻』（平成七年）二八五頁以下。
（50）HandlungsfähigkeitとGeschäftsfähigkeitはともに「行為能力」と訳すことができるが、この両者を「広義の行為能力」と「狭義の行為能力」とに訳し分けることについては鳩山博士の例に倣った（鳩山秀夫『日本民法総論（上巻）』（大正一二年）五一頁以下参照）。因みに鳩山博士において「広義の行為能力」とは、「自己ノ行為ニ因リテ法律上ノ効果ヲ惹起シ得べキ法律上ノ地位」をいう（鳩山・前掲書四一頁）のに対して、「狭義の行為能力」とは、「法律行為ヲ為ス能力」、換言すれば「自己ノ意思表示ニヨリテ有効ニ法律行為ヲ成立セシムルニ適スル法律上ノ地位」をいう（同五一頁）。

(51) 菅野・前掲書注(11)一一八頁・注(2)。

(52) 鳩山博士は、「不法行為能力ニ付テハ民法第七百十二条、第七百十三条ニ規定アリ或ハ之ヲ責任能力ト称ス」という（鳩山・前掲書注(50)五二頁）。

(53) 菅野・前掲書注(11)一一八頁・注(2)。

(54) 「主体のない義務及び権利」が問題になるのは、休止相続財産(ruhende Erbschaft)の場合である(RRLII, S. 165.)。休止相続財産については、ハインリッヒ・ミッタイス著／世良晃志郎・広中俊雄共訳『ドイツ私法概説』（昭和三六年）三二五頁参照。

(55) ケルゼンの機関論については、柳瀬良幹「ケルゼンの機関論―機関学説の系譜」(三)（昭和四二年）同『元首と機関』（昭和四四年）一四五頁以下参照。

第二節　「政治的権利」

一　通常「政治的権利」とは、「国家意思の形成に影響を与える権能」、「――『国家意思』が表現される場であるところの――法秩序の創設に直接、間接に参与する権能」を指す。そしてこうした「政治的権利」に属するものとしては、選挙権及び被選挙権、そして選出された議員の諸権利が挙げられる(RRLII, S. 143.)。

もっともケルゼンによれば、本章の最初に述べたように、「技術的意味の権利」も《法規範創設に参与する権利》ないし《国家意思形成に参与する権利》として捉えることができる。そうすると法規範創設には、一般的法規範の段階から個別的法規範の段階へと種々の段階が存するわけであるから、裁判判決という個別的法規範の創設に参与することを授権する「技術的意味の私法上の権利」と一般的法規範である法律の制定に参与する種々の「政治的権利」との間にはさまざまな共通点が見出されることになる。

「政治的権利の特徴が、国家意思形成への参与、すなわち法規範の創設への参与を権利者に認めるということに求められるとすれば、私法上の権利もまた政治的権利ということになる。何となれば、私法上の権利もまた、権利者に対して国家意思形成への参加を可能にするものだからである。そしてこのような私法上の権利者は、法律による一般的規範において現れるのではなく、裁判判決による個別的規範において現れることになる。」（RRLII, S. 143-144.）

しかし反面において「技術的意味の私法上の権利」と「政治的権利」との間には次のような違いがみられる。

「特殊な意味での私法上の権利——法的義務の不履行を主張するために与えられたこのような力——が、同じく法的力であるところの所謂政治的権利とともに、同一の権利の概念において括られるとすれば、かかる帰結は、この二つの権利において同じ法作用、すなわち法に服する者の法創設への参加、換言すれば法創設作用があらわされている限りにおいて可能である。しかしその際意識しておかなければならないのは、既に強調しているように、特殊技術的意味での私法上の権利が所謂政治的権利と区別されるのは、前者の技術的意味の私法上の権利にあっては、法秩序によって個人に与えられる法の創設に参加する法的力ないし権限が、当該個人ないし他の個人に対して存する法的義務の主張を目的とするのに対し、政治的権利にあってはそうではない、ということである。債権者は、訴えの提起によって裁判判決という個別的法規範の創設に参与し、以て当該債権者に対して一定の給付を為すべしという債務者の法的義務の不履行を主張することを法秩序によって授権されており、換言すればそういったことをなしうる法的力を有するのである。このような法的力の行使は、他の課せられた法的義務によって保障されることはありうるけれども、必ずしもそうではないのであって、それは授権の行使が授権された者の法的義務の内容であることもありうるが、必ずしもそうではないのと同じである。裁判官が、債権者の訴えを受理することが義務づけられることはありうるし、若し訴えの受理を拒否した場合、当該裁判官が職務義務違反として懲戒処分を受けるとすれば、彼は訴えの受理を法的に義務づけられているということになる。しかし主観的権利であるところの債権者に与えられた法的力は、このような裁判官の職務義務の不履行を主張することを目的とするものではなく、債務者の義務の不履行を主張することを目的とするものである。選挙官庁は、選挙人の投票を受理し、集計することを法的に義務づけられるということがありうるし、更に何らかの作業の不履行が結果としてサンクションをもたらす場合、そのような作業は法的に義務づけられているといえる。しかし政治的な選挙権としての法的力は、このような職務義務の不履行の主張を目的とするものではない。それは、私法上の権利を表現する法的力とは異なって、抑々個々の法的義務の不履行を主張することが目的なのではなくて、――間接的に――それによって法的義務が定立されるところの一般的法規範の創設への参与を目的とするのである。」（RRLII, S. 144-145）

以上がケルゼンの説くところであるが、「技術的意味の私法上の権利」が特定の相手方の義務の不履行を訴訟において主張することを目的とするのに対し、「政治的権利」は、官吏の義務不履行の追及が目的なのではなく、法律制定手続＝一般的法規範創設への参与を目的とするものである。このことは次に挙げる憲法規範（なかんずく、基本権ないし自由権）の特質論とも密接に関わる。

ない。

二　通常市民の「政治的権利」というときに、最も代表とされるのは憲法上の基本権ないし自由権である。しかしケルゼンによれば、基本権ないし自由権はそれ自体、何ら「技術的意味の権利」を付与するものではない。

「このような憲法上の［基本権ないし自由権の］保障は、それ自体、何らの権利も構成するものではなく、また何らかの単なる反射権を構成するものでもないし、さらに技術的意味の私法上の権利を構成するものでもない。これらは、保障の対象とされた平等ないし自由が法律（ないし法律に代わる命令）によって侵害される、すなわちそういった法律などによって廃止されたり制限されることを禁止する、ということを表しているのである。しかしかかる『禁止』の含意は、主として立法機関に対してそのような法律の制定を行わない法的義務を課すという点にあるのではなく、そのような法律が効力を持つに至ったときに、『憲法違反』を理由として、特別なこの目的のために規定された手続において再び廃止されることがありうる、という点にあるのである。基本権及び自由権の憲法上の保障は、法律の内容が消極的に規定される憲法の規定とともに、そのような規定に沿わない法律が無効とされる手続が規定される憲法の規定によってもたらされることになる。確かに所謂基本権及び自由権は、法律（及び法律に代わる命令）のみならず法律を執行する命令、さらには行政行為や裁判判決によって毀損されることがありうる。すなわち換言すれば、法律（ないし法律に代わる命令）の形式で制定される規範以外の規範が憲法に違反する内容をもつことはありうるし、それを理由として無効とされることはありうるのである。さらにそれらの規範が憲法違反の法律に基づいて定立されたものでなくとも、何らかの規範が憲法違反の法律に基づいて定立されたものでなくても、何らの法律上の根拠なく定立されたものである場合であれば、それらは無効とされうる。しかもそれは、その内容が憲法の実質的な『禁止』に反する、換言すれば、憲法によって『禁止された』内容であるから、というのではなく、このような形式的な理由からして既に無効とされうる、というわけである。」（RRLII, S. 145.）

本書第一部第二章（三九頁以下）においても論じたようにドイツ国法学においては、一九世紀後半から二〇世紀初頭にかけて自由権（ないし基本権）の《権利性》についての論争があった。以上のようなケルゼンの所説は《権利性》否定論に属するものといえるが、[56][57] 要するにケルゼンにおいて自由権（ないし基本権）は、主として立法機関に対する授権規範にすぎず、それだけでは個人に対して何らかの形での法創設段階に参与する法的力（＝その意味での「権利」）を付与するものではないわけである。[58] それに立法者が自由権侵害の立法を行ったとしても、通常それがサンクションの対象とはならないから、自由権規定は立法者を「義務づける」規定でもないということになる。違憲立法審査制度が確立された後の、法律の廃止原因とされるにとどまる。もっとも違憲立法審査制度の下で法律を廃止する手続に参与することが認められれば話は別である。

「財産権の不可侵を定めた憲法規定が意味するのは、政府に対して——サンクションとしてなされる財産の剝奪は別にして——財産権者の意思に反する形で、補償をせずに当該財産権者から財産を剝奪することを授権する法律は、『憲法違反』の法律として廃止されうる、ということにとどまるであろう。そのような憲法の規定は抑々収用を禁止するものではない。それは補償なしに行われる収用にのみ関するものであって、そのような法律を制定しないという立法機関の法的義務を規定するものではない。『違憲』の法律は、それが——個別的な具体的事例に限られたものであるか、或いは一般的なものであるかはあるにせよ——廃止されるまでは有効な法律である。すなわちそれは無効（nichtig）なのではなく、取り消しうる（vernichtbar）ものである。類似の状況は、憲法が宗教の自由や学問の自由を保障するときにも存在する。すなわちそのような保障の意味するところは、一定の宗教活動を刑罰の下に置いたりして禁止する法律は、憲法違反で廃止されることがありうる、ということである。」（RRLII, S. 147.）

「所謂基本権及び自由権の憲法上の保障が、かかる『権利』を法律によって制限することをここで明らかにした形で［＝通常の法律制定手続以上の加重された条件、例えば特別多数決や複数の議決を必要とするような形で］通常以上に困難にすることを意味するに他ならないとすれば、主観的意味の権利は存在しないことになる。制限立法の『禁止』は何らかの法的義務を定立するものではないから、反射権も存在しないことになる。従ってそれ故に、権利とは、訴訟によって法的義務の不履行を主張する法的力であると理解するとすれば、技術的意味の権利も存在しないということになる。基本権ないし自由権が——たとえ、法的義務の不履行を主張する法的力ではないにせよ——何らかの法的力という意味での権利であるとすれば、それは、法秩序が違憲の法律に関係する個人に、中立に基づいて、憲法違反の法律を廃止に導く手続を発動させる法的力を与える場合である。或る規範を廃止する行為の意味は、それ自体一つの規範であるから、自由権の含意は、この規範の創設に参与するという点に求められるわけである。例えば、憲法上保障された宗教の自由に対する権利が主観的権利であるのは、宗教の自由を制限する法律を廃止する手続が、その法律によって影響を受ける個人によって、換言すれば一種の民衆訴権（actio popularis）によって開始されうる場合である。しかしかかる権利は、政治的な選挙権と同様に、それが権利者を相手方とする法的義務の不履行の主張を目的とするものではない、という点で、私法上の権利である『技術的意味の権利』とは区別されるのである。」（RRLII, S. 147-148.）

そして続けて、憲法規範と立法機関等の国家機関との関係について次のようにいう。

「合議制の立法機関が憲法違反の法律を制定しないことを法的に義務づけられるというようなことは、もともと技術的な理由からして殆ど不可能であり、事実上も存在しない。しかし議会による法律の議決を裁可したり公布すべき国家元首や、国家元首の行為に対して副署を行う内閣の閣僚が、自分たちが裁可したり、公布したり、或いは副署した法律の合憲性について責任を負うということは可能であり、実際にもそういうことは行われている。すなわちこうした法律の合憲性に関連して、特別裁判所によって、職務解任、政治的諸権利の喪失など特別の刑罰が課されることがありうるわけである。そういった場合、そのような行為を定立すること、すなわち違憲の法律を制定したことに参与することについて、法的なこれらの国家機関を拘束する禁止が存在することになる。しかし通常、これらのサンクションの執行に至る手続を開始する法的力が、憲法違反の当該法律によって影響を受ける個人に認められるということではない。憲法によって保障された平等ないし自由を毀損する行政決定や裁判判決は、憲法違反の法律に基づいて定立される個別的規範であるが、そのような個別的規範が存在し、さらにかかる個別的規範によって直接影響を受ける個人が、訴願ないし控訴によって当該［行政決定ないし裁判判決といった］個別的規範の廃止に向けた手続を開始する法的力を有しているとすれば、当該個別的規範の廃止が、具体的事例について憲法違反の法律を廃止することを意味するか、或いは当該違憲の法律を何らかの形で一般的に廃止することを意味する限り、当該基本権及び自由権は、当該個人の主観的権利であるということになる。憲法によって保障された基本権ないし自由権を毀損する行政行為ないし裁判行為によって定立された個別的規範が憲法違反の法律に基づくものではなく、何らの法律上の根拠もなく定立されたものであるならば、当該個別的規範の廃止をもたらす法的力であるところの当該個人の権利は、その違法を理由として行政行為ないし裁判行為の廃止をもたらす法的力を含意する権利と何ら異なるところがないということになる。個人の訴願ないし控訴によって開始された手続は、憲法違反の法律の個別的ないし一般的廃止に至るものではなく、違法な個別的規範の廃止に至るにとどまる。憲法上保障された平等ないし自由を毀損する内容をもつ法律の個別的ないし一般的な廃止をもたらす法的力を個人が有するときにのみ、所謂基本権ないし自由権は個人の主観的権利となるのである。」（RRLII, S. 148-149.）

ケルゼンによれば憲法規範は、一般には[59]行為規範ではなく、授権規範である。従って憲法規範は強制行為を定立する規範ではないが故に、独立的な規範ではない（RRLII, S. 244.）[60]。そのことと表裏一体の関係にあることであるが、基本権ないし自由権が「権利」となりうるとしても、それは「技術的意味の私法上の権利」

の如く、特定個人の義務の不履行を主張する法的力ではなく、憲法違反とされる当該法律の廃止という法創設作用に参与する法的力——そしてその意味において「権利」——なのである。要するに基本権や自由権も、法創設段階に参与する法的力という点に着目して「権利」と構成されるわけである。

(56)　我国において、とりわけ帝国憲法時代の宮沢俊義教授が、ケルゼンの強い影響の下、自由権の《権利性》を否定したことについては、既に論じたところである（第一部第二章第五節**七**（九七頁以下）参照）。

(57)　ケルゼンは官庁による「許可」（Konzession, Lizenz）について、それらはそれに対応する義務がないが故に、「反射権」を付与するものではないといしている（RRLII, S. 143.）。

(58)　ケルゼンによれば平等原則は若干事情を異にする。すなわち平等原則についていえば、「法律における平等」（Gleichheit im Gesetz）は立法行為に関するものであるが、「法律の前における平等」（Gleichheit vor dem Gesetz）は、法律適用機関の行為に関するものである（RRLII, S. 146.）。

(59)　憲法規範は行為規範ではなく授権規範である、という主張は、立法不作為に関する国家賠償訴訟をどのように考えるかという問題と関連して論じられる。この見地から立法不作為に対する国家賠償請求肯定論に対して厳しい批判を展開してきたのが尾吹善人教授である。すなわち教授はケルゼンに拠りつつ、憲法規範は「義務づけ規範」ではないとし、「例えば『言論の自由を侵害する法律は無効』ということは、国会議員達を、無効とされかねない法律をそもそも作らないように仕向けるであろうが、作ったからといって、それが『不作為義務違反』となり、『制裁』が待ち受けているわけではない。ケルゼンにおいては、社会的に強要すべきほど重要な『義務』だから、その違反に『制裁』が規定されるのではなく、反対に、法がAという行為に制裁を規定しているときにだけ、非Aという行為が法的義務になるのである」（尾吹善人『日本憲法——学説と判例』（平成二年）六頁）。そして教授は、立法不作為の国家賠償請求に関する法的問題を詳細に検討するのである。その中で「いったい何百人という数の合議体の『憲法判断上の過失』をどうやって認定できよう」（同三五九頁）といった指摘は、本文で引いた「合議制の立法機関が憲法違反の法律を制定しないことを法的に義務づけられるというようなことは、もともと技術的な理由からして殆ど不可能であり、事実上も存在しない」という、ケルゼンの指摘と軌を一にするものであろう。

(60)　ケルゼンはサンクションの一つである刑罰を定立する規範を次のような法命題として表現する。

「憲法に従って選出された議会が憲法に規定された手続に従って、一定の行態を犯罪として一定の態様で処罰する法律を議決した場合、裁判所が一定の人間はかかる行態を行ったと確定したとき、裁判所はその法律によって定められた刑罰を科すべきである。」

右の命題において憲法は独立に強制行為を定立する規範ではなく、他の規範によって定立される強制行為の条件の一つを規定するものに他ならない（RRLII, S. 244.）。尾吹教授によれば「ケルゼンは憲法規範を『非自立的規範』だというのは、分かりやすくいえば『制裁規範』たる法律の作り方を定める『調理法』のような規範だという意味である。ハートのように『規範の変更規範』（rule of change）といったほうがよく分かる」（尾吹・前掲書注(59)七頁）。

第四章　若干の検討と残された問題

以上でケルゼンの「権利」概念そのものについての検討を終える。ケルゼンの所説をできるだけ忠実に紹介し、若干の検討を行ったつもりであるが、「権利」論は法体系全体の理解に関係するものだけに、ケルゼンの「権利」論が民法、民事訴訟法などの個別領域における法現象の認識にどれほど適合的で、またそういった認識にどのような有益な示唆を与えるものかについては必ずしも十分な検討が行き渡らなかったかも知れない。しかしその点は措くとして、さしあたりこの章では、これまで行ってきたケルゼンの「権利」論の検討を締めくくるものとして、まずケルゼンの「権利」論の骨子を要約し（第一節）、その上で、問題点の整理も含め、若干の考察を行うことにしたい（第二節、第三節）。

第一節　これまでの議論の要約

以上、ケルゼンの「権利」論を縷々検討してきたわけであるが、ここでその要旨をまとめておくことにしよう。

（1）ケルゼンの法理論において、「権利」とは「規範創設への参与資格」として位置づけられる。すなわち、法秩序を、憲法―法律―行政行為・裁判判決―強制行為という形で、一般的規範から個別的規範への適用・創設と動態的に捉える法創設段階に参与する資格として「権利」を位置づけるのである。

（ⅰ）一般的規範＝法律の創設への参与資格として「政治的権利」が挙げられ、選挙権及び被選挙権、さらに選出された議員の諸権利がこれに属する。

（ⅱ）個別的規範＝裁判判決の創設への参与資格として、「技術的意味の私法上の権利」が挙げられる。これは「訴訟において相手方の義務の不履行を主張しうる法的力」＝「サンクションを起動せしめる法的可能性」と定義づけることができる。

（ⅲ）「技術的意味の私法上の権利」が特定の相手方の義務の不履行を訴訟において主張することを目的とするのに対し、「政治的権利」は、官吏の義務不履行の追及が目的なのではなく、法律制定手続＝一般的規範の創設手続への参与を目的とするものである。
（2）ケルゼンの「権利」概念は、純粋法学が目指す「一般的法理論」（Allgemeine Rechtslehre）において構成された概念である。すなわち、実定法一般の理論たる「一般的法理論」の概念であって、特定の実定法秩序に属する法規範の解釈から構成された概念ではない。（1）で述べた「技術的意味の私法上の権利」や「政治的権利」もかようなコンテクストで理解される必要がある。
（3）以上述べたような「権利」概念を前提にすると、物権や債権といった実体法上の（「法的義務」に対立する意味での）「権利」は、「法的義務の反射」＝「反射権」ということになり、ケルゼンによれば、かような「権利」概念を用いずとも、法的事実を過不足なく記述することができる。
（ⅰ）「法的義務」に対立する意味での「権利」が、「法的義務の反射」＝「反射権」に他ならないとすれば、一定の「権利」侵害＝「法的義務」の不履行について、誰に「技術的意味の私法上の権利」が帰属するのか、ということが別途問題となる。すなわち《甲が乙に対して権利をもつ。》＝《乙が甲に対して一定の法的義務を負う。》という命題から、《甲は乙の義務不履行を訴訟において主張することができる。》ないし《丙は乙の義務不履行を訴訟において主張することができない。》といった命題は直ちには導出できない筈である。

（ii）　ケルゼンにおいて「反射権」の帰属と、「技術的意味の私法上の権利」の帰属との間に論理必然的な関係は存在しない、寧ろ両者の関係はさしあたり切断されているとみるべきである。またそれが「一般的法理論」を追求するケルゼンの法理論からする顕著な特徴でもある。

（iii）「技術的意味の私法上の権利」の帰属の問題について、ケルゼンは伝統的「権利」論の再構成を通じて解答を見出す。ケルゼンは所謂「利益」説を批判した上で、「意思」説に「技術的意味の私法上の権利」の契機を見出すのである。このように実体法上の「権利」を再構成して訴訟に参与する権利を導き出すことは、「私法的訴権説」の考え方に近いものがあるのではないか。

（iv）「法的義務」に「技術的意味の私法上の権利」（ないしactio）が結びついてはじめて「客観法の主観化」がもたらされることになる。

（v）　結局「技術的意味の私法上の権利」の帰属の問題は、立法政策＝「資本主義的法秩序に特殊な技術」の問題である。「利益」説は、「利益」を権利の本質的要素とするが、ケルゼンにおいては《立法者は「技術的意味の私法上の権利」を普通、サンクションに或る種の利益をもつと立法者が推定する個人に付与する》という形で、かかる立法政策上の一考慮事由としているに過ぎない。そして「技術的意味の私法上の権利」は、客観法が採る一つの可能な内容的形態であっても、決して必要不可欠なものではない。現にこの形態は、私法や一部の行政法では用いられているが、現代の刑事法においては用いられていない。

（vi）このように「技術的意味の私法上の権利」という訴訟に関わる権利を重視するケルゼンの「権利」論は、形式的には寧ろ「アクチオ」的な思考に近い。

（4）以上のようなケルゼンの「権利」論は、その具体的展開において、種々の帰結をもたらす。

（i）「権利」概念を「規範創設への参与資格」と捉えるとすれば、行為無能力者の場合、現に「権利」が帰属し、これを行使するのは、法定代理人である。そして「権利能力」の概念は法理論上意味をもたない。

（ii）憲法上の「基本権」ないし「自由権」は、それ自体としては、立法者に対する制限規範であって、「権利」ではない。しかし違憲立法審査制度が確立された場合、違憲とされる法律の廃止を求める「技術的権利」が問題となりうる。

本稿の最初に述べたように、ケルゼンは「権利」を「規範創設への参与資格」と捉え、純粋法学の志向する「一般的法理論」の中でこれを位置づけようとした。これまで縷々紹介・検討したケルゼンの所説は、そのような「一般的法理論」の可能性を追求した軌跡でもあったわけである。それには既存の学説に対する痛烈な批判も含まれ、読む者に大きな刺激と示唆を与えるが、反面においてそのような試みにも、既に指摘したように種々の「限界」ないし問題点が存した。以下では、そうした問題点を踏まえ、その補足も兼ねて著者の能う限りで、若干の考察と残された問題の指摘を行うことにしたい。

第二節　若干の考察（一）―「権利」論と「裁判」

一　第一に指摘したいのは、ケルゼンの「権利」論と「裁判」[61]との関係である。本来ならばケルゼンの純粋法学も民事訴訟法学の見地から読み直されることが望ましいが、著者の覚書程度の指摘ないし疑問をここで述べておくことにしたい。

二　既に述べたように、ケルゼンは、個別的規範たる裁判判決創設への参与資格として「技術的意味の私法上の権利」を、実体法上の「権利」を再構成する形で導き出すわけであるが、実体法上の「権利」から訴権類似の権利を導き出す、という点を捉えるならば、その限りでさしあたり、「私法的訴権説」に似た構造をもっているといえる。ドイツの民事法学において「私法的訴権説」が詳細にはどのように捉えられているか、或いは諸学説の評価がどうか、といった問題は、ここでは論ずることができないが、我国における「訴権」論や「裁判」本質論をめぐる諸家の業績を参考にしつつ、問題点を指摘することにしたい。

まずケルゼンによれば、「法的義務」に「技術的意味の私法上の権利」が結びつくことによって、「客観法の主観化」がもたらされる（＝「私の法」であるということができるようになる）という。だとすると、次のような論理的構造になろうか。

①　まず最初に「法的義務」が存在する。

②　その上で原告が「技術的意味の私法上の権利」を行使して「サンクションを起動せしめる法的可能性」を開き、「法的義務」の不履行を訴訟において主張する。

③　裁判所が請求認容判決を下す。

④　強制執行を行うことによって、国家は「不法の効果」＝サンクションを行う「国家の義務」を履行する。

右の①ないし③は、サンクションの発動という国家意思に対する制約条件として位置づけられるものである。

る。しかしながら、容易に判ることであるが①でいう「法的義務」と③の段階で裁判所が判決を下す際に前提とする「法的義務」は、必ずしも同一のものとは限らないであろう。訴訟法学で夙に問題となってきた「権利既存の観念」――ケルゼンは「権利」を「反射権」であるとするから、あえてケルゼン流にいえば「反射権既存の観念」ないし「法的義務既存の観念」ということになるだろう――と同じ問題が存するだろうとおもわれる。すなわち、裁判以前に「権利」（ないし「反射権」）は存在するのか、「権利」は裁判を離れて自立的に存在し得るのか、という問題である。そして「権利既存の観念」の基礎には、裁判は法の「確定」であって法の「創造」ではない、とか或いは、裁判は法規の適用であって、法規の創造ではない、といった「裁判」観があるといわれている。また、この「権利既存の観念」を前提にしているという点で「私法的訴権説」と後の「権利保護請求権説」（＝「具体的訴権説」）は軌を一にしている、ということが夙に指摘されている[62]から、この点は興味のあるところである。しかしよく知られているように、ケルゼンの「裁判」観はそのような「宣言的な裁判観」ではない。

「裁判判決は、……単に宣言的な(deklatorisch)性格をもつものではない。裁判所は、単に既に前以て固定され、完成した形でつくられ、その創設が完了した法を発見し、表明しなければならないだけではない。裁判所の機能は、宣言的な意味において単に法を『発見』したり、法を『語る』だけではないのである。法の発見は、具体的な場合に適用されるべき一般的規範の確定に限られるものではない。またかかる確定もまた単に宣言的な性格をもつものではなく、創設的な（konstitutiv）性格を持つものである。」（RRLII, S. 243.）

例えば、適用すべき法令について裁判所はその合憲性を審査することになるし（RRLII, S. 243.）、具体的なサンクションについての指図（Anordnung）も、予め存するものではなく裁判判決によって初めて創設されるものである（RRLII, S. 244.）。またサンクションの要件となる不法の事実にしても、それは生の事実ではなく、裁判所によって確認された「法的な事実」である（RRLII, S. 244-245.）。要するにケルゼンにおいて裁判官と立法者の差異は相対的・程度の問題であって、あと問題になるのは、法の柔軟性と法的信頼性の問題のみである（RRLII, S. 255ff.）。

もっとも、ケルゼンにおいても「法律違反の裁判判決」（die „gesetzwidrige“ Gerichtsentscheidung）の問題が論ぜられていないわけではない。

「裁判判決ないし行政決定が違法であるということは、個別的規範を創設する手続が、この手続について規定する法律ないし慣習法によって定められた一般的規範に合致しないとか、或いはその内容がそれについて規定する法律ないし慣習法によって定められた一般的規範に合致しないということを意味するに過ぎない。」（RRLII, S. 272.）

しかし問題はかかる不一致を誰が認定するかである。

「法秩序が、何人もこの問題について決定することができるという授権を行ったとすれば、当事者を拘束する判決というものは殆ど成立しないであろう。従って、かかる問題は——国家法によれば——裁判所自らが決定するか或いは上級裁判所が決定するほかない。」（RRLII, S. 272.）

「司法判決という個別的規範が制定法または慣習法の一般的規範に合致するかどうかは、誰が決定するのだろう。上位の規範を適用すべき機関のみがこのような決定をなしうる。ちょうど、ある法規範が一定の帰結を結びつけているある事実の存在がもっぱら（共に法秩序が規定する）一定の手続で、ある機関によってのみ確定されるように、ある下位の規範がある上位の規範に合致するかどうかという問題は、もっぱら（共に法秩序が規定する）一定の手続によってのみ決定されうる。他のいかなる個人の意見も法的には無関係である。」（GT, p. 154.（尾吹・訳二五四頁））

要するに、或る審級の裁判所の裁判判決が定立された場合、上級裁判所の取消がない限り、それは有効な判決として存続するわけであり、最上級の裁判所で判決が確定してしまえば、そこで最終的な既判力が生じることになるのである（RRLII, S. 272ff.）。固より法の解釈には一定の枠があることは認められても、有権的解釈のシステムによれば次のような結論は已むを得ないものとなる。

「したがって、下位の規範が上位の規範に合致することの絶対的な保障はありえない。下位の規範がその創設と内容を規定する上位の規範に合致しない可能性、特に下位の規範が上位の規範によって定められた内容と別な内容をもつ可能性は完全には排除されない。しかし、事件が既判事項となるやいなや、判決の個別的規範が判決によって適用さるべき一般的規範と合致しないという意見は、法学的意義のないものである。法—適用機関は、法秩序によって授権されて新たな実体法を創設したのか、それとも、それ自身の主張するように事前に存在する実体法を適用したかのどちらかである。後者の場合、最終審裁判所の主張は決定的である。というのは、具体的なケイスに適用されるべき一般的諸規範を確定的、有権的に解釈する権限をもつのは、ひとり最終審裁判所なのであるから。法学的な見地からは、既判力をもつ司法判決とその判決で適用さるべき制定法または慣習法の間には矛盾は起こりえない。最終審裁判所の判決は、それがおよそ裁判所の判決と考えなければならぬ以上、違法と考えることができない。裁判所によって適用さるべき一般的規範が存在するかどうか、そしてこの規範の内容は何かという問題が、法的には（もしそれが最終審裁判所ならば）この裁判所によってのみ答えられるというのは事実である。だが、この事実は、裁判所の判決を規定する一般的諸規範は存在しないとか、法はもっぱら裁判所の判決からなるという考え方を正当化するものではない。」（GT, p. 155.（尾吹・訳二五五頁））

一番最後のくだりは、「すべての法は裁判官の作る法である」とするグレイの説に対する批判である。結局、裁判判決創設段階における法の有権的解釈権は裁判所に帰属することになり、「判決以前に存在する実体法」なるものは、単なる――法的に意味のない――非有権的解釈に過ぎないということになる。既判力が生じてしまえばなおさらである。このような「裁判」観は、「権利既存の観念」と相容れないものであるとおもわれる。さらに「権利既存の観念」については、そのイデオロギー的性格（例えば、「一九世紀ドイツの初期資本主義=産業資本主義に対応する古典的市民法の法=訴訟イデオロギー」）について夙に、富樫貞夫教授による指摘がなされているところである。[63] また、「裁判本質論」をめぐる「権利保障説」と「法創造説」について検討を加えた藤田宙靖教授は、「権利保障説」は「果たさるべき裁判機能に関する実践的主張」であるとする。[64] ケルゼンは「裁判」をめぐるイデオロギー的把握を避け、common law法系の判例法のあり方も視野にいれつつ（RRLII, S. 260）、「客観的認識論」のレヴェルで裁判の法創設機能を強調したのである。

しかしそのように捉えるとすると、今度は、「法的義務」は、actioないし「技術的意味の私法上の権利」が与えられることによって、「主観的法」（=私の「法」）になる、というケルゼンの「客観法の主観化」の構造はどうなるのであろうか。そこに「私法的訴権説」や「権利保障説」（=「権利既存の観念」）的考え方の残滓を見出すことにならないであろうか。ケルゼンの「裁判」観からすれば、寧ろ、一定の者にactioないし「技術的意味の私法上の権利」が与えられ、それを受けて訴訟が開始され、原告は「義務の不履行」を訴訟で主張するけれども、裁判官が「法的義務」であると認めたもの、及び裁判官が「義務の不履行」と認めた事実に基づいて、判決が下され、それに基づいてサンクションが行われる、ということになるのではないだろうか。だとすると、「技術的意味の私法上の権利」に基づいて主張する「義務の不履行」というのは、原告が「法的義務」であるとする当為命題に被告が反した、という主張に留まるのではないか。[65] そのように考えると、ケルゼンのいう「技術的意味の私法上の権利」とは、まさに「サンクションを起動せしめる法的可能性」ということに過ぎない――従って、実体的な「法的義務」の内容は、裁判官が定める――のであって、それは「権利保護請求権」のような「具体的訴権」ではなく、寧ろ「抽象的訴権」に近いものになるのではないか。[66]

三　また以上のような検討から、ケルゼンは「訴訟」といっても「給付訴訟」を中心に考えている、といえるであろう。これは、ケルゼンが「訴訟」をサンクション（強制執行）との関係で位置づけている以上、やむをえないことであるが、「確認訴訟」などをどのように考えるかは、直接の検討の範囲外に置かれた。[67]

四　ケルゼンの議論においては、「技術的意味の私法上の権利」＝「訴訟において義務の不履行を主張する法的力」に必ずしも包摂されうるかどうか疑わしい、裁判制度をめぐる種々の法関係（通常「公法上の関係」とされる諸関係）についての考察が殆どなされなかったといってよい。その一つが、既に指摘した「上訴権」の位置づけの不自然さ（第三章第一節**二**（二六一頁以下）参照）であるが、その他に民事訴訟法で大いに問題となった被告の「応訴義務」の問題[68]などが論究の外に置かれた。現実の訴訟のあり方に鑑みるとやはり、「訴訟において義務の不履行を主張すること」を授権する「技術的意味の私法上の権利」とは別個に（或いはそれに替えて）、訴訟制度の利用ないし運用そのものに関わる（普通公法上の関係とされる）法関係の位置づけが考慮されるべきではなかったか[69]。

(61) 純粋法学と裁判との関係について考察した論文として、横田喜三郎「裁判と法律」(昭和八年)同『純粋法学論集II』(昭和五二年)八八頁。

(62) 山木戸克己「訴訟法学における権利既存の観念」(昭和二八年)同『民事訴訟理論の基礎的研究』(昭和三六年)六頁。また三ケ月教授は次のように指摘する。

「権利保護の資格乃至利益の把握につき、権利保護請求権説の立場にあってはその実体法的性格と訴訟法的性格が奇妙に交錯していることが特徴的である。それは権利保護請求権説が自ら脱却したと誇称しながらもなお随所に私法的要素を残存せしめているという中途半端な性格の表現であるとともに、私法と訴訟法との峻別——観念的な私権の体系を既存のものとして前提し、これと垂直に交叉する権利保護の体系を構想する——の立場に立っているということの論理的な反映であろう。」(三ケ月・前掲論文注(30)一四頁)

(63) 「権利既存の観念」の根源をサビニーに求め、そのイデオロギー的性格を指摘する富樫貞夫教授は次のように述べる。

「まず、サヴィニーによれば、権利とはそれが帰属する個人の意思の排他的支配領域を意味するのであり、その領域内においてはかれの意思が法として妥当するのである。このように個人意思の支配ないしは自由として規定される権利は、裁判所の判決という政治権力の媒介なしに、いわば前国家的に実在するものと考えられており、およそ法的紛争はこのような権利を論理的に前提し、ただその侵害を契機としてのみ生じうるものとされる。したがって、国家の任務は、市民間に紛争が生じたばあいに、既存の権利を発見しその存在と範囲を確定して、権利者にたいし権利保護をあたえるということである。以上のようにサヴィニーにおいては、個人の意思支配としての権利、訴訟の論理的前提としての権利の既存性および訴訟の課題としての権利保護という三つのモメントが、たがいに密接に結び合わされて一つの論理構造を形づくっているのである。

サヴィニーの法『理論』を構成するこれら三つのモメントは、いずれも、産業資本主義の展開を保障する近代の市民社会という共通の歴史的基盤に対応している。個人意思の自由としての権利は、封建的諸拘束との対抗関係において、市民社会の経済法則＝価値法則の貫徹を法的に保障するための制度である。しかし、法的には権利の体系として表現される市民社会内部の経済秩序は、もともと法的保障をまつまでもなく、第一次的には経済法則そのものによって担保され、かつ維持されているのである。そうして、この点に、権利が政治権力の媒介なしに存在しうる自己完結的な体系として観念される根拠がある。したがって、権力が関与するのは、権利侵害という取引秩序が自律的に回復できない例外的なばあいにかぎられ、しかも裁判は、既存と観念される市民社会の内部秩序の承認すなわち権利の確認というかたちでなされるのである。」（富樫「権利保護請求権説の形成」（前掲注(30)二頁以下）

(64)　藤田教授は、三ケ月章教授との間の著名な「裁判本質論」論争において、「権利保障説」と「法創造説」の対立につき、次のように述べる。

「近代法治国家における裁判は、予め定められた一般的抽象的法規を具体的事例に適用するという、いわゆる〃法による裁判〃でなければならぬ筈であるが、しかし現実の裁判は、全てがこのように法適合的に行われるとは限らない。誤判はしばしば生じうるところであり、誤った裁判判決も亦、上訴期間の徒過や、上訴審での確定により、法的に有効な裁判として、当事者を強制力を以て拘束する。このような事実に着目する限り、裁判は法の執行であり、権利の保障である、ということは、何ら現実的な保証のない、いわば一種の単なる希望的観測であるに他ならない。現実を直視するならば、寧ろ、裁判によって始めて、真に拘束的な法が創られ、当事者の権利が創造される、というべきこととなる。これが〃法創造説〃の立場の基本的思考である。」（藤田宙靖「現代裁判本質論雑考」（昭和四七年）同『行政法学の思考形式〔増補版〕』（平成一四年）二九一頁以下）

「……この二つの立場の主張をやや丁寧に検討してみるならば、両者の差違は、少なくもその基本的な部分において、実は、両者の議論の目的の違い、すなわち方法論的次元を異にすることに基づくものであることが、明らかとなる。蓋し、〝法創造説〟は、主として、裁判乃至訴訟の現実の機能がどのようなものであるかを明らかにしようとするものであるのに対し、〝権利保障説〟は寧ろ、〝法治国〟の理念の下で裁判・訴訟はどうあるべきかに重点を置いた主張であるからである。そして、このような区別が明確になされる限りにおいては、〝法創造説〟と、〝権利保障説〟は本来相容れぬものであるわけではなく、裁判機能の現実に関する客観的認識論と、果たさるべき裁判機能に関する実践的主張として、充分共存し得ることになる。」（傍点は原著者）（二九二頁以下）

藤田教授によるかかる指摘は、直接的にはかのビューローの「法創造説」に対するヴァッハの批判を念頭においたものであるが（二九三頁）、「権利保障説」と「法創造説」が方法論的次元を異にするという点は注目すべき指摘である。また右にいう「法創造説」についての指摘は、それが「裁判機能の現実に関する客観的認識論」である点において、ケルゼンの「裁判」観にもあてはまるものであろう。但しケルゼンの場合、裁判判決が上位規範に合致しているか否かの判定権はもっぱら裁判所じしんに属する、とするのであるから、やはり裁判判決以前に存在する権利（ないし実体法）というものは「他のいかなる個人の意見」（＝非有権的解釈）と同列になるのではあるまいか。従ってやはり、ケルゼンの議論は「権利保障説」となじみにくいものがあるとおもわれる。

なお、既に戦前において中島弘道判事は、「判決前の権利と判決後の権利は同一のものであるか、それとも異るものであるか」、或いは「判決は自ら判断せんとする私権を単に受動的に写しとるに止まるのか、それとも能動的にそれを創造するのか」という問題を立て、検討にあたって、二つの設例を挙げて論じている（中島弘道『裁判の創造性原理』（昭和一六年）六頁以下。なお、ケルゼンに対する評価については一〇八頁以下参照）。

(65)　著名なビューロー対ヴァッハ論争において、ビューローは、訴訟提起時に原告が掲げる請求は、「何ら実体法上の権利の支えを持ちえない『単なる希望の表明』」であり、「砂上の楼閣」に過ぎないと主張したことにつき、海老原・前掲論文注(30)二二頁以下、二二頁参照。

(66)　本文でも縷々述べたように、ケルゼンの「技術的意味の私法上の権利」と「私法的訴権説」との間には、一定の構造的類似性があり、そこから両者に類似の問題点が見いだされうるようにおもわれる。しかし、それはあくまで形式的、構造的類似性であって、両者の間に歴史的ないし実践的背景において類似性、共通性があるというわけではないことも、既に述べたとおりである。このような著者の見解に対しては、初出誌刊行後、新教授から、次のような論評が寄せられた。教授曰く、

「……ケルゼンの権利論は、『私法的訴権説』の考え方に『近い』『似た構造』をもつとの見解がある。『アクチオ体系の克服の後、請求権（Anspruch）概念の成立を経て実体法体系の確立に至る、という経過を経て成立した、実体法上の権利と訴訟法上の訴権との区別を前提とする近代的『権利』論（特に公法的訴権説の確立）』という観点から、ケルゼンの権利論をみると、むしろ『アクチオ』的な『思考に近い』ともいわれる。〔以上は、第二章第一節**四**及び同第三節**二**、**三**（二二六頁以下、二五四頁以下）で述べた著者・神橋の見解である。―著者〕先にみたように、ケルゼンが『技術的意味における私権』をもって、『反射権』に『法的力』が装備されたものの如く論じていることよりすれば、『私法的訴権説』に近似するといえるかも知れない。しかし、他方では、『反射権』は『法的力』なければ『無意味』であるとしているのであって、ケルゼンの権利論は、明らかに、憲法により国民に『裁判を受ける権利』（ドイツ流にいえば、法律上の裁判官（gesetzlicher Richter）〔による裁判〕を奪われない権利。ボン基本法一〇一条一項、なおオーストリア連邦憲法八三条二項参照）が保障され、裁判制度が整備されて近代法治国家がすでに確立された段階において、国家に対する国民の『公権』の観念が一般的に認められている状況に対して、それを『国法に対する国民の関係』として動態的に捉え直し、『訴権』

もまた――裁判判決という個別的法規範の創設に参加する『法的力』として――『能動的関係』の一つであるにすぎないとして、かかる見地から統一的・体系的に捉えようとしているのであるから、つまりは『公法的訴権説』が確立された後の段階でそれに対するポレミークとして提起されたのであるから、『私法的訴権説』に近いとみるのは、やや形式的にすぎるというべきであろう。ましてや、アクチオ論への先祖返りではない。」（新・前掲論文注(4)「ケルゼンの権利論・基本権論」(四) 一一〇―一一一頁）

先にも述べたように著者は、ケルゼンの「技術的意味の私法上の権利」と「私法的訴権説」を歴史的文脈等は一切捨象して、その論理的な構造を比較して一定の類似性があると述べているわけであるから、著者の見方が教授の指摘するように「形式的」であるとすれば、もとよりその通りである。ケルゼンの議論が、アクチオ論への先祖返りでないことも明白である。

ただ問題は、ケルゼンの「技術的意味の私法上の権利」論について、第四章第二節二（二八五頁以下）でも指摘したような「私法的訴権説」について（のみならず、「公法的訴権説」にあっても、その一亜種たる「権利保護請求権説」について）指摘される「権利既存の観念」に類似の問題点があるか、という点であろう。その点につき、新教授は右に引用した叙述に続けて次のように指摘する。

「裁判判決は、形式法（訴訟法）と実体法の交錯する司法過程より生み出されるのであって、法適用であると同時に法創造過程の所産である（Vgl. S. 236ff. [これはRRLIIよりの引用である。―著者]）。この意味で、ケルゼンの『技術的意味における私権』の観念は、名称はともかく、その実質的内容においては、私権と訴権の二元的対立を否定し、私権と訴権とは、実体法と訴訟法の『統一的秩序』に基づく『同一の利益の異なる現象形態に過ぎない』と説くビンダーの説と、一元論的思考という点において、ある種の類似性がみられるであろう。兼子[＝兼子一―著者]博士は、このようなビンダーの説をもって、私法的訴権説を『逆立ちの形で復活』したものとされる。というのは、そこにおいては、『権利の実在性は訴訟の確定判決によって初めてもたらされるものであるから、それ以前には訴権の形で現れ、これに基づいて実体私権が実在化されるとする点で、以前の私法的訴権説の一元論とは、論理が逆になっている』からである。しかし、少なくとも、ケルゼンの場合においてはそのように捉える必要はなく、端的に『一元論』といえば足りるであろう。なぜなら、裁判判決によって初めて、一般的・抽象的な権利は、訴権を通じて、裁判判決により個別的・具体的な『私の』権利として現実化するに至るからである。」（前掲論文一一一頁）

「技術的意味の私法上の権利」と「私法的訴権説」とのある種の類似性という問題は、著者自身、一つの問題提起として主張したものであって、右のような指摘も踏まえて今後も改めて検討したいと考えるが（右に引用した新教授の叙述においても、問題の存在自体が、全く否定されているわけではないようである。）、やはり本文でも述べたように、「技術的意味の私法上の権利」によって主張される相手方の「法的義務」の内容と、裁判判決によって確定される「法的義務」の内容に不一致がありうる（そして後者のみが法的に意味のあるものである）という「権利既存の観念」を法的義務の側から表現したのと同様の問題点が、なお残るのではないかとおもわれる。従って仮に「私法的訴権説」を度外視し、「公法的訴権説」のみを視野に入れるとしても、本文で述べたように――「公法的訴権説」にも「具体的訴権説」と「抽象的訴権説」がありうるが――「権利保護請求権」のような「具体的訴権」ではなく、寧ろ「抽象的訴権」の方がケルゼンの論理からすれば親和性があるようにおもわれ、そうなると実体法的な「権利」との乖離は益々大きくなるのである。

本稿では詳しく論じることができなかったが、第四章第三節（二九七頁以下）においても示唆したように、そもそも私法上の「権利」の実体法的請求の側面を、「法的義務の反射」に解消してしまう点に、ケルゼンの議論の決定的な難点があるようにおもわれる。その意味で、「権利」を「規範定立権限」としてさらに――法創設段階の中で――詳細な形で分析しようとするブーハーの権利論は、「一般的法理論」のさらなる発展可能性という点で興味深いものがあるわけである。そして裁判上の「権利」救済については、実体法上の「権利」とは切り離した形で、先に述べたような「抽象的訴権」ないしは——新教授もその位置づけを問題にする（後掲注(69)参照）——「裁判を受ける権利」といった訴訟上の法関係に純化した権利を「能動的関係」に位置づけるという途がありうるようにおもわれる。

(67)「権利保護請求権説」とその後の「訴権」論争の一つの大きな契機となったのは、ドイツ民事訴訟法における確認訴訟の導入であったとされる（富樫「権利保護請求権説の形成」（前掲注(30)）二〇頁以下、海老原・前掲論文注(30)二三頁以下参照）。

(68) 応訴義務については、松尾卓憲「民事訴訟における被告の応訴義務——訴えの利益の概念と機能再考序説」九大法学六一号（平成三年）一頁以下、六二号（平成三年）七二頁以下参照。

(69) 新教授は、ケルゼンの「技術的意味における私権」という概念が、近代市民法治国家において一般に裁判制度が確立され、憲法上ひろく国民に「裁判を受ける権利」が保障されているという憲法状態を当然の前提とする立論であるにもかかわらず、「裁判を受ける権利」それ自体が基本権として正面から論じられていない、と指摘する（新・前掲論文注(4)「ケルゼンの権利論・基本権論」(四) 一一一頁以下）。

第三節　若干の検討 (二) —「法的義務の反射」としての「権利」概念について

一　第二に、ケルゼンが「法的義務」に対立する意味での「権利」概念を否定した点について論じておきたい。

既に縷々論じてきたように、ケルゼンは、「物権」や「債権」といった実体法上の「権利」について、まず一旦は、「法的義務の反射」に過ぎない、としてその独自の存在意義を否定した。そしてその上で、改めてかかる「権利」から「技術的意味の私法上の権利」を、専ら訴訟＝裁判判決という個別的規範創設段階に参与する権利として再構成するわけである。このような理論構成は、第一に「権利」は「法的義務」に先行するという「権利先行説」を自然法論であるとして斥ける意味があったわけであり、また第二に「法的義務」の帰属と「技術的意味の権利」の存否の問題をひとまず切り離すことによって、近代的私法における「権利」の歴史的被制約性、すなわち「私有財産制を保障する資本主義的法秩序の法的技術」たる性格を明らかにするという意味があったのである。そういう意味で、ケルゼンの目指した「一般的法理論」のイデオロギー批判としての成果がそこにみられる、といってよいであろう。

二　しかしかように私法上の「権利」の実体法的請求の側面（本来私法上の「権利」といえば、この側面が本質とされてきたわけであろう。）を専ら「法的義務の反射」であるとして、「権利」概念から追放し、私法上の「権利」を専らactioないし「技術的意味の私法上の権利」へと「変質」させた[70]ことは、第二節で論じたような種々の問題をもたらすことになったのである。すなわち「一般的法理論」として構築しようとしたケルゼンの「権利」論について、――ケルゼンが「一般的法理論」に対置させた――現実の「個別的実定法秩序」の理論の側から、その「限界」ないし「問題点」について異議申立が提起されることになるのである。

三　例えば、私法上の「権利」の実体法的請求の側面は、本当に全て「法的義務の反射」に解消されてしまうのであろうか。私法における法関係の形成過程はもっとキメ細かい考察を要するのではあるまいか――かような疑問が私法学の側から提起されて当然である。

ケルゼンにおいて私法上の法関係の形成過程は、せいぜい「契約」締結行為が、私的自治の原則に基づく「包括的な法創設の授権」と位置づけられる程度であった（ASL, S. 153.（清宮・訳二五五頁以下）Vgl. G T, p. 136ff.（尾吹・訳二三〇頁以下）RRLII, S. 261ff.）。しかし、私法学においてはひとくちに「権利」といっても、「権利」(Recht) と「請求権」(Anspruch) を区別し、「権利」が或る一定の者に帰属したのちにも、さらなる法関係の展開がありうることが指摘されてきたわけである。すなわち、「権利」は抽象的なものであって、具体的な内容は「請求権」として定立されるというわけである(例えば、物権と物権的請求権の関係の如し)[71]。このような点に着目し、かつケルゼンの「法段階」説を継承しつつ、「権利」論を構築したのが、スイスの私法学者オイゲン・ブーハーである。すなわちブーハーは、実体法上の「権利」をケルゼンのように単なる「法的義務の反射」として片付けるのではなく、一つの「規範定立権限」(Normsetzungsbefugnis) として捉える。

「主観的意味の権利は、権利を有する者に対して法秩序が付与した規範定立権限である。[72]」

かような「権利」概念の定式化が、「権利」論に如何なる可能性をもたらすのであろうか。このブーハーの見解は、ケルゼンの志向した「一般的法理論」の私法への適用・展開可能性を示唆するものであるが、この点については残された問題として今後の検討課題としたい。

(70) かかる「変質」の結果、元々「権利」の本質的要素とされた「利益」の要素は、それが立法者の想定する「平均的利益」だとしても、「権利」の本質的要素ではなく、「技術的意味の私法上の権利」を認める際の立法政策上の一考慮事由＝資本主義的法秩序の用いる一つの「技術」に過ぎないものに「転落」していくわけである(第二章第四節(二五九頁以下)参照)。

(71) 「権利」(Recht) から発生した、特定の人に向けられた、具体的で現実の要求を「請求権」(Anspruch) と呼ぶ。この点については、イエリネックの公権論に関連して第一部第二章第三節**五**(七〇頁)参照。

(72) Bucher, a.a.O. (Fn. (17)), S. 55.

第三部　行政法における「義務」の概念

一 問題の所在

1 序

法律学において「義務」の概念は、「権利」の概念と並んで法関係を記述する上で基本的な構成要素である。しかし少なくとも行政法学において「権利」の概念が、例えば行政救済法における実効的な「権利」救済の要請といった形で、実践的・解釈論的議論に直結し易いのに比べ、「義務」の概念の方はさしあたり解釈論上の議論に余り直結しないと考えられているのであろうか、「権利」の概念ほど議論の対象にはなってこなかったといってよい。ところが行政主体と私人との間の命令・強制の関係を以て「公権力の行使」の中心に据え、これに「義務」の概念を結びつけるのが行政法学の伝統的・基本的思考図式であるところ、学説・判例において「義務」なる語は文脈によって異なった意味に用いられているとみられる。そして、かかる概念的明確性の欠如が、現に解釈論の混乱をもたらしているのではないか、という疑問が生ずるのである。

本稿（第三部）ではこのことを明らかにし、「義務」の概念を究明することが、行政法の解釈論を展開する上でも一つの端緒となりうることを示そうとするものである。

2 行政法において「義務」の概念が問題となる三つの場面

行政法において「義務」の概念が問題となる場面として、さしあたり、次の三つが考えられるであろう。

(1) 行政法一般における「義務」の概念　第一は、行政法のみならず憲法、民法等を含めた法体系全体に通用する「義務」概念、換言すれば「法一般における『義務』概念」ともいうべきものを行政法にも適用する場面であって、これを「行政法一般における『義務』概念」と呼ぶことができよう。すなわち従来、私人に対してその権利を制限したり、或いは「義務」を課す処分については、「法律の留保の原則」により法律の根拠が必要であるとされる。また行政行為論において、「命令的行政行為」とは、私人に特定の「義務」（すなわち、作為、不作為、給付、受忍の義務）を命じ又はこれを免ずる行為をいうとされてきた。このような場面における「義務」の概念は、後に述べるように、行政法にとどまらず法一般における「義務」の概念であるということができる。

(2)　事実行為の受忍「義務」　第二は、強制執行や即時強制など或る種の「事実行為」とされる行為に対してその相手方は受忍「義務」を負う、ということがある。すなわち強制執行にしても即時強制にしても、それ自体は事実上或る状態を実現せしめる作用であるが、他方これらの行為が行われれば、相手方はこれに抵抗することは許されず、そのことを捉えて、当該相手方は一種の受忍「義務」を負う、と表現される。

(3)　周辺住民の受忍「義務」？　第三は、主として公定力との関係（ないし抗告訴訟の対象となる「公権力の行使」とは何かという問題）において、受忍「義務」なる語が用いられることがある。例えば、後に述べる厚木基地訴訟最高裁判決では、「自衛隊機の運航に関する防衛庁長官の権限の行使は、必然的に伴う騒音等について周辺住民の受忍を義務づけるもの」とされ、民事差止め請求を不適法とする一つの理由とされている。

このように行政法においては少なくとも三つの場面において「義務」なる用語が用いられている。殊に第一の、行政法一般における「義務」においては、作為義務、不作為義務、給付義務と並んで受忍「義務」というものがあるとされる。ところが、第二、第三の「義務」においても、受忍「義務」というものが語られるのである。そこで、この三つの受忍「義務」はどのような関係に立つのか、という問題が出てくる。以下の考察ではこの点を中心に、まず第一の行政法一般における「義務」の概念とは如何なるものかについて検討し、それを一つの標準としてそれと対比する形で、他の二つの「義務」の概念を明らかにすることにしたいとおもう。

二　行政法一般における「義務」の概念

1　我国における説明――美濃部教授の『法の本質』

法体系全体を視野に置く「法の本質」論についての考察を前提として、それを行政法に適用したのは、美濃部達吉教授である。美濃部教授の理論は、ドイツ公法理論が我国へ継受されるにあたっての中継点であり、また教授以降、行政法学において「義務」概念に関する法哲学的議論を踏まえた説明は殆ど行われておらず、教授の所説はなお議論の出発点として取りあげる価値を失っていない。すなわち本稿が、その考察の冒頭において教授の所説を取り上げる所以も亦この一点に存する。

美濃部教授は、その著書『法の本質』において、「法は人類の意思の規律である」とし、「意思の規律(Ordnung)」には「意思の自由を前提として其の自由を拘束するもの」と「意思の権威を認め其の権威に備はる要件を定むるもの」の二種の態様があるとした上で、前者を「制限的規律」ないし「義務法」と称し、後者を「能力的規律」ないし「権利法」と称する。(1) ここで検討すべきは、教授のいう「義務法」概念である。すなわち教授は、まず「意思」と「行為」との関係につき、「茲に所謂『意思』とは必ずしも『行為』と反対する意味に用ゐるのではなく、意思の外に対する現はれが行為であり、而して法は意思が外部的な行為となって現はれる場合にのみ之を規律するものであるから、意思の規律と謂っても行為の規律と謂っても、結局同じ意味に帰するのである」とした上で、[2]「制限的規律」ないし「義務法」について次のようにいう。

「第一に、法が意思の規律であるといふことは、社会生活における人間の意思行動が、禽獣の生活におけるやうに、単に自然の法則に依って律せらるる本能の衝動に止まるものではなく、或る程度までは其の自ら決する所の自主的な意思に依って導かるるものであることを前提と為し、其の意思の自由を拘束して、其の意思行動が他人と交渉ある程度に於いて、其の為すべきこと（Sollen）為すべからざること（Nichtsollen）に付いて拠るべき標準を示すものであることを意味する。

此の種類の法は、意思の自由の拘束であり、或る事を為し又は為さざることの要求である。それは他の語を以て言へば、其の要求に違反する意思行動を不法として宣言することで、法の規律は同時に不法の規律でもある。

それは敢て人間の総ての意思行動に関するものでないことは勿論、人間の社会的行動の総てに関するものでもない。人間の意思行動でも他人に影響を与えないものが法の規律に服しないのは勿論、他人との交渉ある行動であっても、社会生活の為の必要の無い限りは之を各人の自由に放任して、法は之に別段の拘束を加えない。公園地に散歩し、茶店に休憩し、映画を眺むるが如き、之を為すもよし為さざるもよし、法の見地に於いてはそれは各人の自由であって、法は之に関与しない。それは法に無関係な（rechtlich irrelevant）行動である。唯公園地を散歩すれば樹木を折ってはならぬ拘束を受け、茶店に休憩し、映画場へ入れば一定の対価を支払はねばならぬ拘束を受ける。それは法的の拘束であり、之に違反することは不法である。

此の種類の法は之を『制限的規律』と謂ふことが出来る。それは意思の自由の制限であって、それから生ずるものは常に義務であり、随って或いは之を『義務法』と謂ふことも出来る。それは常に或る事を為すべし又は為すべからずといふ命令又は禁止の形を以て言ひ現さるるもので、随って又命令法又は命令的規律とも称し得る。[3]」

右のような美濃部教授の「義務」概念は、法体系全体を視野に入れた「義務」概念であるから、これを「法一般における『義務』概念」と称することができるが、[4]その要点とするところはすなわち、Sollen、換言すれば「意思の自由の拘束」を内容とする概念であることが明らかとなる。かかる美濃部教授の議論は、ゲオルグ・イエリネックの『公権論』におけるDürfenとKönnenの区別などの着想[5]に由来するものであるが、行政行為の分類につき、我国において現在学説上さまざまな見解が唱えられているものの、こと「義務」の概念については、かような美濃部教授の理解に対して格別異論が主張されているわけではない。[6]そしてこのような「義務法」「権利法」の区別を基礎に、行政行為論における「命令的行為」と「形成的行為」の区別が論じられるのである。すなわち、「命令的行為」とは「人の天然の自由を制限して或る事を為し又は為さざることを命じ又は其の命ぜられた義務を免除する」ものとされ、そのうち「下命」には、作為・不作為・給付・受忍の四種類があるとされるわけである。[7]そして「警察下命」の一例たる「受忍下命」について、警察官庁の行う行政検束や物件の仮領置などの「警察強制」が「受忍義務」を命ずる受忍下命を包含するものとしている。この点については、次の三で触れることにするが、ここで確認しておくべきことは「命令」ないし「下命」と「義務」との関係である。すなわち、いうまでもないことであるが、「下命」とは、「義務」を創設する一つの手段である。これは「義務」の中には、法律に基づいて直接に発生する「義務」と行政行為たる下命によって発生する「義務」があることを考えれば明らかであろう。そして、「警察強制」が受忍下命を包含するものであるか否かは、後にも述べるように、法（義務）創設段階における「下命」行為の位置づけと関連するのである。

2　ドイツにおける説明――W・イエリネックの『行政法』

ドイツでは、行政行為の一つとしての「命令」（Befehl）の概念をめぐる議論の中で「義務」の概念が論ぜられている。幾つか主だったものをみてみよう。

まずオットー・マイヤーは「警察命令」論の中で、「命令」および「服従義務」の概念について説明している。

「命令は、服従関係に基づく意思表示であって、臣民の行態を拘束的に規定するものである。[8]」

行政行為論の体系化を試みたことで我国においても著名なコールマンは、「義務づけ、負担を課す処分」（die verpflichtenden und belastenden Verfügungen）についての説明の中で「命令」の概念について説明する。

「命令の概念に関して、我々はこの概念の下に、国家の権力に服する者に対して、その者が義務づけられる作為または不作為を要請する、国家のあらゆる意思表示を理解する。問題となるのは、権力に服する者が一定の行態について義務づけられるということであって、その者がこの行態について強制されうるということは、たとえ通常そうであったとしても、本質ではない。夫婦の生活の回復を求める判決は、この命令が民事訴訟法八八八条において強制可能性を否定されているにも拘わらず、当該行態に対する命令を含むのである[9]」

このように「強制」の要素を「義務」概念に取り込むか否かはともかく[10]、「義務」概念を論ずるにあたって「意思」の拘束という、「意思」に対する働きかけのあり方にポイントをおいているのは、先行して展開してきた私法学の発想の影響によるものであろう。[11]

さらにドイツの行政法の概説書のうち、ヴァルター・イエリネックの『行政法』は、「義務」の本質にまでふみこんでおり、参照に値する。

「法関係がSollen［当為］、Dürfen［許容］、Können［能力］をめぐる関係である限り、義務はその第一の対象とするところである。何となれば、元来の意味における義務は、当為的義務（Sollenspflichten）であり、換言すれば、命令（「なすべし」）ないし禁止（「なすべからず」）に従うことを課されるということである。所謂受忍義務は、それが当為的義務と結びつかない場合は、真正の義務ではなく、法的な力を有しないこと（rechtliche Machtlosigkeit）を意味するものである。すなわち、私が道路の騒音を受忍すべく『義務づけられている』といっても、実際には私に対して命令が存するわけではなく、単に私には道路騒音の不作為を求めて訴える力がないに過ぎないのである。[12]」（傍点著者。以下同じ）

ここで「真正の義務」は、美濃部教授と同じくSollenに関わるものであること、そして所謂「受忍義務」については、それがSollenに関わらないものである場合は、本来の「義務」とは区別されたものであることが述べられている。もっともイエリネックのいうrechtliche Machtlosigkeitが、実体法上権利ないし請求権がないということを意味しているのか、それとも訴訟法上一定の手続で適法に訴えることができない、ということを意味するかについては、この記述だけでは明らかでないが、本稿における以下の考察（四）にとって示唆に富む指摘である。

三　事実行為に対する受忍「義務」

それでは、「意思の拘束」を本質とする「義務」概念と即時強制の受忍「義務」はどのように関わるのであろうか。この点について美濃部教授曰く、

「受忍の下命は、受忍義務（Duldungspflicht）を命ずる行為で、而して受忍義務とは自己の身体・財産・家宅に事実上の侵害を受け、而もこれに抵抗を為さず、其の侵害を忍ばねばならぬ義務を謂ふ。警察強制それ自身は事実上の作用であって下命行為ではないが、警察強制が適法に行はれ得る為めには、其の相手方たる人民が其の強制を受忍する義務が有る事を前提とするもので、即ち警察強制を為し得る為めには、必然的に受忍の下命がこれに伴ふことを要件とする。この下命は一般的には法令の定むる所で、例へば行政執行法（一条）に依り、警察官庁が行政検束及び物件の仮領置を為し得べきことを定めて居るのは、其の反面に於いて同時に、其の相手方たる人民にこれを受忍すべきことを命じて居るのであり、此の規定の場合に、警察官吏が検束又は仮領置を為すべきことを相手方に通告するのは、等しく受忍の下命に外ならぬ。[13]」

警察強制は強制執行と即時強制からなるから、この考え方からすれば、即時強制のみならず強制執行もまた受忍下命を包含するということになる。要するに、「義務」が意思の拘束であるならば、即時強制や強制執行は、それに抵抗する行為（＝意思の外部的表現）は禁止されるわけであるから、「当該行為に抵抗すべからず」という一種の受忍下命を包含するとみるのであろう。

確かに警察強制に対して私人が抵抗するという「意思」＝行為を否定するという意味では、私人は当該警

察強制を受忍する「義務」を負うというべきであろう。しかし警察強制が受忍「下命」を包含するかどうかは、既に述べたようにひとえに「下命」行為の位置づけ如何によるとおもわれる。すなわち、警察強制に抵抗すべからずという「義務」が存在するとして、それは如何なる行為によって創設されるのか、という問題である。美濃部教授の所説では、検束や仮領置の受忍義務は一般的には行政執行法に基づいて発生するが、それを個別具体化するためには、「下命」が介在するを要するとされるのであろう。しかしそのような観念を介在させる必要はないとする説もある。例えば柳瀬良幹教授曰く、

「……(イ)強制執行にあっては、既に下命に依って加えられた人の自由に対する制限又は強制がそれに依ってただ事実上実現せられるに止まり、即ちそれは人の自由に対する間接又は第二次の制限又は強制であるに反し、即時強制においては、それに依って始めて人の自由に制限又は強制が加えられるもので、即ちそれは人の自由に対する直接又は第一次制限又は強制である。……(ロ)強制執行にあっては、それに対応する特定の警察義務が存在するに反し、即時強制においては、此の如き特定の警察義務は存在せず、これに対応するものは警察権の適法な発動に対しては抵抗すべからずとする一般的受忍義務である。即ち警察機関に対して即時強制の権限を授与する法は同時に国民に対してこれを受忍する義務を命ずるものと解するべきであって、従ってこの点において、強制執行の基礎たる義務が法規又は行政行為に基くものであるに反し、即時強制の基礎たる義務は常に直接に法規に基くものということができる。[14]」

すなわち柳瀬教授は、即時強制の受忍義務の根拠は即時強制の根拠法規(法律)であって、行政行為の介在を認めないのである。[15] そうすると即時強制の受忍「義務」は、当該警察機関の行為に対して抵抗すべからずということを内容とする点で「意思の拘束」であり、第一に検討した「行政法一般における『義務』概念」と

何ら異なるところがなく、ただその根拠を根拠法規に求めるか行政行為の介在を観念するかの違いであることになろう(16)。

四　周辺住民の受忍「義務」？

以上、行政法において「義務」なる概念が問題となる二つの場面をみてきた。すなわちこの二つの場面とも「義務」という概念は、「意思の自由の拘束」という点がそのポイントであった。ところで近時、行訴法三条の「公権力の行使に当たる行為」の意義、さらにいえば公定力論や民事訴訟と行政訴訟の役割分担論との関係で、所謂受忍「義務」なる概念が問題となっている。例えば、著名な「厚木基地訴訟」最高裁判決（最判平成五年二月二五日民集四七巻二号六四三頁）は――『最高裁判所民事判例集』では、【要旨第一】と付して――次のようにいう。

「……防衛庁長官は、自衛隊に課された我が国の防衛等の任務の遂行のため自衛隊機の運航を統括し、その航行の安全及び航行に起因する障害の防止を図るため必要な規制を行う権限を有するものとされているのであって、自衛隊機の運航は、このような防衛庁長官の権限の下において行われるものである。そして、自衛隊機の運航にはその性質上必然的に騒音等の発生を伴うものであり、防衛庁長官は、右騒音等による周辺住民への影響にも配慮して自衛隊機の運航を規制し、統括すべきものである。しかし、自衛隊機の運航に伴う騒音等の影響は飛行場周辺に広く及ぶことが不可避であるから、自衛隊機の運航に関する防衛庁長官の権限の行使は、必然的に伴う騒音等について周辺住民の受忍を義務づけるものといわなければならない。そうすると、右の権限の行使は、右騒音等により影響を受ける周辺住民との関係において、公権力の行使に当たる行為というべきである。」

ここでも受忍「義務」という語が用いられている。問題は、ここにいう「義務」によって周辺住民は何らかの形で「意思の自由の拘束」を受けているのであろうか、ということである。換言すれば周辺住民は何らかの形でSollenspflichtを課されているのであろうか。

この問題に立ち入る前に、本稿における今までの論究で触れてこなかった問題がある。それは「受忍義務」というときの「受忍」とは何か、という問題である。従来の行政法の文献をみても、「受忍下命」についてその例は示されていても、「受忍」とは何かという点については、ドイツ語のDuldungという語に対応する語であることが示されるぐらいで、それ以上の説明はなされていないようである。しかしながら、先にも引いたように、即時強制に対する「受忍義務」について柳瀬教授は、「警察権の適法な発動に対しては抵抗すべからずとする一般的受忍義務」と述べているのであるが、かかる捉え方によれば、「受忍」とは、「一定の行為に対して抵抗しない」ということを内容とするものであるといえよう。さらにここでの趣旨は「事実として抵抗しない」、言い換えると物理的抵抗をしない、ということになるであろう。但し、事実行為に対する不服審査及び取消訴訟の例として挙げられる「人の収容」、「物の留置」についてみると、これらは物理的抵抗の禁止というよりも、人の収容についていえば一般的な行為の自由の制限であるというべきであろうし、物の留置は占有(「自己ノ為メニスル意思ヲ以テ物ヲ所持スル」こと)の剝奪であるとみれば、占有の意思を制限するものであるといえるであろう。そうなってくると《周辺住民が受忍義務を負う。》という命題の意味を、かような受忍「義務」概念を以て理解することはできないということは最早明白である。さらにいうならば法的「義務」という場合、その「義務」に対する違反というものを想定し、通常はさらにそういった「義務」違反に対するサンクション等「義務」の履行確保手段を観念するはずであるが、抑々周辺住民が「受忍義務」を負ったとして、一体如何なる行為を以て「義務」違反というのであろうか。[17] 著者にはおよそ想定できない。いずれにしても、「厚木基地訴訟」判決のいう「受忍義務」とは、行政法学において伝統的にいわれてきた「義務」の概念とは異質なものであるといわざるをえない。[18]

このような観点に立って判決をいま一度検討してみると、本件において「公権力の行使に当たる行為」とされたのは、「自衛隊機の運航に関する防衛庁長官の権限の行使」であるが、それについて判決は次のようにいう。

「自衛隊機の運航は、右のような自衛隊の任務、特にその主たる任務である国の防衛を確実、かつ、効果的に遂行するため、防衛政策全般にわたる判断のもとに行われるものである。そして、防衛庁長官は、内閣総理大臣の指揮監督を受け、自衛隊の隊務を総括する権限を有し(自衛隊法八条)、この権限には、自衛隊機の運航を統括する権限も含まれる。防衛庁長官は、『航空機の使用及びとう乗に関する訓令』(昭和三六年一月一二日防衛庁訓令第二号)を発し、自衛隊機の具体的な運行の権限を右訓令二条七号に規定する航空機使用者に与えるとともに、右訓令三条において、航空機使用者が所属の航空機を使用することができる場合を定めている。」

そうであるならば「防衛庁長官の権限の行使」というのは、「訓令」を制定し、どのような場合にどのような者が航空機を運航するかということを定める防衛庁長官による一種の規則制定行為と、その執行たる自衛官による実際の航空機の運航という事実行為からなっていると見ることができよう。[19] 要するに、「防衛庁長官の権限の行使」といっても実際には複数の機関が介在した複数の行為からなるものなのである。そして、防衛庁長官の「訓令」の制定については、これは抑々一種の「内部行為」ではないか、という批判がありうるほか、「訓令」の法的効果自体は、受命自衛官を拘束するのみ（要するに、一定の場合に一定の者が航空機を運航すべし、という内容）であって、一般私人に対して「義務」づける内容は含まれないのではないか、という批判もあろう。[20] さらに、実際の航空機の運航そのものは物理的な事実行為であって、それ自体が私人に何らかの法的効果をもつものでないことはいうまでもない。

さらに判決は続けて次のようにいう。

「一方、右のような自衛隊の任務を遂行するため、自衛隊機に関しては、一般の航空機と異なる特殊の性能、運航及び利用の態様等が要求される。そのため、自衛隊機の運航については、自衛隊法一〇七条一項、四項の規定により、航空機の運行の安全又は航空機の航行に起因する障害の防止を図るための航空法の規定の適用が大幅に除外され、同条五項の規定により、防衛庁長官は、自衛隊が使用する航空機の安全性及び運航に関する基準、その航空機に乗り組んで運航に従事する者の技能に関する基準並びに自衛隊が設置する飛行場及び航空保安施設の設置及び管理に関する基準を定め、その他航空機による災害を防止し、公共の安全を確保するため必要な措置を講じなければならないものとされている。このことは、自衛隊機の運航の特殊性に応じて、その航行の安全及び航行に起因する障害の防止を図るための規制を行う権限が、防衛庁長官に与えられていることを示すものである。」

そしてこの部分の次に、本節冒頭に挙げた【要旨第一】の判示が続くのである。要するに自衛隊機の運航に関しては一般の航空機には適用のない特殊な規律があり、それ故に「防衛庁長官は……自衛隊機の運航を統括し、その航行の安全及び航行に起因する障害の防止を図るため必要な規制を行う権限を有する」。従って、「防衛庁長官は……騒音等による周辺住民への影響にも配慮して自衛隊機の運航を規制し、統括すべきである」。

「しかし、自衛隊機の運航に伴う騒音等の影響は周辺住民に及ぶことが不可避であるから、自衛隊機の運航に関する防衛庁長官の権限の行使は、その運航に必然的に伴う騒音について周辺住民の受忍を義務づけるもの」である――ということになるのである。

しかしながら防衛庁長官の権限の行使をめぐる特殊な法制度を斟酌しても、周辺住民の受忍「義務」が、真正の「義務」＝Sollenspflichtになるわけではない。にもかかわらず、かかる「義務」づけが根拠となって、防衛庁長官の権限の行使は、「周辺住民との関係において、公権力の行使に当たる行為」とされ、その結果、「行政訴訟としてどのような要件の下にどのような請求をすることができるかはともかくとして」民事差止請求は不適法とされるのである[21]。

さらに、周辺住民の「受忍」とは具体的には何かという問題がある。すなわち真正の「義務」概念は、Sollenに関わるものであって、所謂受忍「義務」はそれがSollenに関わらないものである場合は、単にrechtliche Machtlosigkeitを意味するものに過ぎない、というヴァルター・イエリネックの指摘が想起される。周辺住民の受忍「義務」は、Sollenにかかわる真正の「義務」ではないということは、既に論じたところからして明らかになったとおもう。だとすると、いうところの受忍「義務」は、何らかの実体法上の権利ないし請求権がないという意味なのか、或いは訴訟法上一定の手続で適法に訴えることができないという意味なのかが問題となる。この点について判旨を検討をしてみると、判決が示しているように、仮に防衛庁長官が「航行の安全及び航行に起因する障害の防止を図るための規制を行う権限」を適切に行使したとしても、それだけで自衛隊機の運航につき周辺住民との関係で民事上違法の問題がなくなるというわけではない。何となれば、過去の騒音被害に関する損害賠償について判決は、周辺住民の所謂「受忍限度」に関する大阪空港訴訟最高裁判決（最判昭和五六年一二月一六日民集三五巻一〇号一三六九頁）を引きつつ、「侵害行為の態様と侵害の程度、被侵害利益の性質と内容、侵害行為のもつ公共性ないし公益上の必要性の内容と程度等を比較検討する他、侵害行為の開始とその後の継続の経過及び状況、その間に採られた被害の防止に関する措置の有無及びその内容、効果等の事情をも考慮し、これらを総合的に考慮して判断すべきである」という立場を採っているからである。従って判決のいう受忍「義務」は、実体法上の請求権のうち、少なくとも不法行為に基づく損害賠償請求権を排除することではないのである。それでは、民事差止めを排除したこと（すなわち民事訴訟という一定の出訴の途を奪うこと）が受忍「義務」の内容だと考えられるかであるが、もしそうだとすれば、「民事差止めを求めることが出来ない。」――「従って周辺住民は受忍『義務』を負う。」――「従って『公権力の行使に当たる行為』である。」――「従って民事訴訟は許されない。」ということになり、それでは同義反復であろう。[22] さらに、判決がその可能性を示唆している行政訴訟として何らかの救済が認められるとすれば、周辺住民が全くの rechtliche Machtlosigkeit の状態になるわけでもないだろう。[23] かように考えてくると、受忍「義務」なるものの内容は、周辺住民が事実として騒音にさらされるということを指し示す程度の、実は極めて不明確なものであるといわざるをえない。[24]

著者は、厚木基地訴訟の事案について如何なる具体的救済が行われるべきか――例えば、民事差止めでいくべきか、あるいは行政訴訟でいくべきか、といった問題――についてここで直ちに結論を出そうとするものではない。[25] しかし、厚木基地訴訟判決における受忍「義務」論は、従来から命令的行政行為について論ぜられ、そのぶん行政法を論ずる者の耳になじんだ「義務」なる用語と同じ語を用いることによって「公権力の行使に当たる行為」なる要件を容易に突破しようとしたものであったといえる。そしてそこには第一審判決が採用したものの、厳しい批判を受けることになった「防衛行政権」なる論理構成を避けるという大きな効用があったものとおもわれる。(26) ところがそこでは「防衛庁長官の権限の行使」の内実、すなわちそれが防衛庁長官の規則制定行為と自衛官の執行行為の複合的行為であること、そして防衛庁長官の行為自体は伝統的な枠組からすれば「内部行為」ではないか、といった問われるべき問題が問われぬままに結論が出されたのである。もっとも判決のかような理由づけに問題が多いことは既に指摘されているところではあるけれども、判決のいう受忍「義務」と真正の「義務」概念＝Sollenspflichtとの差異を等閑に付した批判は、本質を射た批判とはいい難い。何となれば、かように法理論的に「義務」と性格づけられないものを「義務」となし、以て「公権力の行使に当たる行為」か否かが論ぜられるとすれば、結果として行訴法三条の解釈論を徒に混乱させかねない、と考えるからである。(27)

五　議論の方向

以上行政法における「義務」の概念について若干の検討を行った。著者が「義務」の概念の究明を本稿の課題とした意図が明らかとなったであろう。

かつて柳瀬教授は、「事実行為の取消訴訟」を論ずるにあたり、行政行為によってもたらされるもののうち法的にレレヴァントなものは「その法律上の効果」であって、取消訴訟によって取消されるのも「法律上の効果」しか観念しえないのだということを力説した。(28) 行政活動をめぐって行政主体と私人との間に種々の「紛争」が生じたり、私人がさまざまな「不利益」を蒙ることがあり、それが法的な問題考察の出発点であることは当然であるとしても、抗告訴訟に限らず凡そ「司法権」の行使たる裁判が「法律上の争訟」であり（裁判所法三条)、「法律上の争訟」が《当事者間の具体的な権利義務ないし法律関係の存否に関する紛争であって、法律の適用により終局的に解決しうべきもの》をいうとすれば、そのような「紛争」なり「不利益」は、具体的な権利義務関係ないし法律関係に引き写されなければ議論の対象になりえない。だとすれば、具体的な権利義務関係を構成する「義務」とは何かが問題とならざるをえないのである。[29]

だとすると、例えば右に検討した厚木基地訴訟最高裁判決におけるが如き受忍「義務」論は、「義務」概念への理論的考察を欠いた判示であるといわざるをえない。しかし、問題はこの判決のみにとどまるものではない。すなわち既にその一端が明らかになったように、このような受忍「義務」の概念は、現在のところ公定力論と関連づけて論じられているし、さらに「法律の留保の原則」との関係を如何に考えるべきか、という問題も提起されているからである。[30]

かように「義務」の概念をめぐる考察は、行政法における根本的な解釈問題に重要な示唆を与えるとおもわれるが、以上の考察は今後の解釈論的作業の端緒である。法理論的基礎についてのさらなる解明も含め、その具体的展開は今後の課題としたい。[31]

(1) 美濃部達吉『法の本質』(昭和一〇年)二八頁以下。

(2) 美濃部・前掲書注(1)二八頁。

(3) 美濃部・前掲書注(1)二九頁以下。美濃部教授の「義務法」概念と密接に関連する、教授の「自由権」理論については本書第一部第二章第五節**四**(九一頁)参照。

(4) 美濃部教授の「義務法」「権利法」の区別は、教授の行政法学のみならず憲法学についてもその体系的出発点をなすものである(美濃部達吉『憲法撮要』(第五版・昭和七年)四頁以下参照)。

（5）Georg Jellinek, System der subjektiven öffentlichen Rechte, 2. Aufl., S. 41ff. イエリネックは、「自然の自由」（natürliche Freiheit）とは「国家から独立した精神的・物理的行為可能性」をいうとする（S. 46, Fn. 1.）。

（6）例えば、田中二郎教授は「公義務」の概念につき、「公義務とは、公権に対応し、他人のためにする公法上の意思の拘束をいう」とし（田中二郎『行政法総論』（昭和三二年）二二三頁）、行政行為が相手方たる私人の権利・義務にどのような関わり方をするか、という見地から行政行為を分類する藤田宙靖教授は、「命令的行為」について「私人が（事実として）ある行動をすることとしないこと自体を規制する行政行為」（藤田宙靖『第三版行政法Ⅰ（総論）改訂版』（平成七年）一七三頁）であるとしている（なお参照、藤田宙靖「行政行為の分類学」（昭和五二年）同『行政法学の思考形式（増補版）』（平成一四年）一〇九頁以下）。

（7）美濃部達吉『日本行政法上巻』（昭和一一年）二〇三頁。

（8）Otto Mayer, Deutsches Verwaltungsrecht, I. Band, 3. Aufl., 1923, S. 227.

（9）Karl Kormann, System der rechtsgeschäftlichen Staatsakte, 1910, S. 74f.

（10）「義務」の概念に「強制」（Sanktion）の要素までもが必然的に含まれるか否かについては議論のあるところである。美濃部教授は、法は「人をして必ず之に依らしむべきことを要求するもの」、すなわち、「強要的規律」としながらも、「強制」ないし「制裁」を観念の要素としない（美濃部・前掲書注（1）六四頁以下）。「義務」についても同様である（七一頁）。もっとも本稿の論を進めるにあたっては、「義務」とは一定の形で意思ないし行為の自由を拘束するものであるということが確認されればそれで足りる。因みにケルゼンは、「法的義務の存在は、サンクションを法的義務を形づくる行動の反対のものに依存させるある法規範の妥当性以外の何物でもない。……法的義務はたんに、その規範でその行動にサンクションが結びつけられる個人との関係における法規範である」として、サンクション（ケルゼンの場合は、強制執行と刑罰に限られる。）を「法的義務」の要素とする（例えば、ハンス・ケルゼン著／尾吹善人訳『法と国家の一般理論』（平成三年）一一〇頁参照）。しかしケルゼンの「法的義務」の概念は、法を「強制秩序」として捉え（菅野喜八郎「ケルゼンの強制秩序概念と授権規範論」（昭和五三年）同『続・国権の限界問題』（昭和六三年）一〇五頁以下参照）、「……の諸条件が充たされるなら、……のサンクションが伴うべきである」という法記述命題（Rechtssatz, legal rule 尾吹・前掲訳一〇一頁参照）との関係で位置づけられたものであることが注意されるべきである（新正幸「ケルゼンにおけるRechtssatz概念の変遷」（昭和四六年）『純粋法学と憲法理論』（平成四年）一〇頁以下参照）。この点は「権利」概念についても同様である（本書第二部第一章（二〇五頁以下）参照）。

(11) 例えばヴィントシャイトは「私法の任務は、共同生活を行う個々人の意思の支配の限界を画し、それぞれの個人の意思が相対する個人にとってどの範囲で決定的な(maßgebend)ものであるかを決定することにある。私法秩序は、命令と禁止――命令的法規と禁止的法規を制定することによってこの目的を達する」とする(Bernhard Windscheid＝Theodor Kipp, Lehrbuch des Pandektenrechts, 9. Aufl., Bd. 1, 1906, S. 116.)。

(12) Walter Jellinek, Verwaltungsrecht, 3. Aufl., 1931, S. 193.

(13) 美濃部達吉『日本行政法下巻』（昭和一五年）八六―八七頁。

(14) 柳瀬良幹『行政法教科書再訂版』（昭和四四年）二〇五頁。

(15) かように柳瀬教授は、即時強制については、法規に基づく一般的受忍「義務」があるとするのであるが、かような見解と所謂事実行為の取消訴訟（行訴法三条二項にいう「その他公権力の行使に当たる行為……の取消しを求める訴訟」）の捉え方との関係が問題となろう。

すなわち教授によれば、「行政行為の取消訴訟と事実行為の取消訴訟との最も違う点は、それに依って取消されるものの相違で、前の場合にはそれは行政庁の行為の効果であるが、後の場合にはそれは行政庁の行為の事実である」（柳瀬良幹「事実行為の取消訴訟」（昭和三八年）同『自治法と土地法』（昭和四四年）一八八頁）。

そして事実行為の取消訴訟を斯く位置づける理由として次の三点を挙げる。すなわち第一に、「事実行為には法律上の効果はない」から、「従って事実行為についてその効果を取消すということは、ないものを取消すことで、考えられないことである」（一九〇頁）。第二に、「行政行為に依って人が迷惑するのはその法律上の効果のためで、その事実上の結果のためではない」。「行政行為を意思又は判断を表示する行為であるから、それから生ずる事実上の結果は一定の文書が目に触れ又は一定の音声が耳に入ることで、従ってそのために人が迷惑するということはあり得ないことである」（一八八頁）。しかし、「事実行為から生ずる事実上の結果は必ず人に迷惑を及ぼすものであることである。事実行為は人の身体財産に手をかける行為であるから、それから生ずる事実上の結果は人の身体財産の自由が失われることで、従ってそれは必ず人に迷惑を及ぼすものである。即ちこの場合の事実上の結果は必ず人の迷惑の原因になるもので、従ってそのような人の迷惑を取除くためにある取消訴訟にとって必ず取消されなければならぬものである」（一九〇―一九一頁）。そして第三に、「事実上の結果を取消すためには行政庁の行為の事実を取消すことが必要であって、事実上の結果そのものを取消すことは必要ではないことである」（一九一頁）。

そして教授は、事実行為について裁判所ができることは「自ら事実上にそれをなくする行為をするか、又は行政庁に対して事実上にそれをなくすることを命ずる判決をするか」の何れかであるが（二〇〇頁以下）、現行法の下ではそのいずれもできないのであり、事実行為の取消訴訟というものは「人を保護するためのものとしては全く意味のないものである」と結論する（二〇六頁以下）。

しかしながら、教授の指摘するように「事実行為から生ずる事実上の結果は必ず人に迷惑を及ぼすものである」としても、この「事実上の結果」たる「迷惑」は、法的に記述しえない＝権利義務関係に還元しえないものであり、純粋に事実の世界に属するものなのであろうか。というのも他方で本文に示したように、教授は、即時強制においては「これに対応するものは警察権の適法な発動に対しては抵抗すべからずとする一般的受忍義務」があるとするからである。もしかかる「一般的義務」が「迷惑」の正体であるとすれば、事実行為の取消訴訟は、法令に基づく「一般的義務」を取消す特殊な訴訟と位置づけることも或いは可能であろうか。この点については、例えば即時強制に対する受忍義務が根拠法令に基づくものであるとしても、その「一般的義務」が何故に名宛人という特定人の「義務」として個別化されるのかといった問題について夙に議論のあるところであり（今村成和「事実行為の取消訴訟」（昭和四〇年）同『現代の行政と行政法の理論』（昭和四七年）二三三頁、広岡隆「行政上の即時強制の理論」（昭和三八〜三九年）同『行政強制と仮の救済』（昭和五二年）一〇一頁）、また個別の法制度についての考察も必要であるとおもわれるので、なお今後の課題としたい。

（16） 即時強制の法的性質の問題は、「法行為」と「事実行為」の区別の問題に関わる。この問題について示唆を与えるものとして、「法行為」と「事実行為」の区別を「言述行為」（何かを言い述べる行為）と「非言述の行為」（そうでない行為）の区別に求める近時の森田寛二教授の所説（森田寛二「法律学一般の根本概念としての法行為と事実行為」（平成六年）同『行政機関と内閣府』（平成一二年）一三三頁以下）がある。すなわち教授によれば、「法行為とは、《(単数の、または、一体的なものとして捉えられる複数の)言述行為で、しかも、それ自体に法を創成（変更・廃止を含む）する力あるものとして法律や条例の上で認められている行為》をいう」（一三九頁）。これに対して「事実行為とは《『法行為の素地をなす言述行為』以外の行為》をいう」（一四〇頁）。そして警察官の逮捕行為、泥酔者の保護行為、道路の修理行為などは、いずれも「非言述の行為」とされる（一三八頁）。

（17） 岡田正則「公共事業の公権力性と差止訴訟——厚木基地訴訟（第一次）最高裁判決の再検討」法律時報七〇巻六号（平成一〇年）九五頁以下。

（18） この点は本稿とは異なる観点から既に畠山武道教授の指摘するところである（畠山武道「判批」公害・環境判例百選（平成六年）一二八頁以下）。

(19) もっとも調査官解説は、「本判決は、公権力の行使に当たるとされる『自衛隊機の運航に関する防衛庁長官の権限の行使』を特定していない。すなわち、右権限の行使をいわば包括的に捉えるのか、あるいは個々の行為に分解して捉えるのかなどの点については、明らかにしていない。これは、本判決が、『行政訴訟としてどのような要件の下にどのような請求をすることができるかはともかくとして』とし、具体的な行政訴訟の形態を示していないこととも関係するのであろう」とする（大内俊身「判解」『最高裁判所判例解説民事篇平成五年度』三〇一頁）。しかしかような曖昧な処理を可能にしたのが、内容の不明確な受忍「義務」概念であることは、本文で以下に示す通りである。

(20) 高木　光教授は、処分性をめぐる最高裁の判断枠組からすれば、「行政庁の処分」とは、「根拠となる法令に、その要件・効果が定められており、ある特定の私人を名宛人としてなされるものである。また、公定力がある行為か否か、即ち『公権力の行使』が否かは客観的、カテゴリカルに決まるのであり、ある人に対してはそうだが他の人に対してはそうではないという意味で『相対的』あるいは『対人的』なものとは考えられていない」として、最高裁の判断を疑問とする（高木　光「判批」法学協会雑誌一一二巻三号（平成七年）四三五—四三六頁）。

(21) かかる判示を受けて味村・橋元補足意見は、「自衛隊機の運航により一定限度以上の被害を受けることがないという周辺住民の利益は、法律上の利益というべきであるから、右の利益を有する周辺住民は、自衛隊機の運航に関する権限の行使の適法性を争って行政訴訟を提起する原告適格ないし訴えの利益を有するものと解すべきである」とし、「防衛庁長官に対して、特定の飛行場における離着陸を伴う自衛隊機の運航で一定の時間帯又は一定の限度以上の音量に係るもの等についての命令を発してはならないとの不作為を求める」一種の無名抗告訴訟が考えられるとする。しかし、最高裁の採る所謂「法律上保護された利益説」を前提にすれば（第一部第一章（九頁以下）参照）、右のような周辺住民の原告適格が根拠法規たる自衛隊法ないし関係法令からどのようにして導かれるか、等問題は極めて大きい（須藤陽子「判批」行政判例百選II〔第四版〕（平成一一年）三四〇頁以下参照）。

(22) この点は既に淡路剛久教授の指摘するところである（淡路剛久「判批」私法判例リマークス一九九四・下二一頁）。

また高木教授は、本件判決の判断は、この程度の騒音は我慢せよという「実体的な受忍義務」と、抗告訴訟以外のルートで争うことは許されないという「手続的な受忍義務」の区別が曖昧である、と批判する。すなわち教授によれば、判決は一方において「実体的受忍義務」を想定しているようにみえて、他方で「公定力的説明」（＝防衛庁長官の権限行使が周辺住民との関係において公権力の行使に当たるから、民事差止めは許されないとする点）は、「手続的な受忍義務」ともいうべきである。「そこで、騒音に配慮した行政処分がなされたと仮定すると、その法的効果を取消訴訟というルートを通らないで否定することは許されない、という『手続的な受忍義務』はいわば対世的に生じるが、この程度の騒音は我慢すべきであるという『実体的受忍義務』が課せられるのは特定の範囲の国民に限られると理解すべきであろう。しかし、本件では、通常の行政処分の内容として想定されるような具体性をもった実体的な受忍義務が何処に表示されているとみるのか不明であり、内容の不明確な行政処分は無効であるという法理との関係が問題となろう。」（高木・前掲評釈注（20）四三六－四三七頁）。著者は、高木教授の批判をさらに進めて、最高裁のいう周辺住民の受忍「義務」（すなわち「この程度の騒音は我慢すべきであるという『実体的受忍義務』」）は抑々実体法上の「義務」ではなく、従って「手続的な受忍義務」への媒介をなすものではない、と考える。

(23) 既に我国においても紹介されているように、ドイツの連邦イミッシオン防止法（Bundes-Immissionsschutz-gesetz）一四条は、「特別の権原に基づかない私法上の請求権を根拠にした、ある土地から隣接地に対して生じる不利益な影響を防除するための、当該施設の運転の差止は、許可に不可争力が発生した後にはできない。」と規定し、所謂「私法関係形成効」を規定している。これによって一般的な相隣法（Nachbarrecht）や不法行為法に基づく差止請求は排除されることになる（Hans D. Jarass, Bundes-Immissionsschutzgesetz Kommentar, 3. Aufl., 1995, S. 305）。しかしドイツでは差止訴訟と行政訴訟の併存が原則として認められており、また、このような効力が認められるためには、明文の規定の存在や周辺住民の手続参加が憲法上要請される、と論じられている（山下龍一「ドイツにおける許可の私法関係形成効――わが国の公定力との関係を中心に――」（一）～（三・完）『大阪府立大学経済研究』四二巻一号、三号、四三巻三号（平成八年～一〇年）参照）。

なお、民法学における受忍義務（Duldungspflicht）の概念についてはここで詳論することができないが、例えばフォン・トゥールは、「義務の内容は、権利者の利益に資するか、少なくとも（権利者の利益の存しない権利がある場合は）権利者の意思にそった義務者の行態である」とした上（Andreas von Thur, Der Allgemeine Teil des Deutschen Bürgerlichen Rechts, Band I., 1910, S. 103.）で、継続的給付（dauernde Leistungen）たる「不作為」の下位分類として「受忍」を位置づける（S. 105）。そして「受忍義務を概念上語ることができるのは、或る者が自らに対して法的に許されている（berechtigt）異議ないし抵抗（Widerspruch oder Widerstand）を行わないことを義務づけられる場合である」とする。従って、抑々妨げることが許されない行為について「受忍」ということはありえないということになる。例えば所有権者の所有権行使を妨害することはドイツ民法典九〇三条により原則として許されないので、「第三者が、所有権者による所有権行使の受忍を義務づけられる」というのは正しくない。またドイツ民法典九〇六条により土地所有者が、土地の利用を害しない程度のイミッシオーンを禁ずることができないのは、同一〇〇四条の侵害除去請求権を行使しないことを義務づけられているからではなく、そもそもかかる請求権が法律によって拒絶されているからである。これに対して、ドイツ民法典八五八条によれば、占有者の意思によらずして占有を侵奪し妨害することは、「不法の私力」（verbotene Eigenmacht）として禁止される。そして占有者の許可は、占有する限り常に撤回可能であると解されるから、占有者は何時如何なる時でも如何なる侵害をも禁止することができる。従って法律が占有者に対して一定の侵害を受忍することを義務づける場合（例えば、ドイツ民法典九一七条によって、袋地の土地所有者が隣地者に対して通行の受忍を求める場合など）、かかる規定は、当該占有者に対して、その帰属する異議主張の権利（Widerspruchsrecht）を行使しないままにしておくことを義務づけるものであるとする（S. 105-106. Vgl., Karl Larenz/Manfred Wolf, Allgemeiner Teil des bürgerlichen Rechts, 8. Aufl., 1997, S. 264.）。

（24） 調査官解説はこの点について、「すなわち、前記のような自衛隊の任務の性質及び右任務に由来する自衛隊機の運航の特殊性から、自衛隊機の運航により空港の周辺住民に騒音等の周辺住民への影響にも配慮して自衛隊機の運航を規制すべきであるが――周辺住民は、その運航に伴う避けることのできない不利益な結果（右のような配慮をしてもなお避けることのできない不利益な結果）を受忍すべき一般的な拘束を受けているとするものであろう」とし、「したがって、原告らが自衛隊機の離着陸等の差止めを請求するのは『防衛庁長官にゆだねられた……自衛隊機の運航に関する権限の行使の取消変更ないしその変動を求める』もの、言い換えれば、右のような（公法上の）受忍義務の排除を求めるものであるから、民事上の請求としては不適法というべきこととなる」とする（大内前掲解説（注（19））三〇三、三〇四頁）。しかし右にいう「一般的拘束」というのも事実として騒音にさらされるという程の意味であろう。そして同解説は、かかる受忍「義務」につき自衛隊法一〇五条一項（訓練のための漁船の操業の制限又は禁止）の如き根拠規定が見当たらないとする（三〇三～三〇四頁）。この自衛隊法一〇五条一項の場合は罰則の裏づけこそないものの、明確な行為の「制限」ないし「禁止」であり、損失補償規定が付せられている（これは義務の履行を罰則によらず金銭の給付により担保する特殊なsanctionの例といえよう）。ところが本件判決にいう受忍「義務」が本文で述べたようなものであるとすれば、法的に極めて無内容なものであり、法律に根拠規定がないのはある意味で当然であろう。

（25） 周知のように、厚木基地訴訟最高裁判決の採る「受忍義務」論と同様の考え方は、大阪空港訴訟最高裁判決における伊藤正己裁判官の補足意見の中にもみられる。

(26)　「航空行政権」という構成を用いた大阪空港訴訟最高裁判決を、「防衛行政権」という構成によらず、「受忍義務」構成によった厚木基地訴訟最高裁判決との違いにつき、山田　洋教授は次のように指摘する。

「……大阪空港訴訟上告審判決は、航空機の離発着の差止めが公権力の行使たる『航空行政権』の発動の請求を必然的に包含するとして、その民事訴訟による請求を不適法と解している。この場合、運輸大臣の『航空行政権』とは具体的には何を意味しているのかが問題となるが、これについては、航空事業者に対する許認可権や監督権等の束を意味するとする考え方がある一方、空港供用行為そのものを意味するとする考え方もありうる。しかし、近年では、これを前者の意味に解するのが通例といえる。すなわち、航空機の夜間の離発着を差し止めるには、運輸大臣としては、航空法に基づいて航空事業者に事業計画の変更等を命ずるしかないわけであり、こうした航空事業者に対する運輸大臣の規制権限の行使が（少なくとも事業者との関係では）公権力の行使に該当することは明らかである。そこで、こうした差止め請求について、これを実質的に事業者に対する規制権限の発動を求めるものと見ることによって、民事訴訟による請求を否定したものである、と最高裁判決を読むわけである。

このように大阪空港判決を読む場合には、厚木基地訴訟は、まったく事案を異にするということとなる。すなわち、ここで問題となっている騒音の源は自衛隊機の離発着であって、それに対する防衛庁長官の規制権限を観念する余地はない。いいかえれば、それを差し止めるためには、防衛庁長官は、飛行中止等の内部的な命令を発すれば足りることとなり、これは公権力の行使とはいいがたい。ここでは、前者における『航空行政権』に対応する意味での『防衛行政権』を語ることができないわけである。その結果、前記の読み方に立つ場合には、自衛隊機の飛行差止めについては、裁判所としては、民事訴訟による請求を認めるか、あるいは、その公権力性を認めるための新しい論理を構築するか、という選択を迫られることとなる。そして、最高裁は、いうまでもなく、後者の途を選んだわけである。」（山田　洋「道路公害差止訴訟と公権力の行使」川上宏二郎先生古稀記念『情報社会の公法学』（平成一四年）五四七頁以下）。

(27)　例えば、塩野教授や高木教授は、判決は「受忍義務」によって「公権力の行使に当たる行為」であるとするが、防衛庁長官がなす「行政庁の処分」が存在するという意味なのか、「公権力の行使に当たる事実行為」が存在するという意味であるのかがはっきりしない、と指摘する（塩野　宏『行政法II（第二版）』九一頁、高木・前掲評釈注(20)四三五頁）。

(28)　柳瀬・前掲論文注(15)一八八頁。そしてこの点は、現行行政事件訴訟法の立案にあたった法制審議会行政訴訟部会における議論の中でも柳瀬教授が主張したところであった(昭和三三年六月二〇日第三四回小委員会。塩野　宏編著『日本立法資料全集6行政事件訴訟法(2)』（平成四年）一〇五五頁以下ほか参照)。

(29)　かかる観点は、著者がかねてより重視してきたものである。すなわち、著者は、本書第一部において、取消訴訟の原告適格、さらには訴訟要件にとどまらない実体審理をも視野に入れた私人の権利保護を考察するにあたり、「保護に値すると考えられる利益を請求権の解釈論的構成によって実体法の言語に翻訳」する作業は必要であるという立場に立って憲法上の基本権と法律レベルの保護規範説との関係について論じた(一二頁以下)。その意味で、この第三部は第一部の問題意識を引継ぐものである。

(30)　近時、藤田教授は、行政活動における所謂「第三者」の立場を論ずるにあたり受忍「義務」の問題を重視し、これを取消訴訟の原告適格、公定力、さらには法律の留保の原則と関連させて論じている（藤田『行政法I』（前掲注(6)）九二頁以下、三九八頁・注(7)）。

(31)　山本隆司助教授も、「受忍義務」の概念に関し、本稿でも引用したヴァルター・イエリネック等を引用しつつ、請求権の不存在を意味するに留まる場合を「義務」概念から除く、としている（山本隆司『行政上の主観法と法関係』（平成一二年）二〇一頁・注(12)）。なお、近時、行政法における「受忍義務」の概念を論じたものとして、藤田宙靖「許可処分と第三者の『法律上保護された利益』」塩野　宏先生古稀『行政法の発展と変革・下巻』（平成一三年）二五五頁以下、大貫裕之「いわゆる受忍義務についての一整理」東北学院大学論集法律学五九号（平成一三年）一頁以下、米田雅宏「行政法に於ける『侵害』概念の再構成——許可処分による第三者『侵害』を中心にして——」法学六六巻二号（平成一四年）八三頁以下がある。

事 項 索 引

あ 行

か 行

さ 行

た 行

な 行

は 行

ま　行

ら　行

欧　語

人名索引

あ 行

か 行

さ 行

た 行

な 行

は 行

ま 行

や 行

ら 行

わ 行

〈著者紹介〉

神橋一彦（かんばし　かずひこ）

金沢大学法学部助教授・法学博士

〈略歴〉

昭和39（1964）年　岡山県津山市生まれ。
岡山県立津山高等学校を経て、

昭和62（1987）年　東北大学法学部卒業。

平成6（1994）年　東北大学大学院法学研究科公法学専攻博士課程後期三年の課程修了・法学博士。
金沢大学法学部助教授（行政法）。
現在に至る。

〈主要論文〉

本書収録の論文の他、笹田栄司・亘理　格・菅原郁夫編『司法制度の現在と未来—しなやかな紛争解決システムを目指して』（共著・平成12年・信山社出版）、「ドイツ環境法における『統合的環境保護』について—『環境汚染の統合的回避及び削減に関する閣僚理事会指令』（IVU指令）とその国内法化を中心に—」『日独憲法学の創造力・下巻』栗城壽夫先生古稀記念（平成15年・信山社出版）、「ドイツ環境法における『事前配慮』と『総合的環境保護』」法学67巻5号・藤田宙靖教授退官記念号（平成16年刊行予定）、阿部泰隆編『ドイツの環境法』（共著・近刊・信山社出版）など

行政訴訟と権利論

2003年（平成15年）11月25日　第1版第1刷発行
3060-0101

著　者　神　橋　一　彦
発行者　今　井　　貴
発行所　信山社出版株式会社
〒113-0033 東京都文京区本郷6-2-9-102
電　話 03（3818）1019
FAX 03（3818）0344

Printed in Japan

印刷・製本／星野精版印刷・大三製本

ISBN4-7972-3060-6 C3332

NDC分数323.901　3060-012-050-010

法律学の森

会社法　青竹正一著　三八〇〇円
債権総論〔第2版〕Ⅰ　債権関係・契約規範・履行障害　潮見佳男著　四八〇〇円
債権総論〔第2版〕Ⅱ　債権保全・回収・保証・帰属変更　潮見佳男著　四八〇〇円
契約各論Ⅰ　総論・財産移転型契約・信用供与型契約　潮見佳男著　四二〇〇円
不法行為法　潮見佳男著　四七〇〇円
不当利得法　藤原正則著　四五〇〇円
イギリス労働法　小宮文人著　三八〇〇円

信山社